t r a n s
p o s i t i o n e n

Roland Reichenbach

Bildungsferne

Essays und Gespräche zur Kritik der Pädagogik

Herausgegeben von
Rolf Bossart

DIAPHANES

1. Auflage

ISBN 978-3-0358-0277-1

Satz und Layout: 2edit, Zürich
Druck: Steinmeier, Deiningen

www.diaphanes.net

Inhalt

Rolf Bossart

Bildungsferne als Enge und Horizont

Einleitung

»Das Leben des Eros entzündet sich an der Ferne«
(Walter Benjamin, *Nähe und Ferne*, GS Bd. 6, 83)

I

Es gibt kaum ein gesellschaftliches Problem, bei dem heute keine Korrelation zu mangelnder Bildung hergestellt wird. Bildung als wichtigste Ressource und die Forderung nach mehr Bildung gehören zu jenen Allgemeinplätzen öffentlicher Diskurse, die keiner näheren Begründung mehr bedürfen. Aber die Einsetzung von Bildung und Ausbildung als Allheilmittel gegen gesellschaftlichen Ausschluss individualisiert und ersetzt politische Debatten um Ausgleich und Umverteilung. Die soziopolitische Fixierung auf Bildung verstärkt nebst den Bemühungen um mehr Chancengerechtigkeit für alle auch die Angst des Mittelstandes vor sozialem Abstieg und daher den Druck auf die Kinder und deren Lehrkräfte. Die Folgen der aktuellen Bildungskonjunktur sind daher zumindest ambivalent. Wenn Bildung zum Gut wird, von dem man sich gar nicht mehr vorstellen kann, dass man es, selbst wo es mit Nachdruck und Nachhilfe angeboten wird, nicht haben will oder kann, dann ist das Exklusionsrisiko von sogenannten *bildungsfernen* Schichten und von *Bildungsverweigerern* nicht kleiner als früher. Der pathetisch aufgeladene Bildungsbegriff droht vielmehr als zusätzliche Exklusionskeule auf die *Bildungsfernen* nieder zu sausen.

Das Adjektiv *bildungsfern* ist, wie Roland Reichenbach im titelgebenden Essay schreibt, eine »rhetorische Diskursvokabel«, die das als diskriminierend empfundene Wort »ungebildet« ersetzen soll. Als Raummetapher suggeriert es eine neutrale Abstufung von Nähe und Ferne zur Bildung, kann sich aber damit ihrer impliziten Moral doch nicht ganz entledigen. Denn »die Frage, wo wir uns im Raum der Werte und Wertungen befinden, ist«, so Reichenbach, »im Unterschied zur Frage nach der räumlichen Orientierung, nicht neutral. Wir können uns ihr gegenüber nicht gleichgültig verhalten [...]. Vielmehr ist das, was wir wollen, eine Nähe zu dem, was wir als gut, richtig und wichtig empfinden.« (*Das sogenannte träge Wissen und die Kultur der Bildung*) Die Absicht, Diskriminierung mit einem neutralisierenden Begriff zu entschärfen, misslingt daher nicht, weil die Veränderung der Sprache prinzipiell nichts bewirken könnte – wie es die Grundsatzkritik an der Political Correctness gerne hätte –, sondern weil gleichzeitig der Bildungsbegriff als »Das Gute« schlechthin eine absolute Wertsteigerung erfährt und dadurch ungewollt gesellschaftliche Schließungsprozesse einleitet – über teure Zertifizierungsverfahren, über erweiterte Weiterbildungs- und Kontrollstandards, über private Zusatzanbieter, deren Abschlüsse einen immer höheren Stellenwert bekommen, usw.

In diesem Zusammenhang erweist sich die enge Bindung des Gerechtigkeitsbegriffs an den Begriff der Chancen, wie sie etwa in den Bildungs- und Genderdiskursen über die Chancengleichheit geknüpft wurde, als problematisch. Wenn Gerechtigkeit sich nicht mehr an realen Gütern misst, sondern nur an Chancen und Potenzialen, bleibt für die, die ihre Chance nicht nutzen konnten, nichts übrig. Sind sie doch nicht einmal mehr Opfer einer ungerechten Welt, sondern einfach nur Verlierer. Besonders schlimm ist es für jene, denen nachgewiesen oder unterstellt werden kann, dass sie eine Chance durch Eigenverschulden nicht genutzt haben. Sie tragen die ganze Schuld einer sich frei von aller Moral wähnenden Leistungsgesellschaft. Ganz abgesehen davon, dass die Möglichkeiten der Schule, gesellschaftliche Ungleichheiten zu beseitigen, doch eher gering sind.

Aber die Menschen sind auch meist kompliziertere Wesen, als es die Bildungskonzepte und Förderpläne vorsehen. So wie dem Ausschluss durch andere ein Wille zur Selbstinklusion entgegenstehen kann, so kann umgekehrt auch der institutionalisierte Versuch der Fremdinklusion mit dem Bestreben nach Selbstausschluss kontrastieren. Oder es kann auf Fremdexklusion mit Selbstexklusion geantwortet werden. Und wenn es auch richtig ist, einen grundsätzlichen Inklusionswunsch bei den meisten Menschen zu unterstellen, wäre es doch verfehlt, in den Praktiken der Selbstexklusion nur Zwang und Leid zu vermuten. Vor allem wenn man die gängigen, viele überfordernden Inklusionsangebote oder die manchmal eher drohenden denn ermutigenden Aufrufe zum »Lebenslangen Lernen« kritisch dagegenhält.

Der »Spass am Widerstand« – um einen soziologischen Klassiker von Paul Willis aus den 70er-Jahren zu zitieren – scheint unter diesen Bedingungen einen schweren Stand zu haben. Die Bildungsverweigerer der Working Class von Birmingham zeichnete in Willis berühmter Studie noch ein starkes positives Klassenbewusstsein aus. In den vielen autobiographischen Emanzipationserzählungen der letzten Jahrzehnte, in denen die Befreiung aus den beengten Verhältnissen durch Bildung beschrieben wird, unterliegt dieses Klassenbewusstsein aber einem fundamentalen Wandel. Die *bildungsferne* Herkunft wird darin nur retrospektiv aus der Distanz einer erfolgreich durchlaufenen Bildungslaufbahn positiv besetzt, gleichsam als Kainsmal, das die alte Scham nur unter dem Vorzeichen der empfangenen Gnade zeigen will.

Und das bedeutet einerseits, dass Bildung etwas Großartiges ist. Beispielsweise berichtet James Baldwin im Buch »Von dieser Welt« von einer furchterregenden Schulleiterin, die ihn als ganz kleinen Knirps wegen ein paar korrekt an die Tafel gemalter

Buchstaben als klugen Jungen bezeichnet hatte, worauf er eine große innere Kraft verspürt habe und die Gewissheit, in der Schule am richtigen Platz zu sein. – Aber andererseits heißt das auch, dass diejenigen, die von ihren Erfahrungen aus der *bildungsfernen* Vergangenheit erzählen, jetzt eben *bildungsnah* sind. Nur wer die *Bildungsferne* überwunden hat, schreibt, erzählt, veröffentlicht und wird überhaupt je nach seinem Leben gefragt. Und die anderen, bei denen es umgekehrt war, die durch die Schule gedemütigt wurden oder denen die Schule weder positiv noch negativ etwas gebracht hat, und zwar nicht nur wegen klassischer, rassischer oder geschlechtlicher Diskriminierung, sondern einfach weil sie es trotz Bemühung nicht besser konnten oder nicht wollten, kommen im Diskurs viel weniger vor oder, wenn man ihn auf die Erfolge der Chancengleichheitsbemühungen einschränkt, eigentlich gar nicht.

An dieser Schnittstelle zwischen Idee und Ideologie, Fabel und Empirie, Metapher und Arbeit am Begriff ist das Titelwort dieser Essaysammlung situiert. Ist doch *Bildungsferne* im üblichen Sinn ein Begriff, der die Widersprüche, von denen er handelt, nicht vermitteln kann, sie vielmehr unterschlägt: »Aber welches Bildungsverständnis muss im Bildungsforscherkopf vorherrschen, damit er davon ausgehen kann, ganze Bevölkerungsgruppen könnten der Bildung fernstehen? Und wie *bildungsnah* ist sich dieser Kopf eigentlich selber?« (*Über Bildungsferne*) Oder: »Die Kindheit und vor allem die Jugendzeit der *Bildungsfernen* sind vergleichsweise kurz. [...] Wer also früh im Leben und ungefragt Verantwortung für sich und andere übernehmen muss, gilt in der Taxonomie der empirischen Bildungsforschung höchstwahrscheinlich als *bildungsfern*. Wer hingegen mit 25 oder 30 Jahren noch nicht so recht weiß, was er mit seinem Leben anfangen will, ist wahrscheinlich *bildungsnah*«. (*Über Bildungsferne*)

Nur dort, wo das institutionalisierte Bemühen um umfassende *Bildungsnähe* bewusst Lücken für Eigensinn und Sonderwege offenhält und Heterogenität pflegt, kann es dem eigenen Widerspruch zwischen seinem emanzipatorischen Bildungsbegriff und der Legitimation der herrschenden Verhältnisse reflektierend gegenübertreten. Selbstverständlich gilt: In Tuchfühlung mit der Mehrheit zu leben, ist für die meisten besser, als ihr fern zu sein, und Bildung schafft heute mehr denn je die Voraussetzungen für dieses Dazugehören oder wenigstens für die Entscheidung dagegen. Was aber bei der gegenwärtigen Aufladung der Bildungsangebote und Bildungsverpflichtungen als exklusiver Inklusionsmotor unbegriffen bleibt, ist das Recht auf Zugehörigkeit, das auch die freiwillig oder unfreiwillig nicht am »Lebenslangen Lernen« teilnehmenden Menschen haben.

II

Die Moralisierung der Raummetaphern Nähe und Distanz bzw. der negative Beigeschmack der Distanz kommt in den Erziehungswissenschaften auch vom guten Ruf des Authentischen, auf dessen Problematik Reichenbach, ausgehend von Richard Sennetts frühem Klassiker über »die Tyrannei der Intimität«, immer wieder aufmerksam gemacht hat – pointiert in Verbindung mit der Frage des pädagogischen Kitschs: »Während das Ideal personaler Autonomie im 20. Jahrhundert gründlich dekonstruiert und auch destruiert worden ist, erfährt das regulative Ideal der Authentizität bis heute eine breite gesellschaftliche Schonung. Die Vermitteltheit unserer Selbst- und Weltbeziehungen bleibt ein auch erziehungs- und bildungstheoretisch wenig beachteter Stachel im Diskursgewebe, wiewohl er in der philosophischen Anthropologie schon lange reflektiert worden ist.« (*Bildung, Reformation, Kitsch*).

Bei der Geringschätzung rhetorischer, repräsentativer oder mimetischer Praktiken in der gegenwärtigen Erziehungswissenschaft liegt der Gedanke nahe, dass dahinter noch immer das romantische Problem des unwiederbringlichen Austritts der menschlichen Gattung aus der Einheit mit der Natur bzw. der

Unmöglichkeit eines direkten Zugangs zu ihr liegt. Und mit ihm auch die Scham, dass Schule etwas Künstliches sei, eben doch nicht das wirkliche Leben, und es noch viel weniger sein kann, je stärker eine Lehrperson als zentrale Vermittlungsinstanz der rein schulischen Abstrakta auftritt. Das ist vielleicht auch ein Grund dafür, dass der Lehrperson in den letzten Jahrzehnten in der Forschung fast fahrlässig wenig Beachtung geschenkt worden ist.

Der Glaube an den direkten Draht, an die Unmittelbarkeit im Zugang zur Welt, fällt zurück hinter die Aufklärung des Individuums über seine Abhängigkeit von Dingen und Realitäten, die es weder selber hervorbringen noch kontrollieren kann. Weder der erfahrungsbezogene Unterricht noch das selbstorganisierte Lernen überlisten die Tatsache, dass wir das meiste, was zum Begreifen der Welt notwendig ist, von anderen lernen müssen, die es auch wieder von anderen gelernt haben. Reichenbach kontrastiert diese negative Sicht des fernen und passiven Zuhörers bzw. Zuschauers zum einen mit der wichtigen Figur des politisch Apathischen bzw. gebildeten Zuschauers (*Demokratische Apathie*) und zum anderen mit dem Insistieren auf Theoriearbeit als Praxis des Zurücktretens, Schauens, Überblickens, als notwendige Bedingung kritischer Reflexion des eigenen Tuns. (*Über die Lehrtätigkeit als Inszenierungspraxis*)

Das Problem der uneingestandenen, nur durch Vermittlungsleistungen überbrückbaren Ferne zu den Dingen wird letztlich manifest im Zwang zur Identifikation – zu beobachten überall da, wo Distanzierungspraktiken wie das Zweifeln und Relativieren, das Vermuten und Spekulieren, die Ironie oder der Spott fehlen oder überhaupt undenkbar geworden sind. Wie sehr es sich bei dieser Analyse um einen Kern von Reichenbachs Denken handelt, sei mit zwei Beispielen angedeutet: »In solchen Zeiten hat es der Kitsch nicht immer leicht, sich im Denken, Darstellen und Empfinden durchzusetzen. Das ist einerseits ein Glück, denn dort wo er nicht selber ironisch betrieben wird, d.h. ohne Selbstdistanzierung, bleibt er ein Übel, manchmal nur ein kleines Übel, manchmal ein kaum zu überschätzendes. Andererseits ist das völlige Fehlen von Kitsch auch problematisch, denn wo nichts mehr ernsthaft betrieben und verteidigt wird, d.h. aufrichtig gemeint wird, fehlt dem Leben eine Tiefendimension und es erscheint dann umso seichter und vielleicht gänzlich sinnlos«, oder: »Das Nachdenken über und Eindenken in Fremdes, Vorgedachtes oder Angelesenes wird zugunsten des Ausdrucks des Eigenen vernachlässigt. Letzteres ist aber eigentlich antidiskursiv und verunmöglicht eine kritische Distanz zu dem, was man macht, weil ich nicht einfach eine erworbene Sache vortrage oder darstelle, sondern mich selber, was schlicht grauenvoll ist, wenn man länger darüber nachdenkt. Im Gegensatz dazu ist und bleibt Lesen eine wichtige Distanzierungs- und im erweiterten Sinn Diskurspraxis.« (*Über Lesen und Sprache*).

In Anbetracht dessen könnte ein wichtiges Merkmal von Bildung so etwas wie die Kultivierung von Fremdheit sein und hätte, worauf Reichenbach mit Hans Blumenberg immer wieder hinweist, weniger mit einem »Arsenal« von Kompetenzen, aber viel mit »Horizont«, das heißt mit einem Gespür für die Ferne zu tun. Dieses Gespür kann beispielsweise Einsicht in die Notwendigkeit von Vermittlungen, Eingeständnis der eigenen Unbildung, Wertschätzung des Abwesenden oder auch Anerkennung der bleibenden Bedeutung metaphysischer Fragen hervorbringen: »Der transzendentalphilosophischen Tradition ist eine Metaphysik*kritik* zu verdanken, welche metaphysische Fragen gerade nicht als »schlicht unbeantwortbar« *verwirft*, sondern zumindest einräumt, dass sich metaphysische Fragen immer wieder aufdrängen, wenn auch nicht abschließend beantworten lassen, es aber einen großen Unterschied macht, ob sie erkannt und ernst genommen werden oder nicht.« (*Über den »Herz-Geist«*) Ein Merkmal von *Bildungsnähe* wäre insofern das Interesse an allem, was noch aus der Ferne leuchtet, was einem zugänglich bleibt, beziehungsweise, um es mit Kant zu sagen, was einen »belästigt«, auch wenn es bereits abgetan, verloren oder entzogen scheint. Denn paradoxerweise ist es das Präsent-Halten der metaphysischen Fragen, das die heimliche Grundlage bildet für einen realistischen Zugang zur physischen Wirklichkeit. Denn nur wer die Metaphysik nicht für erledigt hält, weiß auch, dass es ihre Kritik nicht ist und bleibt sensibel für alle Arten von unreflektierten und unhintergehbaren Setzungen, an denen es gerade in den Erziehungswissenschaften unserer Tage nicht mangelt. Daher weisen die Texte von Reichenbach eine Fülle an Paradoxa, Ambivalenzen und Spannungsbegriffen auf und folgt er meist dem, nebenbei sehr unterhaltsamen Grundsatz, nie eine Relativierung auszusprechen, ohne sie vorher selber durch Übertreibung notwendig gemacht zu haben. Und als gälte es damit den Zusammenhalt der Welt zu sichern, wird das eine erst gesagt, wenn ans andere wenigstens gedacht ist.

Bei aller Kritik und allem Spott, womit Reichenbach die geistigen Engpässe seiner Zunft überzieht, behandelt er selbst noch das Dogma mit dem Respekt dessen, der darin den Versuch einer Lösung des Unlösbaren erkennt. Und wo er zum Zynismus greift, geschieht das nie, um sich schadlos zu halten, sondern nur in jenem ursprünglichen Sinn des Rückzugs auf das existentielle Minimum angesichts der Versperrung aller anderen Wege. Denn was man ganz abstößt, wird nicht mehr begriffen und erfasst. Insofern ist der Begriff der *Bildungsferne* ein typischer Reichenbach'scher Spannungsbegriff, weil man sich, von dem, wovon man sich befreien will, nicht zu weit entfernen sollte. Die Bindung an die Ferne ermöglicht die Freiheit gegenüber dem Nahen. Erst indem es sich der unmittelbaren Macht des Nahen entzieht, kann ein Subjekt darüber raisonnieren. Den Grad der notwendigen und noch zulässigen Distanz zum Gegenstand bestimmt es selber kraft seines Horizonts, der über das Hier und Jetzt hinausdrängt. Womit letztlich als gebildet gelten kann, wer nie einer Sache nahe ist, ohne ihr auch gleichzeitig fern sein zu können oder – um es etwas verbindlicher und problematischer auszudrücken – ohne ihr fern sein zu *wollen* und umgekehrt.

III

Die hier versammelten Essays und Gespräche von Roland Reichenbach sind allesamt Versuche und Erkundungen über die Möglichkeit einer Erziehungswissenschaft, die ihrem Gegenstand, der Menschenbildung im emphatischen-humboldtschen Sinn, die Treue halten kann. Folgt man der sprachlichen Struktur und der inhaltlichen Richtung dieser Texte, so findet sich darin immer die Arbeit an der mehrstufigen Aufgabe, die Welt und die Menschen in ihrer prekären und von Zerreißung bedrohten Vielfalt, Widersprüchlichkeit und Tragik kennenzulernen, auszuhalten, als Einheit zu denken und lieben zu lernen, ohne zu vergessen, dass wir darin doch nie ganz heimisch werden.

Der Band beginnt mit Passagen der Selbsterkundung. Aber die autobiographische Seite schlägt die analytische nicht weg. Ebenfalls streicht Reichenbach die Ambivalenz nicht aus seinen Erfahrungen und Schlüssen, sondern macht sie explizit. Er kritisiert das Moralisieren und deutet doch Verständnis an, wenn es auftritt. Die Empörung, die Polemik, die selten fehlt, gilt nie einer einzelnen Position, sondern immer nur der »Dummheit«, fehlender Distanz, Reflexion, Theorie. Reichenbachs Essays zeigen daher kein Denken in Alternativen, aber Angriff und Verteidigung auf alle Seiten, keine Identifikationen, aber Eros und Distanz, kein Positivismus, aber Affirmation als Praxis der Negation, kein Mittelweg, aber doch Bedauern, wenn er nicht mehr beschritten wird. Kurzum, wer immer Reichenbach liest, wird ihm beipflichten und fühlt sich doch bei der nächsten Wendung ertappt.

Nach wenigen Sätzen ist man meist verwickelt in die Lust des Autors an Kontrapunkten, Widersprüchen und Doppeldeutigkeiten: »In der Wohnung, in der ich aufgewachsen bin, war kein Bücherregal nötig.« (*Über Bildungsferne*) Es heißt nicht einfach »stand kein Regal«, denn wenn auch keins nötig war, könnte trotzdem eins dagestanden haben, zum Beispiel eine Wohnwand. Oder: »Der gute Ruf der Demokratie ist jung. […] Dass ›gute‹ Erziehung demokratisch zu sein habe, ist allerdings eine politisierte Wendung des pädagogischen Denkens, die alles andere als selbstverständlich ist.« (*Demokratische Apathie*) Es heißt nicht »die Wendung ist schlecht«, sie ist nur »politisiert« und nicht »selbstverständlich«, es heißt nicht »die Demokratie ist gut oder schlecht«, es heißt nur, »der Ruf ist gut«. Und man fragt sich sofort, »wer ruft«, »wer politisiert«? Es heißt nicht »früher war Demokratie verpönt, aber heute ist alles gut«, sondern es heißt: Der gute Ruf »ist jung«, und schon ist dem Fortschrittspathos mit Skepsis und Humor die Spitze genommen. Sein Essay über *Über Neomanie und die posttheoretische Phase in der Erziehungswissenschaft* schließlich beginnt mit dem Satz: »Die Überwindung von Traditionen zu bejubeln, ist nicht immer ein guter Indikator für die Bildung eines Menschen oder einer Gesellschaft.« Wie im Schachspiel eine kluge Eröffnung ein komplexes Spiel garantiert, ermöglicht dieser Satz Ermittlungen in alle Richtungen. Weder verschließt die Kritik am Jubel den Weg des Fortschritts, noch schlägt sie sich bereits auf die Seite der Tradition. Vielmehr ahnt man, dass es hier nicht um die Alternative Überwinden oder Beharren gehen wird, sondern gerade darum, diese zurückzuweisen. Und doch kommt bei Reichenbach nie der Verdacht auf, die Sache könne in der Schwebe bleiben, sie sei gar gleichgültig. Denn obwohl in seiner Dialektik nichts endgültig entschieden wird, ist es doch nicht egal, wie es ausgeht. Es ist, als würde er zum Schluss immer mit jenem jüdischen Vater aus dem klassischen Witz über den atheistischen Monotheismus insistieren: »Es gibt nur einen Gott! Und wir glauben nicht an ihn!«

St. Gallen, im Mai 2020

Über Bildungsferne

Autobiografische Notizen

In der Wohnung, in der ich aufgewachsen bin, war kein Bücherregal nötig, denn meine Eltern waren »bildungsfern« – zumindest würde man sie in der empirischen Bildungsforschung heute so nennen. Freiwillig habe ich mein erstes Buch mit etwa zwölf Jahren gelesen. Es hieß *Mein Schicksal heißt Catrina*. Ich hatte es mir wohl erstanden, weil mich der Name Catrina an ein Mädchen erinnerte, in das ich verliebt war und das Käthi hieß. Doch die Lektüre war zäh. Die Geschichte erzählt von einer Alleinüberquerung des Atlantiks. Erst nach etlichen Seiten dämmerte mir, dass »nur« das Boot Catrina hieß. Das war enttäuschend, denn ich hatte mir insgeheim eine Liebesgeschichte erhofft, und zwar mit einer Frau, nicht mit einem Boot. Ein weibliches Wesen namens Catrina tauchte in diesem einsamen Ozean bis zum Schluss nicht auf. So versuchte ich mich für Fragen der Navigation zu interessieren, was in den Berner Alpen einer gewissen Vorstellungskraft bedarf.

Bis vor wenigen Jahren las ich Bücher wie schon *Mein Schicksal heißt Catrina* gegen fast jeden Widerstand bis zum Schluss, auch wenn sich die Öde schon auf den ersten Seiten ankündigte. Rar verstreute Sätze, die meiner Aufmerksamkeit wert waren, fungierten als intermittierende Verstärker; so hat sich meine Lesebereitschaft – Bildungsferne hin oder her – erhalten. Noch heute befällt mich ein leicht protestantisches Gefühl, wenn ich ein Buch mitten in der Lektüre weglege.

Wer in »bildungsfernen Verhältnissen« aufwächst, wächst immer auch in »einfachen Verhältnissen« auf. Was genau an diesen Verhältnissen einfach sein soll, bleibt unklar. Mit meinen Brüdern, beide naturgemäß bildungsfern wie ich, schaute ich über viele Jahre sehr viel fern: die dümmsten damals angebotenen Sendungen, aber auch interessante Reportagen, zum

Beispiel über die Transsibirische Eisenbahn. Sonntagsausflüge mit den Eltern mussten immer wieder frühzeitig abgebrochen werden, weil wir drei Brüder hartnäckig darauf bestanden, um 17 Uhr zu Hause zu sein, um keine Folge von *Daktari* zu verpassen. Die Solidarität unter bildungsfernen Geschwistern ist wohl von einfachem Wesen, aber sie kann wirksam sein. Lange vor dem Internet 2.0 haben wir schon mit dem Fernsehen interagiert. Zum Beispiel haben wir Leon Huber – damals Nachrichtensprecher im Schweizer Fernsehen – wiederholt unsere drei kleinen Hinterteile gezeigt. Leon Huber war ganz irritiert. Jedenfalls dachten wir das. In einfachen Familien werden ja schon die einfachsten Zusammenhänge nicht verstanden.

Bildungsnähe?

Bildungsferne wird über den sogenannten sozioökonomischen und soziokulturellen Status der Eltern der befragten oder vielmehr getesteten Kinder und Jugendlichen operationalisiert. Aber welches Bildungsverständnis muss im Bildungsforscherkopf vorherrschen, damit er davon ausgehen kann, ganze Bevölkerungsgruppen könnten der Bildung fernstehen? Und wie bildungsnah ist sich dieser Kopf eigentlich selber? Das sei nicht weiter vertieft, wiewohl es durchaus interessant sein könnte.

Die Raummetaphorik des Adjektivs »bildungsfern« suggeriert, die Nähe oder Ferne, die Distanz zu Bildung sei graduell bestimmbar. Freilich sind Metaphern verschobene Namensgebungen und der Gebrauch von Metaphern insgesamt unvermeidbar. Metaphern heben Aspekte hervor und verbergen andere (Lakoff & Johnson 2000). Nur ist »Bildungsferne« kein wissenschaftlicher Begriff, sondern eine rhetorische Diskursvokabel, die als politisch korrekter Euphemismus sicher ihre legitime und legitimierende Funktion hat. Man sagt »bildungsfern« und denkt »ungebildet«.

Doch »ungebildet« soll man Menschen nicht nennen. Allenfalls Säuglinge können als (noch) ungebildet erkannt und benannt werden, sollte man meinen. Ob Säuglinge bildungsfern sind, hängt offenbar vom Status ihrer Eltern ab. In jedem Fall ist ein Baby ein noch ganz vorsprachliches und vorreflexives Wesen, und es sieht, wie Whitehead meinte, »eindeutig nicht nach einem vielversprechenden Kandidaten für intellektuellen Fortschritt aus, wenn wir uns der Schwierigkeit der Aufgabe besinnen, die ihm bevorsteht« (Whitehead 2012, S. 62). Das Baby hat Pech, wenn es in eine bildungsferne Familie hineingeboren wird (es ist dann ein bildungsfernes Baby) – es hat Glück, wenn es in einer bildungsnahen Familie aufwächst (obwohl es sich noch nicht wie ein gebildetes Baby verhält, denn das kommt erst später). Doch auch in bildungsnahen Milieus ist nicht alles einfach. Bertrand Russell berichtet zum Beispiel, dass sein erstes Kind als Neugeborenes zunächst wie Immanuel Kant ausgesehen habe. Das war ein Schock! Erst Tage danach habe das Kind die Form eines richtigen Babys angenommen. In einer bildungsfernen Familie ist diese Erfahrung unwahrscheinlich, es geht dort einfacher zu: Babys erinnern da nur an andere Babys, niemals an Aufklärer, auch wenn diese selbst – wie Kant oder Rousseau – aus bildungsfernen Milieus, vergleichsweise »einfachen Verhältnissen« stammen.

Der Bildungsforscher hat klare Kriterien für Bildungsnähe oder Bildungsferne: zum Beispiel die Anzahl der Bücher im Regal des elterlichen Haushalts oder die Anzahl der Jahre, die ein Mensch in Bildungsinstitutionen verbringt. Letzteres könnte auch als Variable diskutiert werden, die den Prozess des Erwachsenwerdens gerade verzögert. In diesem Sinne verbindet sich das Recht auf formale Bildung auf eigentümliche Weise mit dem Bedürfnis nach Entwicklungsverzögerung. Mit der stetigen Ausweitung des psychosozialen Moratoriums erscheint die Postadoleszenz selbst gegen Ende des dritten Lebensjahrzehnts noch als Fernziel.

Hier haben wir vielleicht ein Kriterium für Bildungsnähe, das aus jenem der Bildungsferne in der empirischen Bildungsforschung folgt. Der Untertitel von Susan Neimans lesenswerter Abhandlung *Warum erwachsen werden?* lautet: »Eine philosophische Ermutigung« (Neiman 2015). Es sind vor allem die »bildungsnahen« Menschen, die diese Ermutigung offenbar brauchen, vermutet man bei dieser Lektüre. Die Kindheit und vor allem die Jugendzeit der Bildungsfernen sind vergleichsweise kurz. Natürlich würde man Erwachsenwerden und Bildung nicht nur in der pädagogischen Theorie, sondern auch im Alltagsverständnis in einem engen und positiven Zusammenhang sehen wollen. Doch dazu müssten Allgemeinbildung, besondere Bildung (zum Beispiel Berufsbildung) und vor allem die allgemeine Menschenbildung unterschieden und in ihrem Recht und ihrer Bedeutung anerkannt werden.

Für den empirischen Bildungsforscher, der lieber mit großen Datensätzen rechnen will oder muss, ist ein Konzept wie »allgemeine Menschenbildung« freilich unbrauchbar. Er wird dabei bleiben: Wer sich zu Hause vor allem um seine jüngeren Geschwister kümmern muss oder um den elterlichen Haushalt oder aber im Laden steht, statt die Schulbank zu drücken, oder wer, weil er keine Lehrstelle findet, sein Glück als Hilfsarbeiter im Ausland sucht, ist »bildungsfern«. Wer also früh im Leben und ungefragt Verantwortung für sich und andere übernehmen muss, gilt in der Taxonomie der empirischen Bildungsforschung höchstwahrscheinlich als »bildungsfern«. Wer hingegen mit 25 oder 30 Jahren noch nicht so recht weiß, was er mit seinem Leben anfangen will, ist wahrscheinlich »bildungsnah«. Wohl sitzt er in Seminaren oder Hörsälen, vielleicht mit den Jahren zunehmend verunsichert, verdattert und etwas schlaff, aber er tut etwas für seine Bildung. Was dieses »Etwas« ist, weiß er selber möglicherweise immer weniger.

Mass higher education

Mit der Entwicklung zur *mass higher education* können sich nun immer mehr junge Menschen immer länger sitzend bilden. Die Optionen einer erfolgreichen Zukunft stehen ihnen offen, glauben sie. Bildungsökonomische Studien geben ihnen zumindest in finanzieller Hinsicht Recht. Nur das Gefühl, gebraucht zu werden, eine Funktion für andere zu haben, an einer großen oder auch kleinen Sache mitzuwirken wird ihnen selten zuteil – überhaupt das Gefühl, für andere und anderes als die eigene Bildung wichtig zu sein. Daher ist Bildungsnähe häufig mit so wenig Leidenschaft und Freude verbunden. Universitäten und Fachhochschulen sind heute für vergleichsweise sehr viele Menschen zugänglich geworden.

Die Alma mater behandelt als nährende Übermutter die ihr Zugeordneten und Zugelaufenen zunächst alle gleich. Immer mehr wollen genährt werden mit Bildung und Wissen, und die »Allgemeine Hochschulpflicht« ist dabei, verwirklicht zu werden. Das Phänomen der *mass higher education* ist global und findet weitgehend unabhängig vom wirtschaftlichen Entwicklungsniveau der Nationalstaaten statt. Die Hochschulexpansion folgt »prinzipiell einem globalen Muster, nicht unterschiedlichen nationalen Verlaufsmustern«, nationale Bildungssysteme sind globalen Modellen unterworfen: »Nationalistische Grundsätze und die Verherrlichung nationaler Sonderwege verloren nach zwei weitgehend durch sie verursachten Weltkriegen und einer Weltwirtschaftskrise an Attraktivität« (Meyer & Schofer 2005, S. 91). Bekanntlich ist die Wahrscheinlichkeit, mit der sich Kinder aus bestimmten Milieus an einer Universität einschreiben, relativ geblieben. So haben Beamtenkinder in Deutschland zwischen 1969 und 2000 den größten Chancenzuwachs verzeichnen können, gefolgt von den Söhnen und Töchtern von Selbständigen und Angestellten, während Arbeiterkinder nur einen sehr geringen Chancenzuwachs vorweisen können (vgl. Wernicke 2009). Die scheinbare Demokratisierung der

Bildung – schlimmes Wort »Massenbildung« – verringert die sozioökonomischen Unterschiede keineswegs, sondern mag sogar noch dazu beitragen, sie zu vergrößern. Doch dass durch Schule, Bildung und Ausbildung ungleiche Chancen möglichst zu kompensieren sind, darüber herrscht unhinterfragt Konsens, wiewohl die paradoxale Struktur dieser Forderung schon vor vielen Jahren von Helmut Heid überzeugend analysiert worden ist (Heid 1988). Die gesellschaftliche Anerkennung dieses wahren Sisyphos-Projekts ist Ermöglichungsbedingung einer umfassenden Pädagogisierung der Gesellschaft. »Eine enorme Maschine«, so Jacques Rancière (2009), »setzte sich in Gang, um die Gleichheit durch Ausbildung zu fördern.« (S. 156) Diese Maschine hat viele zusätzliche Funktionen, unter anderem schafft sie selber neue »pädagogische« Arbeitsstellen und sichert deren Dauer, und sie mindert das gesellschaftliche Unbehagen an der sozialen Ungleichheit: Es wird ja etwas getan.

Der erste Mensch

Wer aus einer »bildungsfernen« Schicht den Aufstieg in »bildungsnahe« Milieus schafft, hat vielleicht Glück gehabt, hat sich vielleicht sehr angestrengt, und dies ist belohnt worden. Er hat aber auch ein Milieu verlassen, das ihn nicht mehr verstehen wird, und er wird vielleicht, um es in Anlehnung an Pierre Bourdieu zu sagen, »oben« nie wirklich ankommen, da man ihm den Stallgeruch oder den Habitus noch lange Zeit, vielleicht zeitlebens anmerkt (vgl. Bourdieu & Passeron 1973). Fast sicher ist aber, dass er eine wesentliche Unterstützung erhalten haben muss, durch eine Person, die ihn zum Lernen und zur Anstrengung ermutigt hat.

Eine rührende Beschreibung eines solchen pädagogischen Verhältnisses ist Albert Camus' Autobiografie zu entnehmen. Für Jacques, Alberts Alter Ego, ist sein Lehrer Bernard die Möglichkeit, als Erster in der Familie würdig »wie ein Mensch«

zu leben (daher der Titel *Der erste Mensch*). Die Bindung des Knaben, der keinen Vater hat und mit seiner lernbehinderten Mutter und der etwas rabiaten Großmutter in ärmlichen Verhältnissen aufwächst, ist elementar und exklusiv. Bernard hilft Jacques und anderen Schülern mit großem Einsatz, die Prüfung fürs Gymnasium zu bestehen. Der Preis für diesen Erfolg ist die Trennung von Bernard. Dieser versucht, Jacques zu trösten: »›Du brauchst mich nicht mehr‹, sagte er, ›du wirst gelehrtere Lehrer haben. Aber du weißt ja, wo ich bin, besuch mich, wenn du meine Hilfe brauchst.‹« (Camus 1995, S. 199)

Camus beschreibt nun die Gefühle, die den Jungen mit dem Bewusstsein des Preises für seinen Bildungserfolg überwältigen: »Er ging, und Jacques blieb allein, verloren inmitten dieser Frauen, dann stürzte er zum Fenster und sah seinem Lehrer nach, der ihn ein letztes Mal grüßte und ihn von nun an allein ließ, und statt der Freude über den Erfolg zerriss ein grenzenloser Kinderkummer sein Herz, so als wüsste er im Voraus, dass er soeben durch diesen Erfolg aus der unschuldigen, warmherzigen Welt der Armen herausgerissen worden war, einer wie eine Insel innerhalb der Gesellschaft in sich abgeschlossenen Welt, in der das Elend als Familie und Solidarität dient, um in eine unbekannte Welt geworfen zu werden, die nicht mehr seine war, von der er nicht glauben konnte, dass die Lehrer gelehrter waren als dieser, dessen Herz alles wusste, und er würde in Zukunft ohne Hilfe lernen und verstehen müssen, ohne den Beistand des einzigen Menschen, der ihm geholfen hatte, schließlich ganz auf seine Kosten sich allein erziehen und erwachsen werden müssen.« (Camus 1995, S. 199ff.)

Gleichheit als Praxis

Gleichheit ist ein Gerechtigkeitsideal. Moralische und politische Ideale haben einen regulativen Charakter: Wer sie anerkennt, handelt anders oder möchte anders handeln oder möchte, dass anders gehandelt wird. Aus diesem Grund ist Gleichheit (beziehungsweise Ungleichheit) weniger als Zustand zu diskutieren, sondern vornehmlich als soziale Praxis. Genauer betrachtet ist sie eine Unterstellungsleistung, sei dieselbe kontrafaktisch herausgefordert oder nicht. Gleichheit kann nur zwischen Menschen bestehen, »die sich als vernünftige Wesen ansehen« (Rancière 2009, S. 160).

Lehrer Bernard behandelt Jacques als ein vernünftiges Wesen. »Das Problem ist nicht, Gelehrte zu erzeugen«, schreibt Rancière, es besteht darin, »diejenigen dazu zu ermutigen, sich zu erheben, die sich niedrig an Intelligenz glauben, sie aus dem Sumpf zu ziehen, in dem sie verkommen; nicht dem Sumpf der Unwissenheit, sondern der Selbstverachtung, der Verachtung des vernünftigen Geschöpfes in sich«. (S. 119) Man kann Gleichheit politisch-moralisch fordern, man mag glauben, sie sei gegeben oder nicht gegeben, doch wird Gleichheit dadurch nicht notwendigerweise wirklicher oder gar realisiert; vielmehr muss Gleichheit praktiziert werden, und das bedeutet in letzter Konsequenz, die Intelligenz – sagen wir kantisch: die Intelligibilität – des anderen als der eigenen gleich zu betrachten. Gleichheit ist aus diesem Grund – zumindest mit Jacques Rancière – mit Vernunft gleichzusetzen.

Was nun den Zustand der Gleichheit (respektive Ungleichheit) in der Gesellschaft betrifft, so sei zu »wählen, ob man sie den wirklichen Individuen zuspricht oder ihrer fiktiven Vereinigung. Man muss wählen zwischen einer Gesellschaft der Ungleichheit mit gleichen Menschen oder einer Gesellschaft der Gleichheit mit ungleichen Menschen. Wer den Geschmack für die Gleichheit hat, dürfte nicht zögern: Die Individuen sind die realen Wesen und die Gesellschaft eine Fiktion. Für die realen Wesen hat die Gleichheit einen Wert, für eine Fiktion hingegen nicht.« (S. 155) Man könnte mit Rancière formulieren, dass Gleichheit eine soziale Praxis und Ungleichheit ein gesellschaftliches Faktum darstellt. Gleichheit ist eine Anerkennungsleistung, die gegen die soziale und gesellschaftliche Ungleichheit, der wir überall begegnen, aufgebracht werden kann.

Die moderne Moral der symmetrischen Kommunikation gebietet freilich die Unterstellung von gleichen Rechten und Pflichten. Diese ist in unseren Breitengraden weithin anerkannt, daher unterliegt – in der Regel – nicht die Gleichbehandlung, sondern die Ungleichbehandlung einem Rechtfertigungsdruck. Dennoch ist die Lage meist komplizierter; in welchem Verhältnis tatsächliche Ungleichheiten und (normative) Gleichheitspostulate zu sehen sind, kann nur strittig bleiben und ist jedenfalls keine wissenschaftliche Frage, sondern Gegenstand des ethischen und politischen Diskurses: Welche Ungleichheiten sind erstens als ungerecht zu betrachten? Welche lassen sich zweitens ethisch nicht rechtfertigen, und welche sind drittens hinzunehmen, da sie wohl nicht zu verändern sind? Als einigermaßen fromm kann die Annahme bezeichnet werden, dass in pluralistischen Gesellschaften immer oder auch nur meistens Konsens darüber hergestellt werden könne, welcher Kategorie eine konkret festgestellte und empirisch belegbare Ungleichheit zugeordnet werden müsse, denn »moral disagreement is here to stay« (Gutmann & Thompson 1997, S. 361).

Da sich die Widersprüche der demokratischen – oder auch nichtdemokratischen – Gesellschaft (wahrscheinlich) zwangsläufig in all ihren Subsystemen auswirken, können die gesellschaftlichen Probleme weder der einzelnen Schule beziehungsweise dem Bildungssystem als Ganzem angelastet noch von dieser oder diesem wirklich gelöst werden. Und daher sind manche gesellschaftlich notwendigen Funktionen der Schule in pädagogischer und ethischer Sicht teilweise höchst problematisch. Dieser widersprüchlichen Struktur wird im erziehungswissenschaftlichen Diskurs der Ungleichheit und vor allem im bildungspolitischen Diskurs der Ungerechtigkeit wenig Aufmerksamkeit geschenkt, wohl weil mit diesem Augenmerk eine unangenehme Ratlosigkeit offensichtlich würde: Chancengleichheit wird es nie geben, und die Schule wird unfair bleiben, so viel ist klar – die Frage ist eher, wer und wie viele auf der (scheinbaren) »Verliererseite« oder aber »Gewinnerseite« steht beziehungsweise stehen und wie sich dieses Verhältnis verändern lässt.

Während es wissenschaftlich von Bedeutung ist, die vorhandenen Ungleichheiten möglichst angemessen zu erfassen oder wenigstens zu beschreiben, kommt es ethisch, politisch und pädagogisch darauf an, ob Gleichheit praktiziert wird und in welchen Bereichen menschlicher Handlungsmöglichkeiten mit dieser Praxis gerechnet werden kann. Die bescheidene – und dennoch vielleicht politische(re) – Sicht lautet, dass Gleichheitspraxis nur auf Ebene der Individuen und nicht auf Ebene der Institutionen, Organisationen oder gar der Gesellschaft wahrscheinlich ist. Das hat nicht primär damit zu tun, dass letztlich nur Individuen handeln können und nicht Strukturen, sondern damit, dass das gesellschaftliche Faktum von ungerechten oder nicht legitimierbaren Ungleichheiten sich in allen gesellschaftlichen Teilsystemen widerspiegelt, sei dies mehr oder weniger ausgeprägt und mehr oder weniger gut kaschiert.

Die zeitgenössische Empörung über die Ungerechtigkeit im Bildungsbereich wirkt nicht immer aufrichtig (denn alle »empören« sich ja auf ihre je kommode Weise, und gleichzeitig können Schuldige an der Misere nicht wirklich bezeichnet werden, was moralisch interessanter wäre) und scheint auch nicht unbedingt in tiefschürfendem Denken zu wurzeln, sondern sie gehört zum Arsenal der gefälligen und politisch korrekten Artikulationen. Ganz abgesehen davon, dass die Empörungskapazität der Menschen begrenzt ist, scheinen zwei mehr oder weniger stillschweigende Annahmen zur flotten Ausstattung der Ungleichheitsdiskurse zu gehören, nämlich erstens die Annahme, dass (formale) Bildung zu Emanzipation führe (zumindest führen solle und gegebenenfalls könne), und zweitens die Vermutung, dass (zunehmende) Gleichheit immer auch Fortschritt bedeute.

Pädagogische Panik

Je mehr sich die »Allgemeine Hochschulpflicht« durchsetzt, desto systematischer wird auch der Verblendungszusammenhang, der sich in der Überzeugung artikuliert, wonach sozialer Fortschritt ein primär pädagogisches Projekt darstelle. Das Vehikel, um zunehmende Gerechtigkeit zu erlangen oder ungerechte Ungleichheit zum Verschwinden zu bringen, wird vorwiegend noch in der Bildung (und den damit verbundenen gesellschaftlichen Teilhabemöglichkeiten) gesehen, wobei es – genauer gesagt – letztlich ja immer der Bildungsabschluss leisten soll. Die gesellschaftlich breit akzeptierte – und dennoch nie wirklich überzeugende – Gleichsetzung von Bildungsabschluss und Bildung ist eine zentrale Bedingung für die umfassende Pädagogisierung der Gesellschaft, in der sich Personen mit Abschlüssen größeren Prestiges »emanzipiert(er)« und »gebildeter« wähnen können als die Personen, die sie in der Hierarchie des Bildungs- und Ausbildungssystems scheinbar hinter sich gelassen haben.

Damit aber Gutes getan werden kann beziehungsweise die guten Intentionen nicht an der Komplexität und Widersprüchlichkeit der Wirklichkeiten scheitern, braucht es frohe Botschaften in einem Vokabular mit eindeutiger Orientierungsfunktion: Das »Neue« oder »Innovative« muss als das Gute erscheinen, und schon die Erscheinung muss selbst performativ wirksam sein. Die Wirkungsleistung ist eine Funktion der symbolischen »Gewalt«, das heißt einer Macht, »der es gelingt, Bedeutungen durchzusetzen und sie als legitim durchzusetzen, indem sie die Kräfteverhältnisse verschleiert, die ihrer Kraft zugrunde liegen« (Bourdieu & Passeron 1973, S. 12).

Basil Bernstein war sicher einer der ersten Autoren, die in diesem (Überzeugungs- und Überredungs-)Zusammenhang die Attraktivität des Kompetenzdiskurses profund analysiert haben. Zur Attraktivität dieses Diskurses gehört erstens die »universelle Demokratie« im Kompetenzdenken: »All are inherently competent and all possess common procedures« (Bernstein 2000, S. 56). Zweitens ist es immer günstig, sich das lernende Subjekt als aktiven und kreativen Konstrukteur einer bedeutungsvollen Welt vorzustellen. So wird der Verdacht einer behavioristischen Perspektive, die bekanntlich am Subjekt herzlich wenig interessiert ist, wirkungsvoll entkräftet (denn wie könnte man gegen Kreativität und Eigenaktivität sein?). Von Bedeutung ist freilich drittens das Konzept der selbstregulierten Entwicklung (heute: des selbstregulierten Lernens): »Official socializers are suspect, for acquisition of these procedures is a tacit, invisible act not subject to public regulation« (ebd.). Und schließlich mag es viertens schwer sein, sich gegen die begriffliche Engführung von Kompetenz und Emanzipation zu wehren.

Die hier virulent gewordene Transformation des Bildungsverständnisses kann bekanntlich als eine Verschiebung des Fokus oder Ideals der Bildung als Kulturgut und Fachwissen zum Leitbild der Bildung als Kompetenz und Humankapital verstanden werden (Münch 2009). Die tiefere Ursache dieser Bewegung sieht Richard Münch in der Verschiebung der symbolischen Macht weg von »nationalen Bildungseliten« hin zu »transnational organisierten Wissenseliten«. Im Kontext der Weltkultur verlieren nationale Entwicklungspfade ihre Legitimität und Effektivität. Wenn wir letztlich alle darin gleich sind, dass wir unsere Potentiale haben und diese in unserer Entwicklung möglichst nutzbar machen sollen (wenn nötig, mit zusätzlichen Förderhilfen), dann kommt es eigentlich nur noch darauf an, die gesellschaftlich vielversprechendsten Bildungsprogramme zu etablieren, Bildungsleistungen auf allen Systemebenen zu kennen und zu erfassen, wenn möglich zu messen und evidenzbasiert allfällige Korrekturen anzubringen; dies entspricht offenbar einem eindeutig progressiven und widerspruchsfreien Vorhaben, dem eigentlich nur ignorante, nostalgische und/oder elitäre Haltungen entgegenstehen können.

Dass aber hinter dieser scheinbaren Eindeutigkeit und diesem offenkundig pädagogischen Optimismus eine tiefe gesellschaftliche Verunsicherung, vermeintliche oder reale Orientierungslosigkeit und Verschleierungstendenz stecken könnte, bleibt wohl eine Ansicht, die nicht von vielen Bildungs- und Erziehungswissenschaftlern geteilt wird. Bernstein sprach von pädagogischer Panik: »Ich denke, was wir gerade erleben, ist eine pädagogische Panik, die die moralische Panik maskiert, eine tiefe Panik in unserer Gesellschaft, die nicht weiß, was ist und wohin es geht. Und das ist eine Periode der pädagogischen Panik. Und es ist das erste Mal, dass pädagogische Panik die moralische Panik maskiert bzw. verschleiert« (Bernstein, zit. nach Sertl 2004, S. 26).

Hauptsache Schulabschluss – und je größer der Anteil der Menschen mit höheren Abschlusszertifikaten, umso besser und gerechter erscheint das Bildungssystem. Die Schülerinnen und Schüler, die jetzt immer länger die Schulbank drücken müssen, mögen zwar nicht mehr wissen, warum sie dieses oder jenes lernen müssen, sie wissen auch schon während der Aneignung, dass sie die Lerninhalte sehr bald alle vergessen haben werden und es auf diese Inhalte auch nie mehr wirklich ankommen wird, sie wissen aber, dass sie es jetzt lernen müssen. »Jahr für Jahr entlässt [...] [die Schule] mehr und mehr desorientierte Schülerkohorten, denen man ihre Anpassung an ein maladaptiv aus dem Ruder gelaufenes Schulsystem immer deutlicher anmerkt, ohne dass den einzelnen Lehrer oder Schüler auch nur die geringste Schuld daran träfe. Beide sind in einer Ökumene der Desorientierung vereint, zu der sich ein historisches Gegenstück kaum finden lässt« (Sloterdijk 2009, S. 681).

Schluss

Es wird geschätzt, dass in Deutschland zwischen 2000 und 2015 rund 100 Millionen Euro für schulische Leistungsstanderhebungen ausgegeben worden sind (im Vergleich dazu, was das Bildungssystem jährlich kostet, ist dies natürlich eine kleine Summe). Dieser Teil der empirischen Bildungsforschung findet zur Hauptsache immer wieder heraus, was man schon zuvor gewusst hat, dass nämlich das Lernen der Kinder aus »bildungsfernen« Schichten vergleichsweise wenig erfolgreich ist. Jeder Pädagoge weiß, dass diese Forschung, so interessant und notwendig sie sein mag, die Praxis nicht verbessern und die Benachteiligung ganzer Bevölkerungsgruppen nicht aufheben wird. Praxis ist nur in der Praxis selbst zu verbessern. Das erfordert weniger neue didaktische Methoden und großartige Ressourcenerweiterungen als vielmehr und an erster Stelle Lehrerinnen und Lehrer des Typs Bernard. Auch die können die Ungerechtigkeit des Systems nicht aufheben, aber sie können – selbst als »unwissende Lehrmeister« – jene Gleichheit praktizieren, von der Rancière spricht. Das kann im Einzelfall den entscheidenden Unterschied machen.

Die bemerkenswerte Verarmung der Sprache der Bildung, die sich an der weitgehenden Gleichsetzung von Bildung mit Schul- beziehungsweise Bildungsabschluss feststellen lässt, ist ein Indiz dafür, wie wenig die erziehungswissenschaftliche und vor allem politisch geförderte empirische Bildungsforschung noch an den tatsächlichen Lern- und Bildungsprozessen der Menschen in ihrer Lebenswelt interessiert ist. In dieser begrifflichen und ideellen Verarmung liegt die Wurzel des verachtenden Ausdrucks »bildungsfern«.

Literatur

Bernstein, B. (2000): *Pedagogy, Symbolic Control, and Identity*, Lanham.

Bourdieu, P. und Passeron, J. (1973): *Grundlagen einer Theorie der symbolischen Gewalt*, Frankfurt/M.

Camus, A. (1995): *Der erste Mensch*, Reinbek b. Hamburg (frz. Original 1944)

Gutmann, A. und Thompson, D. (1997): *Democracy and Disagreement*, Cambridge, Mass.

Heid, H. (1988): »Zur Paradoxie der bildungspolitischen Forderung nach Chancengleichheit«, in: *Zeitschrift für Pädagogik* 34 (1), 1–17.

Lakoff, G. und Johnson, M. (1980): *Metaphors We Live By*, Chicago.

Meyer, J. und Schofer, E. (2005): »Universität in der globalen Gesellschaft. Die Expansion des 20. Jahrhunderts«, in: *Die Hochschule*, Nr. 2, 81–98.

Münch, R. (2009): *Globale Eliten, lokale Autoritäten. Bildung und Wissenschaft unter dem Regime von PISA, McKinsey & Co*, Frankfurt/M.

Neiman, S. (2015): *Warum erwachsen werden? Eine philosophische Ermutigung*, Berlin.

Rancière, J. (2009): *Der unwissende Lehrmeister. Fünf Lektionen über die intellektuelle Emanzipation*, Wien.

Sertl, M. (2004): »A Totally Pedagogised Society. Basil Bernstein zum Thema«, in: *Schulheft*, Nr. 116 (29), 17–29.

Sloterdijk, P. (2009): *Du mußt dein Leben ändern. Über Anthropotechnik*, Frankfurt/M.

Whitehead, A. North (2012): *Die Ziele von Erziehung und Bildung und andere Essays*, Frankfurt/M.

Wernicke, J. (2009): *Hochschule im historischen Prozess. Zum Verhältnis von Universitätsentwicklung, Klassengesellschaft und Macht*, Berlin.

»Nichts aus sich machen«: Postpolitik und passiver Nihilismus

Prämisse 1: »Wissen ist Macht«
Prämisse 2: »Ich weiß nichts!«

Konklusion: »Macht nichts!«
(Bekannter, falscher Syllogismus)

Der folgende Essay behandelt die Frage, ob das Phänomen der »Bildungsverweigerung« politisch verstanden werden könnte. Mag »Bildungsverweigerung« auch skandalös sein, es ist immer zu fragen, wofür sie Ausdruck ist und wie eine Gesellschaft zu denken sei, damit sie mit dem Phänomen der Bildungsverweigerung einen angemessenen Umgang finden kann.

Eine Form der Selbstausbürgerung

»Das Leben ist nicht die Arbeit wert, die man sich macht, um es zu erhalten«, lässt der 21-jährige Büchner in seinem Erstlingswerk – *Dantons Tod* – den Protagonisten, Danton, in einer Situation ausrufen, in der kurz entschlossen gehandelt werden sollte. Wiewohl 1835 geschrieben, offenbar in bloß fünf Wochen verfasst, fasziniert das Stück auch heute noch. Anlässlich einer Aufführung in Basel vor wenigen Jahren kommentierte Alfred Schlienger: »Das abgrundtiefe Leiden an der gesellschaftlichen Ungerechtigkeit und die schwelgerische Lust am privaten Lebensgenuss, die radikale Revolte gegen das Unrecht und das Erkennen der Sinnlosigkeit des eigenen Tuns, das Pathos der Weltveränderung und die Lethargie des Weltekels. Was bleibt, ist eine unstillbare Sehnsucht nach dem Nichts. Das Wundersame bei alledem: Der Jungautor kommt in der Gestaltung dieser zutiefst menschlichen Zerrissenheit aus ohne einen Hauch von Zynismus« (Schlienger 2002). Während stilisierte Sinnlosigkeitsgesten wenigstens im Theater noch zu faszinieren vermögen, scheint der Normalbürger mit den Vergeblichkeitsexklamationen vor allem junger Menschen eher Mühe zu haben. Mit einer gewissen Regelmäßigkeit erscheinen aber Jugendliche, sei es subkulturell oder inmitten der normalbürgerlichen Alltagsexistenz, sei es vereinzelt oder in Gruppen, die laut oder leise ausdrücken, dass sie nicht mehr mitmachen, nicht mehr dazugehören und sich nicht (mehr) um ihre Zukunft kümmern wollen oder können. So nannte man einen Teil der Jugendlichen, die für sich keine Zukunftsaussichten mehr erkennen konnten und vom resignativen Gefühl der Zukunftslosigkeit geprägt waren, zu Beginn der 80er-Jahre die »No future«-Generation. Nicht mehr dazugehören und nichts aus sich machen sind auch die beiden Hauptinaktivitäten der sogenannten japanischen »Hikikomori«: Jugendliche, die sich strikt weigern, ihr Zimmer bis aufs Allernötigste zu verlassen, die sich vor ihrer Familie und vor der Welt in den buchstäblichen vier Wänden dauerhaft, teilweise über Jahre, abschotten. Diese skandalösen Protestformen mögen als Vergeblichkeitsphilosophie (miss-)interpretiert werden oder einfach – psychologisch plausibler – als Ausdruck bloßer Resignation. Eine vergleichbare Rolle wird auch von den sogenannten »Bildungsverweigerern« eingenommen. »Bildungsverweigerer« ist freilich ein Unwort. Aber man ahnt, was damit gemeint sein könnte. In der »Verweigerung« steckt das Skandalon: Das Engagement in der schulischen und/oder beruflichen Bildung als ein Versprechen, eine Pflicht und Notwendigkeit der Moderne, wird abgelehnt. »Bildungsverweigerung« ist wie Nahrungsverweigerung, quasi kulturelle Anorexie, sicher eine Form der jugendlichen »Selbstausbürgerung« (vgl. Baacke 1993).

An schlechte Politik gewöhnt

Wäre es plausibel, in einer mangelnden Vorbildlichkeit offizieller Politik und/oder bekannter Politikerinnen und Politiker einen Grund für das Phänomen der »Bildungsverweigerung« zu vermuten? Kaum. Könnte ein einleuchtender Zusammenhang zwischen einer enttäuschenden, schon fast strukturell zu nennenden Unaufrichtigkeit der Politik einerseits und dem Phänomen einer Sinnkrise der Bildungsbemühungen einzelner Gruppen andererseits gesehen werden? Schon eher, aber wohl kaum in Form einer klaren Wirkungskette, sondern nur als diffuse Korrelation. Zwar könnte Bildungsverweigerung versuchsweise als eine Art individuelle oder auch kollektive Enttäuschungsabwicklung verstanden werden, aber es ist vielleicht erfolgsversprechender, sie schlicht austauschtheoretisch zu interpretieren. Denn was bringt mir mein Investment (in meine schulische und berufliche Bildung), wenn die Aussicht auf Erfolg sehr gering ist oder der errungene Erfolg, z.B. ein bestimmter Schulabschluss, wahrscheinlich gar nicht jene Konsequenzen nach sich ziehen wird, die ich mir minimal wünsche? Dass mein Selbstwirksamkeitsglaube gegen null tendiert und ich nicht so naiv bin, Jimmy Cliff vor allem pädagogisch zu verstehen und mit ihm »You can get it if you really want, but you must try« zu singen, mag einer realistischen Selbst- und Weltinterpretation entsprechen, an welcher die von mir wahrgenommene oder auch nicht wahrgenommene Politik vielleicht indirekt nicht unschuldig ist. Die »Bildungsverweigerung« vieler Schüler an der unrühmlich bekannt gewordenen Rütli-Schule in Berlin und die Verweigerung der Lehrpersonen in ebendieser Schule, noch pädagogische Verantwortung zu übernehmen, oder auch, um ein ebenso dramatisches Beispiel zu nennen, die massiven Disziplinprobleme in den Sekundarschulen der Pariser Vorstädte und dann die Unruhen vor wenigen Jahren, mögen symptomatische Ausdrucksformen von ansonsten meist verborgenen und leicht ignorierbaren pathogenen Zuständen demokratischer

Gesellschaften sein. In einem Interview beschreibt die Schriftstellerin Cécile Wajsbrot die Situation in Frankreich so: »Die Kluft zwischen den Gutausgebildeten und jenen, die keine Perspektive haben, wie etwa die jungen Menschen in der Banlieue, wird immer größer. Es sind schon bald Zustände wie vor der Französischen Revolution oder im Mittelalter. Doch es ändert sich nichts.« (Wajsbrot 2008). Dennoch ist vielleicht weniger fraglich, wie »Bildungsverweigerung« zustande kommt, als im Grunde vielmehr, warum sie in so *geringem Maße* vorzukommen scheint, warum denn doch viele Jugendliche und junge Erwachsene, die guten Grund hätten, nicht mehr mitzumachen und aus sich nichts mehr machen zu wollen, mit Cliff in das antidepressive Lied der Selbstwirksamkeitsbeteuerung einstimmen. Einerseits ist dies sicher lebensbejahender. Andererseits könnte man den individualistischen Selbstwirksamkeitsglauben im Spätkapitalismus – »You can make a difference!« – als mehr oder weniger raffinierte Ideologie betrachten. Doch die Zeiten der »Ideologiekritik« sind offenbar vorbei!? Entspricht diese Feststellung gerade der Bestätigung des hier Monierten oder ist sie selbst Ausdruck einer Immunisierung gegen eine dekonfirmierende Sachlage?

Die Theorie und Empirie der sozialen Ungleichheit weist, wenn es um Bildung geht, seit vielen Jahrzehnten auf die Dauerprobleme und wiederkehrenden Ungerechtigkeiten hin, die sich für die wenig privilegierten Kinder, Jugendlichen und Erwachsenen insgesamt ergeben, wenn das Bildungssystem und das Beschäftigungssystem – quasi unter der Prämisse der gemäßigten Knappheit – nicht optimal aufeinander abgestimmt werden können. An die Tatsache, dass es eben »Verlierer« gibt, und die Meinung, dass es letztlich – auch – deren Aufgabe sei, aus sich in dieser Situation »das Beste« zu machen, wiewohl vielleicht mit staatlicher Unterstützung, hat man sich gewöhnt. Die Skandalisierung dieses für Demokratien im Grunde unwürdigen Zustandes ist immer nur kurzfristig möglich und kurzlebig – in jüngerer Vergangenheit etwa mit dem sogenannten

»Pisa-Schock« erfahrbar – und scheint eher der Legitimation von schnell umgesetzten Schulreformen zu dienen, in deren Zentrum am Ende beispielsweise vor allem flächendeckende Leistungsstanderhebungen stehen und keine ernsthafte Alternative für das Problem der sozialen (Selbst-)Selektion erreicht wird. Eine »wirklich« befriedigende Alternative kann es vielleicht auch nicht geben, dennoch haben Vertreter »offizieller« (Bildungs-)Politik nicht nur von Verbesserungswünschen auszugehen, sondern sind mitunter von Verbesserungsversprechen abhängig, die der einschlägig Interessierte und Informierte weniger als naiv denn als unaufrichtig bezeichnen muss.

»Das heutige Elend«, so Žižek (2005), »besteht darin, dass wir, wenn wir dem Drang erliegen, unmittelbar ›etwas zu tun‹ […], gewiss und unzweifelhaft zur Reproduktion der bestehenden Ordnung beitragen werden« (S. 159). Die Differenz zwischen der offiziellen Rhetorik bzw. politisch korrekten Lyrik der emanzipatorischen und demokratischen Prinzipien einerseits und der immer flexibler werdenden, pragmatischen Prinzipienlosigkeit tatsächlicher Politik andererseits bedeutet allerdings nicht für alle das Gleiche. Für die einen, die von der raumzeitkultürlichen Situation insgesamt profitieren, handelt es sich bloß um eine Differenz zwischen Ideal und Realität, eine Differenz, die zwar in vielerlei Hinsicht problematisch ist, aber letztlich verstanden und hingenommen werden muss. Für andere aber, die in ebendieser Situation, berechtigter oder weniger berechtigter Weise, davon auszugehen meinen, dass ihre Chancen gering sind, in halbwegs fairen Tauschhandlungen zu wünschenswerten Ergebnissen für das eigene Leben zu kommen, also u.a. dazu, die Selbstachtung aufrechterhalten zu können, das persönliche Glück ebenso ein Stück weit mitzubestimmen wie das gesellschaftliche Fortkommen, ist die benannte Differenz vielleicht eher Ausdruck einer unglaubwürdigen Politik, eines insgesamt verlogenen Spiels – oder besser ausgedrückt: Sie *wäre* ein solcher Ausdruck, wenn man sich für die *Analyse* der eigenen Lage im gesellschaftlichen Raum genügend interessieren würde. Zwar ist die Frage der Macht schon immer vor allem die Frage der »Verlierer« gewesen, aber faktisch sind es meist nur wenige »Verlierer« (oder Beobachter, die sich als »Anwälte der Verlierer« verstehen), welche die Frage ernsthaft stellen.

Opportunistischer Pragmatismus ohne Prinzipien kann als »Postpolitik« bezeichnet werden (Žižek 2005, S. 159). Wenn schließlich selbst die »progressiven« Kreise der Gesellschaft – früher auch »links« oder »sozialdemokratisch« genannt – das Hohelied der spätkapitalistischen Tugenden anstimmen, werden auch die Vokabulare und Gebrauchsweisen ehemals umkämpfter und mit der nötigen Wahrhaftigkeit analysierter Wörter bzw. Begriffe selbst »flexibel« und »disponibel«. So muss man, um darüber zu erstaunen, wie viel Humbug der Normalbürger von den politisch relevanten Medien hinzunehmen bereit ist, gar nicht erst nach Italien fahren. Dennoch scheint dieser Normalbürger – so es ihn denn gibt – sein Vertrauen in die demokratischen Institutionen im Regelfall aufrechterhalten zu können. Er hat vielleicht gar nie wirklich den romantischen Fehler begangen, politische Diskurse mit Wahrheitsdiskursen zu verwechseln. Vielmehr gehörte zu seiner gradlinigen und realitätstauglichen politischen Bildung das Verständnis, dass politische Partizipation ohne Lüge und Täuschung und kollektives Entscheiden ohne Strategie und Hinterhältigkeit unwahrscheinlich sind. Auch weiß er, dass schmutzige Hände das Resultat eines aufrichtigen politischen Handelns sein können, und reine Hände weniger auf gute Politik als vielmehr auf Nichtstun hinweisen. Die Frage heißt also im Grunde nicht »reine oder schmutzige Hände«, um es in Anlehnung an Jean-Paul Sartres *mains sales* zu sagen, sondern »reine oder keine Hände«. Einmal gesetzt, dass erkannt werden müsste, dass wer die Macht hat, sie auch missbraucht, und die Frage nur sei, wann und wie, und einmal gesetzt, die Vorgaukelung des Gegenteils sei notwendiger Teil der politischen Legitimation, könnte dann die sogenannte »Bildungsverweigerung« als ein subversiver Akt betrachtet werden?

Wahrheit und Politik

Damit soll nun gerade nicht gesagt sein, dass Wahrheit in der Politik und der politischen Kultur keine Rolle spielen würde. Zwar ist die Wahrheit über die Wahrheit in der Politik ernüchternd, doch ganz ohne sie geht es auch nicht (vgl. Arendt 2006). Für Arendt sind insbesondere *Tatsachen*wahrheiten von politischer Bedeutung, ohne die Kenntnis derselben sei die Zusicherung der sogenannten Meinungsfreiheit eine Farce (ebd., S. 23). Sie räumt einem kommunikativen Begriff von Wahrheit keinen Platz ein (vgl. Nanz 2006, S. 70). Dennoch besteht das politische Denken für Arendt in der Fähigkeit, sich »die Perspektivität der Welt zu vergegenwärtigen und die verschiedenen Blickwinkel zur Kenntnis zu nehmen, aus denen eine Sache beurteilt werden muss« (ebd., S. 71). Diese Fähigkeit nannte Kant die »erweiterte Denkungsart« – sie wird in unserer Soft-Skills-Demokratie als Kompetenz der sozialen Perspektivenübernahme verstanden, was nicht das Gleiche sein muss, denn die Frage bleibt offen, ob man unterschiedliche Perspektiven – imaginär – einnimmt, um dem näher zu kommen, was man (moralische) Wahrheit nennen könnte, oder um den anderen und seine Bedürfnisse und Interesse besser zu verstehen (sei es für ihn oder gegen ihn).

Nun sieht man sich gegenwärtig einer Politik gegenüber, die offiziell keinen »Ideologien« oder »Weltanschauungen« mehr folgt, sondern scheinbar rationale »Methoden« der Problemlösung, aber auch der Kriegsführung anwendet, und auf Wissenschaft, Marketing und *image making* setzt (ebd, S. 73). Und so hat man sich im Grunde an manipulierte und selektive Berichterstattung ein Stück weit gewöhnt, wiewohl die Unterbindung einer unabhängigen Presse zuerst die freie Meinungsbildung angreift und dann – zumindest nach Arendt – die Urteilskraft und den Sinn für die Wahrheit schwächt oder zerstört. Doch während der politische Raum zwar groß und von Machtpraktiken und dem Wunsch nach Veränderung geprägt ist, so ist er doch auch begrenzt und umfasst nicht die Gesamtheit der menschlichen Existenz. Was ihn nach Arendt begrenzt, »sind die Dinge, die Menschen nicht ändern können, die ihrer Macht entzogen sind und die nur durch lügenden Selbstbetrug zum zeitweiligen Verschwinden gebracht werden können« (Arendt 2006, S. 61f.). Wahrheit kann so definiert werden »als das, was der Mensch nicht ändern kann« (ebd., S. 62).

Die Aktiven und die Passiven

Lethargie, Apathie, Lau- und Faulheit sind allerdings sicher nicht die typischen Merkmale der sogenannten »aktiven« Bevölkerung, die sich eifrig den Imperativen des Reichs der Notwendigkeiten und des Zwanges (der Bildungssysteme, Beschäftigungssysteme, Sozialversicherungssysteme, Transportsysteme etc.) unterwirft, ja zu unterwerfen hat, und deshalb, teils unterstützt von ebendiesen Systemen, ein Anrecht auf zeitlich begrenzte und mehr oder weniger gepflegte Formen der Indifferentia in Anspruch nimmt, wenn es die Mittel erlauben, z.B. in sogenannten Wellness-Entschleunigungsoasen. Dass das unternehmerische Selbst (Bröckling 2007), erfolgsfixiert und zukunftsorientiert, wie es nun einmal ist, als menschliches Modul polyvalent und multifunktional einsetzbar und sich selbst »aktiv« einsetzend, mitunter »auspowert« und »existentiell ermüdet« (Ehrenberg 2000), ist weder erstaunlich noch beunruhigend. Beunruhigend sind offenbar eher die abschätzig und unpassend-salopp als »Bildungsverweigerer« bezeichneten Menschen, die im Grunde zu jung sind, um schon »ausgebrannt«, und zu unerfahren, um schon resigniert sein zu können, die aber dennoch nichts aus sich und ihrem Leben »machen« wollen oder können. Wenn es eine Frage des Willens wäre, so könnte man hier in Anlehnung an eine Unterscheidung von Friedrich Nietzsche von einem »Pessimismus der Stärke« sprechen, von einem »erstarkten Geist«, der einem aktiven Nihilismus frönt: lebensbejahende Gesellschaftsverweigerung. Handelt es sich aber eher um eine Frage des Könnens bzw. vielmehr des Unvermögens, so könnte man mit Nietzsche von »passivem Nihilismus« sprechen, von einem Rückzug und Niedergang der Macht des Geistes, einem Niedergang ohne Lebensbejahung. In einer solchen Lage ist »Bildung« vielleicht das Letzte, was man noch anstrebt. Blake, Smeyers, Smith und Standish (2000) haben als einige der wenigen Erziehungswissenschaftler das Thema des zeitgenössischen, wenig beachteten Nihilismus und dessen Bedeutung für Erziehung und Bildung thematisiert.

Ist »der« (?) »Bildungsverweigerer« als Prototyp einer »zeitgemäßen« Form des passiven Nihilisten zu verstehen? Denn stellt er nicht gerade jene Sinnlosigkeit und Vergeblichkeit auf irritierende und radikale Weise dar, die eine auf Antitragik getrimmte Moderne mit ihrem leicht zwanghaft anmutenden Optimismusgesicht letztlich so fürchtet? Während aber der Revolutionsdandy und Sprachkünstler Danton zumindest bei Büchner intelligent-nihilistische Sprüche klopfen kann und man ihm zuhört, steckt der passiv-nihilistische, unbeachtete und sprachlose jugendliche Bildungsverweigerer unserer Zeit im Vakuum einer Gesellschaft, die nicht mehr richtig zu wissen scheint, wer sie ist und wer alles dazugehört.

Literatur

Arendt, H. (2006): »Wahrheit und Politik«, in: H. Arendt & P. Nanz, *Wahrheit und Politik*, Berlin, S. 7–62 (Original »Truth and Politics« 1967).

Baacke, D. (Hrsg.), (1993²): *Jugend und Jugendkulturen. Darstellung und Deutung*, Weinheim & München.

Blake, N., Smeyers, P., Smith, R. & Standish, P. (2000): *Education in an Age of Nihilism*, London.

Bröckling, U. (2007): *Das unternehmerische Selbst. Soziologie einer Subjektivierungsform*, Frankfurt/M.

Ehrenberg, A. (2000): *La fatigue d'être soi. Dépression et société*, Paris.

Garnier, P. (2001): *Über die Lauheit*, München.

Girod, R. (2000): »Le fonctionnement réel du système politique suisse: implications cognitives«, in: R. Reichenbach & F. Oser (Hrsg.): *Zwischen Pathos und Ernüchterung. Zur Lage der politischen Bildung in der Schweiz*, S. 88–90.

Milbrath, L. (1977[2]): *Political Participation. Why People Get Involved in Politics*, Chicago.

Nanz, P. (2006): »Die Gefahr ist, dass das Politische überhaupt aus der Welt verschwindet«, in: H. Arendt & P. Nanz (Hrsg.), *Wahrheit und Politik*, Berlin, S. 63–87.

Rosa, H. (2005): *Beschleunigung. Die Veränderung der Zeitstrukturen in der Moderne*, Frankfurt/M.

Schlienger, A. (2002): »Dandy Danton chancenlos, *NZZ Online*, 8. April 2002, http://www.nzz.ch/2002/04/08/fe/article8329R.html

Wajsbrot, C.: »Wer über die Vergangenheit schweigt, riskiert sein Leben«. Gespräch mit der Schriftstellerin Cécile Wajsbrot, in: *Frankfurter Allgemeine Zeitung*, 18.04.2008, S. 40.

Žižek, S. (2005): *Die politische Suspension des Ethischen*, Frankfurt/M.

Bildung, Reformation, Kitsch

Die thematische Aufladung, ja Überladung dieses Beitrags – »Bildung, Reformation, Kitsch« – stellt eine gewisse Zumutung dar. Die reichlich spekulativen bzw. essayistischen Bemerkungen sind in fünf Teile gegliedert. Um das Anliegen der Reformation zu verstehen, ist es hilfreich, den entsprechenden Werthorizont zu berücksichtigen; es wird daher zunächst über die Angst vor der ewigen Verdammnis gesprochen. Danach wird, zweitens, auf die reformatorischen Bilderstürme eingegangen, wohl etwas laienhaft, doch es geht darum, versuchsweise nachzuvollziehen, was es bedeuten könnte, zu Gott eine direkte Verbindung zu haben. Die Illusion der Unmittelbarkeit unserer Selbst-, Welt- oder eben Gottbeziehungen sei drittens mit (freilich ahistorischen) Bemerkungen zu Plessners Konzeption der exzentrischen Position des Menschen erläutert. Die mit den Bilderstürmen praktizierte Trennung von Kunst und Kult hat den Rationalisierungsprozess einerseits vorangebracht und andererseits weltliche Sakralisierungsformen ermöglicht, die für das Bildungsverständnis auch heute von Gewicht sind. Daher wird viertens mit Joas auf die eigenartige Gleichzeitigkeit von Säkularisierung und Sakralisierung zu sprechen zu kommen sein, um schließlich und fünftens – etwas kühn – anhand der Kitschformen des Schwulstes und des Schmalzes die ästhetische Dimension hervorzuheben, mit welcher das implizite Bildungsanliegen, das diesen Beitrag eigentlich prägt, betrachtet werden kann.

1. Die Angst vor der ewigen Verdammnis

Kitsch erkennt man nur, wenn man ihn nicht selber produziert, meinte der italienische Bühnenbildner Daniele Lievi. Eine solide Grundlage für die Kitschproduktion scheint daher in der Selbsttäuschung zu liegen. (Higgins 1996) »To fool ourselves, we must either fool or exclude others; and to successfully fool others, we best fool ourselves«, schreibt Solomon (1996, S. 103). Wer Spaghetti Bolognese bestellt hat und dann beim Essen merkt, dass er größere Lust auf Pesto gehabt hätte, hat sich vielleicht getäuscht, aber nicht hinsichtlich seines Selbst, sondern bloß hinsichtlich seines momentanen Appetits. »Wer aber hier steht und [scheinbar] nicht anders kann« und seine reformerisch-kritischen Thesen vor dem Kaiser nicht widerrufen will, der sollte sich weder über sich selbst noch über seine Lage täuschen. Für diesen Ungehorsam muss er den »Mut haben, allein zu sein, zu irren und zu sündigen«, um es mit Erich Fromm (1982, S. 14) auszudrücken. Nun hat Luther den Mut, allein zu sein, ganz sicher aufgebracht, den Mut zu irren und zu sündigen brauchte er kaum zu beanspruchen, er war sich offenbar ganz sicher und meinte gerade nicht, eventuell doch zu sündigen. Und mit seinem Gott, zu dem er in unmittelbarem Kontakt gestanden haben mag, wird er wohl auch niemals wirklich allein gewesen sein. Sündigen wird eher, wer nicht an Luther glaubt. Dieser, sich seiner Sache ganz sicher, schreibt 1522 in einem Brief: »Ich lasse es nicht zu, dass meine Lehre von irgendeinem Menschen, nicht einmal von den Engeln beurteilt wird. Der, der sich meiner Lehre nicht anschließt, kann nicht das Heil erlangen« (Eliade 2002, S. 230). Moehler schrieb 1925 über Luther, dass dieser sich als Zentrum sah, »um den sich seiner Meinung nach die gesamte Menschheit drehen musste. Er sah sich als einen universellen Menschen an, in dem alle anderen ihr Lebensvorbild sehen sollten« (ebd.).

Doch Luther zu psychologisieren hat etwas Unwürdiges und bekundet vielleicht grundlegend Unverstandenes. So hätte Luther an Erik Eriksons einfühlsamer Analyse der »Identitätskrise des jungen Luthers« selber »manches auszusetzen gehabt«, meinte Charles Taylor (1996, S. 57). Denn im Mittelpunkt der Krise Luthers habe nicht das moderne Gefühl der Sinnlosigkeit, Zwecklosigkeit oder Leere gestanden, sondern »das quälende

Gefühl der Verdammnis und der ausweglosen Verbannung« (ebd.). Kann man Luther verstehen, wenn man selber gar nicht mehr an die Existenz der Hölle und an die Verdammnis glaubt und Gott vielmehr als eine höchstpersönliche, psychohygienisch und/oder salutogenetisch wirksame Kraft konzipiert, die man bei Bedarf aktivieren kann? Um Luther – der Name steht hier stellvertretend für die Reformation – zu verstehen, müsste man sich in den Wertehorizont hineinversetzen können, vor welchem er gelebt und gewirkt hat.

Die These, wonach für das Handeln konstitutiv ist, dass Menschen ihr Leben innerhalb eines Horizontes führen, der durch starke qualitative Unterscheidungen geprägt ist, wird von Charles Taylor in *Quellen des Selbst* mit Fokus auf die Entstehung neuzeitlicher Identität ausführlich ausgearbeitet. »Wissen, wer ich bin«, schreibt Taylor, »ist eine Unterart des Wissens, wo ich mich befinde« (ebd., S. 55). Taylor versucht zu zeigen, dass unser Reden über »Identität« vor zweihundert oder fünfhundert Jahren unverständlich gewesen wäre, weil wir uns nun an anderen moralischen Orten befinden. Identität wird Taylor zufolge durch grundlegende Orientierungen in einem »moralischen Raum« ermöglicht, in dem man sich »auskennt«, »in einem Raum, in dem sich Fragen stellen mit Bezug auf das, was gut ist oder schlecht, was sich zu tun lohnt und was nicht, was für den Betreffenden Sinn und Wichtigkeit hat und was ihm trivial und nebensächlich vorkommt« (ebd., S. 56). Die Raummetaphorik ist nicht willkürlich gewählt. Entgegen naturalistischen Auffassungen, welche davon ausgehen, dass Fragen nach dem richtigen moralischen oder religiösen Rahmen letztlich als »künstlich« identifiziert werden müssten bzw. sich generell erübrigen, will Taylor mit seinem Begriff des »moralischen Raums« darauf verweisen, dass es nicht-künstliche Streitfragen moralischer Art gibt, welche vergleichbar unumgänglich sind wie die Orientierungsnotwendigkeit des Menschen im (geographischen) Raum (ebd., S. 61).

Wie auch immer man die Situation Luthers beschreiben wolle, so Taylor, eine Sinnkrise sei es nicht gewesen – der Sinn des Lebens habe für den Augustinermönch unzweifelhaft festgestanden: »Die grundlegende Bedrängnis, in der man Angst hat vor der Verdammnis, ist grundverschieden von der, in der man vor allem die Sinnlosigkeit fürchtet« (ebd., S. 42). Auf eine »unverdiente Barmherzigkeit« könne nur hoffen, wer unter dem Eindruck stehe, »die Sünde gehöre zu unserer allgemeinen Misere und die Erlösung stehe nicht in unserer Macht« (ebd., S. 768). Die Erkenntnis der »eigenen Hilflosigkeit und Niedrigkeit und das Gefühl der Erlösung« (ebd., S. 769), so Taylor zu Luther, seien eng miteinander verbunden. Der Vernunft, die Luther als »Hure« bezeichnet hat, kann jedenfalls in den wichtigsten Dingen des Lebens nicht getraut werden. (Eliade 2002, S. 231) Die Vernunft macht den Menschen nach Luther nicht frei, vielmehr ist gerade die »Befreiung von der Vernunft« (Taylor 1996, S. 217) nötig und Aufgabe des Menschen – aller Menschen. Der Mensch ist nach Luther nicht primär *animal rationale*, sondern *animal religiosum* (ebd., S. 454). Die Erlösung durch den Glauben ist daher nicht allein Sache einer mönchischen Elite, sondern aller Menschen; die Reformatoren lehnen »alle vermeintlichen Sonderberufungen des Klosterlebens« ab. (ebd., S. 331) Das »Laienleben« wird zum »zentralen Ort der Erfüllung von Gottes Absicht«. Luther selbst markiert diesen Bruch, indem er das Leben als Mönch aufgibt und Katharina von Bora heiratet, eine ehemalige Nonne (ebd., S. 386). Die Liebe zwischen Eheleuten ist von Gott gewollt und die Ehe dient nicht allein »der Vermeidung von Unzucht und der Erzeugung legitimer Kinder« (ebd., S. 400).

Der die reformatorischen Bestrebungen leitende Wunsch nach unvermittelter Beziehung zu Gott und die Vermeidung der irreführenden Ablenkungen durch religiös-gegenständliche »Vermittlungsangebote« (wie man heute sagen könnte), sind von großer Leidenschaft geprägt, die ohne den Wertehintergrund, die peinigenden Fragen und die religiöse Erkenntnis der fundamentalen und unausweichlichen Verworfenheit und Verderbtheit des menschlichen Daseins nicht nachzuvollziehen ist. Symptomatisch für dieses reinigende Streben sind die reformatorischen Bilderstürme. Bevor von diesen die Rede ist, sei mit Mircea Eliade betont, dass technische Errungenschaften, allen voran die Erfindung der Buchdruckerkunst, aber auch etwa die Entdeckung Amerikas in der Zeit der Reformation bedeutende religiöse Folgen gehabt haben. (Eliade 2002, S. 226) Es wäre sicher ganz falsch, die reformatorischen Transformationen als eine rein innerreligiöse Angelegenheit zu fassen. Und zweifelsohne sind die sogenannten Erneuerer immer auch Kinder ihrer Zeit geblieben. So zweifelte Luther »nicht an der schrecklichen Macht des Teufels oder an der Notwendigkeit, Hexen zu verbrennen, und akzeptierte auch die religiöse Funktion der Alchimie« (ebd., S. 227).

2. Bilderstürme

Wie andere kulturelle »Stürme« – Kulturkämpfe – wirken auch die Bilderstürme der Reformation aus heutiger Sicht vielleicht wie ein losgebrochener Wahn, ein irrationaler Versuch, kulturelle Errungenschaften aus fundamentalistischen, puristischen oder radikalen Motiven zu vernichten. Doch diese »einfache Rechnung«, so Christoph Asmuth, gehe nicht auf: »hier die aufgeklärten und emanzipierten Verteidiger der Bilder, dort die reaktionären und repressiven Ikonoklasten. Diese simple Gegenüberstellung liegt als Diskursstruktur auch der Opposition von Wort und Bild zugrunde. Es lässt sich die Vermutung kaum von der Hand weisen, dass einige moderne Interpreten hier einfach eine Tradition fortschreiben, anstatt sich ihr kritisch und konstruktiv zuzuwenden. Allerdings ist dies nicht die Tradition eines mehrere tausend Jahre zurückreichenden Bildverständnisses, sondern offenkundig eine relativ neue Entwicklung, die aus der christlichen Spätzeit stammt. Es ist die Übernahme eines theologischen Schemas, das seit der Reformation Konjunktur hat, allerdings erst mit dem 19. Jahrhundert eine Transformation in säkulare Zusammenhänge erfährt«. (Asmuth 2011, S. 25f.)

Im Unterschied zum ideellen und religiösen Hintergrund des Bilderverbots in den alten Schriften Israels und dem Byzantinischen Bildersturm geht es nach Asmuth im neuzeitlichen Bildersturm, dem Bildersturm der Reformationszeit, nicht um die Abwendung des Frevels, »das göttlich-menschliche Gesamtwesen Christi in die Materie zu formen«, sondern um die Abwehr des im Bilderkult erkannten Aberglaubens und Götzendienstes (ebd., S. 38). Doch weder »der Bildersturm in Byzanz noch die turbulenten Ereignisse in der Reformationszeit können sich vom biblischen Bilderverbot lösen« (ebd.). Der Streit um das Bild sei immer auch ein Streit um das Wort, Bilderstürme seien als »Streben nach der Reinheit des Wortes« zu verstehen. (ebd.) In der Reformationszeit konzentriere sich die Energie auf die Schaffung eines »logozentrischen Raums der Religiosität«, der durch eine »erneuerte Unmittelbarkeit« charakterisiert ist, »die mit der Abkehr von einer äußeren Sphäre von Bilddingen zugleich einen neuen Innenraum des Hörens, der unmittelbaren Aufnahme des Worts« (ebd.) erzeuge. Diese Entwicklung, so Asmuth weiter, sei nicht mit der mystischen Tradition der »Einkehr bei sich selbst« und gleichzeitigen »Abkehr von der Welt« zu verwechseln, die auf eine »Vereinigung mit der Gottheit« abziele; vielmehr sei der sich »auftuende Innenraum« durch eine Kluft gekennzeichnet, »die sich durch die wachsende Selbständigkeit und Selbstverantwortlichkeit des Individuums und die unhintergehbare rationale Allgemeinheit entwickelt« (ebd.). Innigkeit und Rationalität werden zu gleichursprünglichen Werten des Selbst- und Weltbezugs, indem die »zahlreichen Mittlerinstanzen« zwischen Gott und Mensch, welche die Kirche über Jahrhunderte eingezogen habe, abgelehnt – und vielleicht sogar zerstört – werden: Dazu gehörten nicht nur »die Hierarchien der Kirche, der Engel [und] […] Heiligen«, sondern auch »kultische Gegenstände, Reliquien, die verehrt werden, das Ablasswesen und dergleichen« (ebd.). Der reformatorische Bildersturm richte sich daher nicht gegen die Kunst, sondern auf eine »Erneuerung des Gottesverhältnisses« (ebd.). Dieses neue Selbst-, Welt- und Gottverhältnis verträgt sich nicht mit der Vorstellung, »Bilder könnten eine heilsrelevante Rolle spielen, wenn man sie nur verehrte« (ebd., S. 39). An die Stelle der dinglichen und bildlichen Vermittlung tritt das Wort: »An die Stelle des Sehens tritt das Hören« (ebd.).

Diese Entwicklung kommt nicht aus dem Nichts. Religiös motivierten Ikonoklasmus gab es auch schon lange vor der Reformation. Die christliche Erneuerungsbewegung sei kein abruptes Geschehen zu Beginn des 16. Jahrhunderts, sondern gründe in einer keineswegs allein innerreligiösen, sondern vor allem politisch-kulturellen Umwälzung, die ihre Wurzeln im Mittelalter habe. Das ganze Mittelalter, so Asmuth, kenne kontinuierliche Erneuerungsbewegungen (etwa die Katharer, Albingenser, Waldenser, Mendikanten u.a.), welche durch die Institution Kirche teilweise brutal vernichtet worden sind: »Nicht selten sind es die klerikalen und monastischen Machtstrukturen selbst, die im Namen der Kirche für deren Einheit sowie den Erhalt der Macht gegen die Reformbewegungen agieren« (ebd.). Wer aber jeweils als Ketzer oder Häretiker gilt, sei aus heutiger säkularer Sicht eher eine Frage der Perspektive. Ebenso sei offensichtlich, »dass die ›aufklärerischen‹, die emanzipativen Positionen nicht immer den Reformkräften oder Reformatoren zugesprochen werden können« (ebd.). So seien auch im reformatorischen Bildersturm Unterschiede festzuhalten, etwa zwischen emanzipativen Bestrebungen gegen die Verehrung von Bildgegenständen und einer »blinden Zerstörungswut, die in der destruktiven Ablehnung die magische Wirksamkeit der Bilder letztlich noch akzeptiert« (ebd.).

Jedenfalls spielt die Frage nach den Bildern in der Reformation eine große Rolle. Die beiden religiösen Motive sind das christliche Armutsgebot und das Bilderverbot des Alten Testaments. Die Bildproblematik wird an den Themen Abendmahl und Kruzifix für all jene grundsätzlich, die eine »radikal-kritische Position gegen die Existenz sakraler Bilder« vertreten. (ebd., S. 40) So markiere das Kreuz gleichzeitig Zeichen, Symbol und Bild – als »präsentisches Bild der Gottheit, ästhetisches Bild der Kunst, Zeichen des Glaubens« (ebd.). Die Frage ist letztlich vor allem, ob die Bilder vernichtet oder bloß vermieden werden sollen. So habe Zwingli – in dieser Frage eher Diplomat – dafür plädiert, »nur Kultgegenstände, also Gegenstände der Verehrung abzuschaffen, nicht aber generell Bilder und Statuen« (ebd., S. 41). Die Zielrichtung ist eine Trennung von Kult und Kunst. Auch Luther hat eine moderate Position eingenommen und lehnte bereits 1522 die Wittenberger Bilderstürme ab (ebd., S. 42). Kunstgegenstände sind wichtig, aber sollen keine religiöse Bedeutung haben. Verkürzt darf vielleicht formuliert werden, dass der reformatorische Bildersturm die analytische Trennung von »Ästhetik und Theologie, Kunst und Religion« (ebd.) vorangetrieben hat. Die Rationalisierung des Bildbegriffs führt dazu, im Abbild nicht mehr mit der Präsenz des Abgebildeten zu rechnen (quasi ein frühes »Ceci n'est pas une pipe« als ein »Ceci n'est pas Jesus Christ«...). Nochmals Asmuth: »Der Gläubige, der Bilder verehrt, verdinglicht und entäußert damit sich selbst [...]. [Er] missachtet den Innenraum als den Ort des Worts, den Ort, an dem schweigend das Wort Gottes zu vernehmen, durch Lesen und Hören zu realisieren ist« (ebd.). Diese Abstraktion der Bildauffassung hat allerdings ihren Preis.

3. Exzentrische Positionalität

Wer meint, sich von der Bildlichkeit des Denkens und Fühlens und überhaupt des »In-der-Welt-Seins« emanzipieren zu müssen und (vor allem) zu können, wird in ein paar grundlegende Schwierigkeiten geraten. Das Projekt, unmittelbar, unvermittelt, bei sich und bei Gott sein zu können, gehört sicher zu den großartigsten und unbescheidensten Bestrebungen der Neuzeit und später von Moderne und Romantik. Den sogenannten »Mitteldingen« (Adiaphora) hatte der Pietismus des 17. und 18. Jahrhunderts und mit ihm die pietistische Pädagogik den radikalen Kampf angesagt. (Blankertz 1982, S. 52) Die Frömmigkeitsbewegung kannte vor allem Arbeiten und Beten, während jeder andere Zeitvertreib suspekt bleiben musste. Diese radikale Unmittelbarkeit im Bereich des fromm Religiösen expandiert später mit dem Ideal der Authentizität in den Bereich des Selbst, welcher sich vom Bereich des Religiösen und des Glaubens mit der voranschreitenden Moderne zunehmend und schließlich ganz abzulösen vermochte. Jean-Jacques Rousseau, der »erste bewusste Entdecker und gewissermaßen auch Theoretiker des Intimen«, wie ihn Hannah Arendt (1996) bezeichnet hat, steht sicher exemplarisch für diese kulturelle Transformation.

Der Wunsch, ganz bei sich zu sein und sich selber zu sein, ist sicher nicht weniger »verrückt« als das ältere Streben, ganz bei Gott und mit Gott zu sein. Jedenfalls ist er nicht unbedingt bescheidener. Dennoch bezeichnet dieser Wunsch ziemlich genau die performativen Diskurse des Selbst und seiner Bildung in unseren Tagen – freilich ohne die brutale Last des exhaustiven Betens und Arbeitens. Während der reformatorische Purismus des Ideals einer unmittelbaren und authentischen Religiosität heute leicht als abwegig erkannt werden kann, ist das Ideal der authentischen Selbstbeziehung bis heute ein kaum hinterfragter Topos der Lebensführung und Bildung, wenngleich dieses Ideal aus einer reflektierten Perspektive – sei sie psychologisch, psychoanalytisch, soziologisch oder bildungstheoretisch – keineswegs zu überzeugen vermag. Während das Ideal personaler Autonomie im 20. Jahrhundert gründlich dekonstruiert und auch destruiert worden ist, erfährt das regulative Ideal der Authentizität bis heute eine breite gesellschaftliche Schonung. Die Vermitteltheit unserer Selbst- und Weltbeziehungen bleibt ein auch erziehungs- und bildungstheoretisch wenig beachteter

Stachel im Diskursgewebe, wiewohl sie in der philosophischen Anthropologie schon lange reflektiert worden ist.

So formulierte Helmuth Plessner (1982) drei sogenannte »anthropologische Grundgesetze«, um die Bestimmung der »exzentrischen Position« des Menschen zu umreißen: das »Gesetz der natürlichen Künstlichkeit«, das »Gesetz der vermittelten Unmittelbarkeit« und das »Gesetz des utopischen Standorts« (ebd., S. 9–62). Plessner greift, wie Brede (1989, S. 623) betont, unter dem Stichwort der vermittelten Unmittelbarkeit die klassische Dichotomie des »wahren« und des »bloß vermittelten« Selbst auf, an der sich alle Entfremdungstheorien von Rousseau über Marx bis hin zu Vertretern der kritischen Theorie (und letztlich auch der humanistischen Psychologie) »gerieben« hätten. Es sei angefügt: schon die Reformatoren. Ein wahres Selbst als homogenen Nukleus der Identität kann es im Sinne der exzentrischen Position nicht geben; wir können »unvermittelt« nicht bei uns sein. Das ist aber sozusagen das Anliegen, das auf die Reformation zurückgeht – wenn auch zunächst vor allem im Bereich des Glaubens. »Vermittelt unmittelbar« steht das Lebenssubjekt »mit Allem in indirekt-direkter Beziehung« (Plessner 1982, S. 34). Eine direkte Beziehung wäre nur da gegeben, wo Beziehungsglieder ohne Zwischenglieder verknüpft sein könnten. »Indirekt-direkt« soll dann jene Beziehungsart bzw. Verknüpfungsform genannt werden, »in welcher das vermittelnde Zwischenglied notwendig ist, um die Unmittelbarkeit der Verbindung herzustellen bzw. zu gewährleisten« (ebd.). Einem auf diese Weise organisierten Lebewesen könne die Beziehung zur Umwelt gar nicht anders als direkt, unvermittelt vorkommen, weil es selbst im Mittelpunkt der Vermittlung stehe und diese bilde: Es müsse »sich selber« dadurch verborgen sein (ebd., S. 36) – *homo absconditus* lautet die Formel, der sich selbst unergründliche Mensch. In seiner exzentrischen Position ist der Mensch scheinbar paradox zentriert organisiert: Er erlebt die Beziehung zu den Dingen als direkt, obwohl bzw. gerade weil sie kraft seiner exzentrischen Position indirekt ist. Er kann aber um die Indirektheit seiner Beziehungen wissen. Plessner lehnt die Sichtweise ab, wonach sowohl eine direkte als auch eine indirekte Beziehung bestünden. Eine solche Interpretation könne nur vonehmen, wer die Identität desjenigen ignoriere, der im Zentrum der Vermittlung stehe, dieser wisse nämlich, dass er mit jenem, der wisse, identisch sei (ebd.). Dies zu erkennen, ist Teil seiner Bildung. Die Frage, die sich diesen Postulaten anschließt, betrifft die Dominanz der Direktheit und Unmittelbarkeit gegenüber Indirektheit und Vermitteltheit (ebd., S. 37). Plessner weist antwortend darauf hin, dass die vermittelte Beziehung des Tieres zum Umfeld nicht den Charakter der Mittelbarkeit besitzen könne, weil es zentrisch in dieser Vermittlung aufgehe und sich verborgen bleiben müsse. Dies sei beim Menschen anders: »Er bildet die Vermittlung zwischen ihm und dem Feld, geht aber nur restlos darin auf, sofern er auch noch in ihr steht. Er steht also darüber. Er bildet infolgedessen die Vermittlung zwischen sich und dem Feld. Die Sache ist nicht so, dass er, grob gesagt, ›unten‹ wie das Tier die Vermittlung zwischen ihm und dem Feld bildet und ›oben‹ getrennt davon ist, darüber steht, an der Vermittlung nicht beteiligt ist und sich gewissermaßen, wie es bisweilen im Traum geschehen kann, als einem Anderen zusieht. Dann wäre er nicht der Andere, wäre nicht er selbst, bildete nicht die Vermittlung zwischen sich und dem Feld als unmittelbares Aufgehen in der Beziehung«. (ebd., S. 38)

Der Mensch steckt im eigenartigen Gefängnis der Bewusstseinsimmanenz: »Alles was er erfährt, erfährt er als Bewusstseinsinhalt und deshalb nicht als etwas im Bewusstsein, sondern außerhalb des Bewusstseins Seiendes« (ebd., S. 39). Das Subjekt bilde die Vermittlung zwischen sich und dem Objekt, damit es vom Objekt weiß, genauer betrachtet sei es das Wissen vom Objekt als Vermittlung zwischen sich und ihm. Der Vermittlungsvollzug vertilge den Menschen (als das »hinter« sich bzw. »über« sich stehende Subjekt) so weit, als er sich als Subjekt vergisst, »und die naive Direktheit mit der ganzen Evidenz, die Sache an sich gepackt zu haben, kommt zustande« (ebd.). Doch faktisch bewege er sich »unter Bewusstseinsinhalten, Vorstellungen und Empfindungen. Das Auge vergisst sich notgedrungen, wenn es sieht« (ebd., S. 41). Die Haltlosigkeit des Scheins der Unmittelbarkeit wird von der Reflexion bezeugt; dann steht die Evidenz des intendierenden Bewusstseins gegen die Evidenz des reflektierenden Bewusstseins. Immanenzlehre trete gegen Transzendenzlehre auf, und ein Interesse entwickelt sich, zu sehen, was richtig sei, Bewusstseinsidealismus oder Realismus – der Mensch wird gewissermaßen »theoretisch«. Für Plessner gehen sowohl die Verabsolutierung der idealistischen Interpretation der Immanenz als auch die realistische Leugnung oder Deutung derselben in die Irre; sicher sei nur, dass der Mensch durch seine Exzentrizität hier in Verlegenheit kommen müsse. Beides sei falsch, sowohl die »monadologische Konsequenz«, wonach jedes Bewusstsein zum Selbstbewusstsein erklärt werde, als auch die »naiv-realistische Konsequenz«, die alles Bewusstsein zur direkten Berührung mit der Wirklichkeit mache (ebd., S. 42f.) Die erste Ansicht verdingliche das vermittelnde Zwischen des Wissens zum »Bewusstseinskasten«, aus dem es keinen Ausweg gebe, die zweite halte sich allein an den intentionalen Charakter der Wissensakte (wie die Phänomenologie).

Die reformatorischen Bilderstürme könnten als hoffnungsvoller, aber von Anfang an aussichtsloser Versuch gedeutet werden, der immer nur vermittelten Unmittelbarkeit des Selbst- und Weltbezugs zu entkommen. Während die mystische Weltentsagung – man denke an die Idee der »Entbildung« des christlichen Mystikers Meister Eckhart, der 1321 einen Inquisitionsprozess gegen sich erdulden musste und schließlich von Papst Johannes XXII verdammt worden ist – das Problem der exzentrischen Position sozusagen beherzt und kompromisslos angeht, quasi im Vertrauen auf die Möglichkeit des Eins-Werdens mit Gott, (bei Eckhart besser gesagt: mit der »Gottheit« (Eliade 2002, S. 192)), aber ohne doch noch von dieser Welt profitieren zu können, will der Protestant ganz unbescheiden beides, nämlich ganz bei sich und zugleich auch ganz wirksam sein in der Welt, und dies je ohne lästige Vermittlung. In der säkularen Situation führt diese Hybris und dieser Oberflächenrealismus, welche beide bis heute das zumindest populäre Bildungsdenken prägen, zu einer Sakralisierung des Selbst, welches freilich von größter politischer, insbesondere demokratischer Bedeutung ist.

4. Sakralisierung und Säkularisierung

Hans Joas (2012) hat in *Die Sakralität der Person* darauf hingewiesen, dass die Unterscheidung von säkular versus religiös nicht mit der Unterscheidung von profan versus sakral verwechselt werden sollte. Vielmehr gebe es »Sakralitätsaufladungen von Gegenständen und Gehalten in sich als säkular verstehenden Weltbildern, im säkularen Nationalismus ebenso wie im Marxismus, aber auch in einem säkularen Liberalismus« (ebd., S. 94f.). Mit Durkheim diskutiert Joas das Sakrale als Gegenstände, die meistens von »Verboten geschützt und verteidigt« werden, was aber nicht die entscheidende Kennzeichnung sei, sondern die »Tatsache, dass das Heilige als Ort einer ›Kraft‹ erfahren« werde, als eine »›Energie‹, die sich auf das Profane auswirkt, während das Profane nur die Fähigkeit hat, die Entladung dieser Energie herbeizuführen und sie in ihrem Charakter umzuwandeln, von Reinheit zu Unreinheit, von Heil zu Unheil« (ebd., S. 92). Ein zweites Moment der Sakralitätsvorstellung betreffe das Missverständnis, wonach Sakralität »im Gegensatz zur Idee und Praxis vernünftiger Argumentation und Diskussion« (ebd., S. 95) stehen würde. Diesem Missverständnis sei insbesondere Jürgen Habermas erlegen, als er von der »Versprachlichung des Sakralen« gesprochen habe, welche er im Grunde als radikale Säkularisierungsthese verstanden haben will. In dieser Sicht verlieren Sakralisierung und die ihr Ausdruck verleihenden rituellen Praktiken zunehmend ihre Bedeutung und werden durch den rationalen Diskurs ersetzt. Doch, so Joas, die »Versprachlichung des Sakralen« könne auch anders verstanden werden, nämlich nicht als Ersetzung des Sakralen durch Sprache, sondern als sprachlicher Ausdruck des Sakralen. (ebd., S. 96) Die Kultur der rationalen Argumentation ist so verstanden nur eine Transformation und keine Substitution des Sakralen: »Auch die Institutionalisierung rationaler Argumentation – im Parlament, in der öffentlichen politischen Diskussion, im wissenschaftlichen Seminar oder Kongress – bleibt jeweils selbst auf eine auch emotionale Bindung an Werte und Praktiken angewiesen« (ebd.).

Die moderne Welt ist geprägt von Entsakralisierungen etwa hinsichtlich von Verrechtlichungsprozessen, die auch als Entmoralisierungen verstanden werden können; moderne Kultur ist aber auch von Re-Sakralisierungen geprägt, welche häufig mit der Lockerung von einzelnen sozialen Normen einhergehen, nämlich mit einer gesteigerten Sensibilisierung in anderen Bereichen: »Die gestiegene öffentliche Aufmerksamkeit für sexuelle Belästigung im allgemeinen und auf den Missbrauch von Kindern im besonderen etwa«, so Joas' zeitgemäßes Beispiel, »geht ja gewiss nicht einfach auf eine Zunahme dieser Delikte, sondern großenteils auf einen gestiegenen Sinn für die Destruktivität dieser Taten zurück« (ebd., S. 97). Die Sakralisierung der Person motiviert uns nach Joas zur Empathie, doch Empathie allein bringe die Sakralisierung der Person nicht hervor. (ebd., S. 101) Auch konkurriert die Sakralisierung der Person ständig mit anderen Sakralisierungen, etwa der Nation oder der klassenlosen Gesellschaft – die deutlichsten Gegenkräfte zur Sakralisierung der Person sind im 20. Jahrhundert der Faschismus und der Nationalsozialismus gewesen (ebd., S. 101f.).

Modernisierung allein als Rationalisierungsprozess und diesen als mehr oder weniger radikale Entmoralisierung zu verstehen, wie dies etwa Michel Foucault hinsichtlich Strafpraxis und Verbrechen vertreten hat, ist nach Joas irreführend – insbesondere das Gefühl der Empörung entpuppt sich als wichtigster Indikator, wenn es um die Verletzung zentraler Werte, also auch um ihre Geltung geht (ebd., S. 102). Dennoch bleibt die Sakralisierung der Person auch im Westen eine unsichere Errungenschaft, das 20. Jahrhundert ist ja leider sehr viel mehr als nur Ausdruck der Gefährdung dieser modernetypischen Sakralisierungsleistung. Die Sakralität der Person ist vielmehr in stetiger Gefahr, aber es gibt auch die Gefahr, »dass die Menschenrechte durch einen nationalen, kulturellen oder religiösen Triumphalismus zum ideologischen Element einer neuen sozialen Selbstsakralisierung werden« (ebd., S. 280). Sakralisierungen schlagen sich in sozialen Praktiken, Werten und damit einhergehenden Institutionen nieder: »Auf Dauer [...] hat die Sakralisierung der Person nur eine Chance, wenn alle drei zusammenwirken: wenn die Menschenrechte institutionell und zivilgesellschaftlich gestützt werden, argumentativ verteidigt und in den Praktiken des Alltags inkarniert« (ebd., S. 281).

Das Sakrale fällt also – zumindest in dieser Perspektive – nicht mit dem Religiösen zusammen, auch nicht mit dem Pseudo-Religiösen. Umgekehrt gibt es wohl keine Religion ohne das Sakrale. Aus diesem Grund wäre es eine zu starke Verallgemeinerung, areligiöse Sakralität allein als Folgeprodukt von Säkularisierungsprozessen zu verstehen. Die These etwa, wonach moderne Pädagogik im Kern als säkulare Theologie zu verstehen sei, geht also wahrscheinlich zu weit.

Immer wieder wurde festgehalten, dass der Protestantismus im Grunde keine Religion sei, sondern eher eine Lehre der Lebensführung. Mit der Reformation, so kann begründet spekuliert werden, wird ein Prozess in Gang gesetzt, der durch die scheinbare Entsinnlichung des Religiösen jene Unterscheidungen schafft, die ungewollt den Säkularisierungsprozess der Neuzeit und Moderne vorangebracht haben. Eine säkulare Theologie hielt Hannah Arendt (2003) für vergleichsweise möglich, nicht aber eine säkulare Religion. Sie schreibt: »Der Unsinn des Begriffes ›säkulare Religion‹ liegt darin, dass in ihm das eigentlich politische Element der Religion, nämlich Lohn und Strafe nach dem Tode, eliminiert ist« (ebd., S. 364). Ohne noch an den Herrgott im Himmel zu glauben, wird es zumindest schwierig, sich von den Regulativen der postmortalen Strafe und des postmortalen Lohns leiten zu lassen. Denn Säkularisierung heiße die »Eliminierung Gottes aus der Geschichte der Menschen« (ebd., S. 114). Dies kann auch anders formuliert werden, nämlich dahingehend, Säkularisierung bedeute einen politischen Zustand, der es nicht mehr erfordere, dass die Menschen in ihrer Mehrzahl an die Hölle, die Unsterblichkeit der Seele bzw. die Erlösung von Tod und Sünde glauben. (ebd., S. 398) Mit der Akzeptanz der Lehre der Unsterblichkeit der Seele sei die Politik, so Arendt, zunächst »zu einem Geschäft für Banausen geworden. Politik, oder die Frage nach einer möglichen irdischen Unsterblichkeit, konnte erst wieder ernst werden, als der Glaube an die Unsterblichkeit nicht mehr gesichert war« (ebd., S. 478). Dies sei Säkularisierung, die niemals religiöse Inhalte verweltliche, was unmöglich sei, »sondern vielmehr antike Probleme der irdischen Unsterblichkeit neu stellte. Das Neue war, dass eine Unsterblichkeit des Menschengeschlechts verlangt wurde statt eines gesicherten Rahmens für die Unsterblichkeit des Einzelnen (Polis) oder des Volkes beziehungsweise der Gemeinschaft (Rom)« (ebd.). Als Arbeiter und Geschichtsschreiber sei der Mensch sein eigener Schöpfer und Richter geworden. »Das allein ist Säkularisation, nicht die Säkularisation eines Vorgangs – Heilsplan wird zum Fortschritt etc. –, sondern Verweltlichung der göttlichen Attribute selbst« (ebd., S. 266). Während die Beschwörung des demokratischen Lebens einer Sakralisierung entspricht, ist sie nicht notwendigerweise eine eindeutige Säkularisierungsfolge. Eher die Vorstellung des Menschen als Kreator und Schöpfer der eigenen Welt kann also – im Sinne Arendts – als sakralisiertes Säkularisationsprodukt verstanden werden. Nebenbei bemerkt: Die Modeströmung des Konstruktivismus im heutigen Bildungsdiskurs kann damit auch gut als sakralisiertes Säkularisationsprodukt betrachtet werden. Das merkt man nicht zuletzt daran, dass der Konstruktivismus nur »gut« ist, während der Behaviorismus schon fast »böse« erscheint...

Der Unterschied von Säkularisierung und Sakralisierung ist politisch von Bedeutung. »Politisch war die Rede von der Religion als Opium des Volkes immer Unsinn« – so Arendt –, erst »die Ideologien sind wirklich Opium fürs Volk. Wirksam in den Religionen war die Höllenvorstellung, die immer davon ausgeht, dass die Angst vor Schmerz größer ist als die Angst vor dem Tod und die Angst vor der Hölle größer ist als die Angst vor dem Nichts. Entscheidend sind nicht die Säkularisierungen, sondern das Wegfallen der Höllenvorstellung in der Moderne« (ebd., S. 371).

5. Schmalz und Schwulst, und Bildung...

Zum Schluss sei nun die gewagte Wendung zur ästhetischen Dimension genommen, namentlich zum Thema Kitsch. Die begriffliche Unterscheidung, die hier kaum skizziert, geschweige denn ausgeführt werden kann, betrifft zwei sehr charakteristische Formen des Kitsches: jene des Schmalzes und jene des Schwulstes. Es sei nun nicht behauptet, dass katholisch eher geschmalzt und protestantisch bzw. reformiert eher geschwulstet wird. Das wäre zu simpel. Ein Vierfelderschema mit den Kategorien Schmalz und Schwulst einerseits und katholisch und reformiert andererseits wäre schon angemessener; d.h. auch reformiert kann geschmalzt und auch katholisch geschwulstet werden, das ist eher eine Frage der formalen Bildung. Salopp formuliert: Kitsch ist eher für die Masse, Edelkitsch für jene, die sich für gebildet halten. Egal in welcher Domäne. Und die Affinität zwischen Edelkitsch und wortgewaltiger Bildung, welche die Gedanken zu diskursiven Schwielen oder Blasen aufplustert, scheint mir evident zu sein. Mit dem Bild, der bildlichen Darstellung, wird im Bereich des Religiösen leicht geschmalzt, die Verführung ist einfach zu groß. Wer das religiöse Bild aber dogmatisch ablehnt, wird – eine gewisse Bildung vorausgesetzt – mit Worten zum Schwulst verführt. Dem Schwulst der Reformation – der im bombastischen Vokabular eines Luthers zum Ausdruck kommt – folgte der Schwulst der moralisch, politisch und religiös erfolgreichen Gegenreformation, für die beispielhaft der Name Ignatius von Loyola (1491–1551) steht. Insofern hat die Reformation insgesamt zu einer Akademisierung der Diskussion, also einer »Schwulstifizierung« des religiösen Diskurses beigetragen, von welchem der Bildungsdiskurs später profitierte. Es sei zugegeben, dass der Verfasser für diese frechen und groben Hypothesen als Nicht-Historiker und Nicht-Theologe keine genügenden Kenntnisse besitzt, um sie wirklich plausibel zu machen. Frivole Spekulation sei erlaubt.

Schwulst zielt auf Submissions- und Dominanzaffekte, d.h. Lüste der Unterwerfung und der Macht, Schmalz zielt auf Appetenz- und Aversionsaffekte, d.h. Befriedigungslust und Schmerzlust. Autoren wie Foucault oder Adorno kann man sich gut unterwerfen oder mit ihnen die Diskussion dominieren, mit Korczak oder Pestalozzi kann man eher die edlen pädagogischen Aufgaben beschwören und in der Darstellung der ach so schwierigen Situation schwelgen, in der Pädagogen handeln müssen. Natürlich kann auch mit Pestalozzi und Korczak geschwulstet und mit Adorno und Foucault geschmalzt werden, aber letztlich nicht auf überzeugende Weise. Um glaubwürdig zu sein, muss die richtige Mischung aus Schmalz und Schwulst mitunter erst gefunden werden, ein Unterfangen, das bei der narrativen Wiedergabe gelebten Lebens, sprich: menschlicher Erfahrung, eine Ästhetik des Überzeugens verlangt.

Das Problem des Schmalzes liegt darin, dass er intellektuell nicht so recht überzeugen will, was er moralisch-emotional kompensiert, insbesondere wenn es leichter ist, vor hoher Komplexität zu kapitulieren oder kurz vor der Begegnung mit dem Unbegrifflichen in ein sicheres, warmduseliges Gefühl zu regredieren. Schmalziger Kitsch ist leichter zu erkennen als Schwulst,

Schmalz ist pädagogisch verbreitet, reformpädagogisch noch mehr. Schwulst – die Kitschart für die weitgehend geschrumpfte Bildungsschicht – ist etymologisch mit dem Aufgeblasenen (Schwiele, Geschwulst) verbunden. Bezüglich der universitären Lehre und dem akademischen Diskurs kann man ihn mit Gelfert u.a. als »Einschüchterungskitsch« thematisieren, z.B. als sprachliches Imponiergehabe, welches auf »ehrfurchtsvolle Unterwerfung« der Lernenden abzielt (Gelfert 2000, S. 60ff.). Das ist heute leichter gesagt als getan – die Bereitschaft sich beeindrucken zu lassen (eine wichtige akademische Kompetenz), hat doch deutlich nachgelassen, und könnte positiv als Demokratisierungseffekt gedeutet werden (wenn man denn will).

Der katholische Kitsch der billig zu erstehenden Devotionalien steckt ganz im Schmalz, das religiöse Gefühl ist mit diesen Gegenständen leicht herzustellen, und sei die heilige Mutter bloß eine Plastikfigur, die als mehrfarbige Lampe über der Badewanne ein warmes Licht verbreitet. Ein bisschen Trost ist in diesem Ambiente fast immer zu finden. Der Protestant hat zwar kein grundsätzliches Problem mit Plastik, aber mit allzu schneller Schmalzproduktion. Er braucht die Askese, um seine Lust auf Pathos zu befriedigen, sei es in unterwerfender oder aber dominierender Absicht. Er muss ja immer ein wenig leiden. Er traut dem Wort und misstraut dem Bild. Seine Kirche ist tatsächlich vergleichsweise unsinnlich, er kann nur architektonisch ein wenig auftrumpfen, aber nur selten auf überwältigende Weise. Wenn er den prunkvollen Petersdom in Rom besucht, weiß er wieder, warum er Protestant ist. Als Geschäftsmann aber mag er die prunkvolle Lobby eines internationalen Hotels durchaus genießen. Dafür singt er gerne die Psalmen, aber nie freudig, sondern reuig. Seine Religion ist nicht diskursiv, das Wort muss nur gehört und verinnerlicht, es soll nicht auch noch mehrmals im Mund umgedreht werden. Denn Argumentation führt vom richtigen Weg ab, da ist man sich weitgehend einig. Doch dort, wo der reformierte, intellektuell anspruchsvolle Theologe sich diskursiv gibt, kann sich ein so gewaltiger Schwulst entfachen, dass man sofort begreift, dass am Anfang tatsächlich das Wort und nicht das Bild gestanden haben muss.

Ja, das sind Klischees. Nur leider könnten sie eine Entsprechung in der sozialen Wirklichkeit haben. Der über lange Zeit so aufgeblasene Bildungsdiskurs scheint ohne die Veränderungen der neuzeitlichen Identitätsvorstellungen, die durch die Reformation vorangetrieben worden sind, kaum nachvollziehbar zu sein. Diese so deutsche Schwiele ist in den letzten Jahrzehnten allerdings deutlich zurückgegangen, der Ballon hat an Luft verloren. Das ist auch zu begrüßen – das sei hier »contre-cœur« gesagt –, doch der pseudo-religiöse Bildungsdiskurs ist nicht und war nie die Bildung selbst. Wenn im Erziehungsdiskurs weniger geschmalzt und im Bildungsdiskurs weniger geschwulstet wird, ergeben sich neue Möglichkeiten, die enge Verzahnung von Erziehung und Bildung wieder auf dem Boden der Wirklichkeit der Menschen zu deuten. Bildung ist nicht etwas grundlegend eigenes und anderes als Erziehung, Bildung ist auch nicht allein das Ziel der Erziehung, vielmehr sind Erziehungs- und Bildungsprozesse letztlich nur analytisch zu trennen, gehören aber in der realen Entwicklung des Menschen auf elementare Weise zusammen. Bildung fängt nicht dort an, wo Erziehung aufhört, vielmehr stehen beide in der Aufgabe, den Menschen aus seiner Zentrizität herauszuholen, aus dem Sumpf der Gedankenlosigkeit, der Interesselosigkeit, des Unvermögens und der Selbstverachtung. Auch dieser Satz ist voller Pathos, zugleich reich an Schwulst und Schmalz, ja es scheint, um Friedländer (1999, S. 13) zu zitieren, dass wir »bis zum Hals« im Kitsch stecken, wenn wir Bedeutungsvolles sagen möchten.

Literatur

Arendt, H. (1996/1958): *Vita Activa oder Vom tätigen Leben* (»The human condition«), München 1996/1958.

Arendt, H. (2003): *Denktagebuch, 1950–1973*, 1. Bd., München.

Asmuth, C. (2011): *Bilder über Bilder, Bilder ohne Bilder. Eine neue Theorie der Bildlichkeit*, Darmstadt.

Best, O.F. (1985): *Der weinende Leser. Kitsch als Tröstung, Droge und teuflische Verführung*, Frankfurt/M.

Bilstein, J. (1990): »Kitsch in der Pädagogik«, in: *Neue Sammlung* 30 (1), S. 419–435.

Blankertz, H. (1982): *Die Geschichte der Pädagogik. Von der Aufklärung bis zur Gegenwart*, Wetzlar.

Bollnow, O.F. (1995/1942): *Das Wesen der Stimmungen*, 8. Aufl., Frankfurt/M.

Brede, W. (1989): »Plessner, Helmuth«, in: B. Lutz (Hrsg.): *Metzler Philosophen Lexikon*, Stuttgart, S. 620–624.

Broch, H. (1995): »Der Kitsch«, in: Ders.: *Dichten und Erkennen, Essays*, Bd. 1, Zürich, S. 342ff.

Eliade, M. (2002/1983): *Geschichte der religiösen Ideen, von Mohammed bis zum Beginn der Neuzeit*, Bd. 3, Freiburg im Breisgau.

Friedländer, S. (1999): *Kitsch und Tod. Der Widerschein des Nazismus*, Nachdr. d. Ausg. München 1984, Frankfurt/M.

Fromm, E. (1982): *Über den Ungehorsam*, München.

Gelfert, H.-D. (2000): *Was ist Kitsch?*, Göttingen.

Giesz, L. (1971): *Phänomenologie des Kitsches*, zweite, vermehrte und verbesserte Auflage, München.

Higgins, K. A. (1996): »Bad Faith and Kitsch as Models of Self-Deception«, in: R. T. Ames/W. Dissanayake (Hrsg.): *Self and Deception. A Cross-Cultural Philosophical Enquiry*, Albany, NY, S. 123–142.

Joas, H.: *Die Sakralität der Person. Eine affirmative Genealogie der Menschenrechte*, Frankfurt/M.

Moles, A. (1972): *Psychologie des Kitsches*, München.

Plessner, H. (1982): »Der Mensch als Lebewesen«, in: Ders.: Mit anderen Augen, Stuttgart, S. 9–62.

Reichenbach, R. (2001): *Demokratisches Selbst und dilettantisches Subjekt. Demokratische Bildung und Erziehung in der Spätmoderne*, Münster.

Solomon, R. C. (1996): »Self, Deception, and Self-Deception in Philosophy«, in: R. T. Ames/W. Dissanayake (Hrsg.): *Self and Deception. A Cross-Cultural Philosophical Enquiry*, Albany, NY, S. 91–122.

Taylor, C. (1996): Quellen des Selbst. *Die Entstehung der neuzeitlichen Identität*, Frankfurt/M.

Über Kitsch, Konvention und Nihilismus

Gespräch mit Rolf Bossart

Rolf Bossart: Die methodische Offenheit, d.h. das Umkreisen der Themen, ohne in vereinfachende Definitionen abzurutschen, wie es in unserer Welt heute sinnvollerweise gefordert ist, überanstrengt manchmal nicht nur den Alltagsmenschen, sondern auch die Wissenschaft. Entsprechend sind viele Lehrbücher voll von Fünf-Punkte-Rezepten, Allgemeinplätzen und Harmonisierungsphrasen. Ein Denken dagegen, das den Formeln misstraut und doch der Flucht ins Unverbindliche entgehen will, scheint es schwer zu haben. Wenn Theodor W. Adorno Bildung mit Differenzierung gleichsetzt, so spielt er auf eine permanente Anstrengung der Deutung an, welche die Kunst der Bildung eigentlich sein muss. Aber wir wissen, dass selbst die kunstvollste Differenzierung umschlagen kann in spannungslose Beruhigungsformeln wie, dass »alles mit allem zusammenhängt« oder die berühmte »andere Seite der Medaille«. Wo also liegt die Grenze zwischen einem differenzierenden Weltzugang und einem, den Sie als Kitsch bezeichnet haben?

Roland Reichenbach: Die Pointe des Kitsches ist, dass er das nihilistische Moment nicht kennt. Auch wenn Kitsch Transzendenz zu suggerieren scheint, ist er in Wirklichkeit ganz der Immanenz verhaftet, da er die Grenze zwischen dem Sagbaren und dem Unsagbaren weder anerkennt noch mit ihr ringt. Wer die Differenz zwischen Sein und Bewusstsein konsequent ignoriert, führt ein rein immanentes Leben. Ein solches erscheint aber unerträglich; wenn man es selber nicht spürt, lässt man es die anderen spüren. Das gehört zum Problem des Kitsches.

Rolf Bossart: Wer sich aber nicht mit der Immanenz begnügt, schwankt zwischen den Polen der Immanenz und Transzendenz, was auch nicht unproblematisch ist. Ich denke, dass daher gerade Bildung darauf abzielen muss, sich in diesem Schwanken bzw. im Widerspruch zu bewegen und orientieren zu können.

Roland Reichenbach: Oder anders gesagt, sie muss darauf abzielen, dass einem sowohl die Sache selbst als auch ihr Schein ab und zu auf die Nerven gehen. Aber nochmal zurück zum Kitsch, zu dieser Daseinsform im Gefängnis der Immanenz. Wir vermuten ja Tiefe und Wert gerne nur in der Transzendenz und verachten die Seichtheit oder Oberfläche aller rein bedürfnisgesteuerten Verrichtungen des Alltags. Auch diese Sicht ist Kitsch, das ist Kitsch für Gebildete, Edelkitsch könnte man sagen.

Rolf Bossart: Ich fühle mich entlarvt. Obwohl ich mir heute in der Verachtung der reinen Oberflächlichkeit tatsächlich weniger sicher bin als früher. Das hat mit meinem Zweifel an dieser unwillkürlich kritischen Grundhaltung zu tun, die ich – als Teil der politischen Linken – immer für so wichtig gehalten habe. Denn mit der Zeit merkt man, dass dort, wo das kritische Denken zu einem automatisierten Reflex geworden ist, oft einfach nur Sehnsucht nach einer paradiesischen Harmonie herrscht. Denn nichts von all diesen Halbheiten und dieser Zerrissenheit, die die Realität zu bieten hat, hält der ersehnten Reinheit stand. Wer auf diese Weise kritisch ist, verbreitet zwar den Anschein des Denkens in Widersprüchen, tatsächlich macht man aber das genaue Gegenteil davon. Man sucht in der permanenten Kritik eine Position, in der man nie eine Verwicklung aushalten muss.

Roland Reichenbach: Eugen Fink formulierte pathetisch: »Wo der Nihilismus einen nicht bis ins Mark erfrieren lässt, ist er die seichteste aller Haltungen.« Da ist sicher etwas Wahres dran. Man kann das, glaube ich, zum Beispiel gut an der verbreiteten Kritik an den vermeintlich seichten Amerikanern festmachen.

Die Amerikaner kokettieren nicht mit Tiefe und Geschichte, so wie wir Europäer. Man könnte sagen, sie zeigen ihre Oberflächlichkeit unverblümt, wir verbergen sie. Im Rahmen eines gymnasialen Austauschjahres in den USA war ich auch eine kurze Zeit lang bei einer schwerreichen Familie einquartiert. Auf ihren Rat hin ging ich nicht zur Schule, sondern fuhr stattdessen mit dem Go-Kart im Garten herum. Der Sohn saß tagsüber bekifft im Keller. Den Vater sah ich höchstens zweimal die Woche kurz. Und auf meine Frage, was er denn mache, sagte er nur: »Real big business«. Das war eine Familie aus jenem Großbürgertum, das absolut keine gesellschaftlichen Stützen mehr braucht. Denen war alles egal, schien mir; die waren überhaupt nicht mehr konventionell und das empfand ich als eine Befreiung. Die Mutter nahm mich zu Partys mit. Und auf einer dieser Partys hängte sich eine intelligente und sehr betrunkene Frau an mich, fing an von Becketts *Warten auf Godot* zu schwärmen, von Paris, und meinte: »You are so lucky in Europe, you have so many trains. I'd like to die in a train.« Im Zug sterben! Dieses existentielle und nihilistische Moment, das mit den Äußerungen dieser gebildeten Frau aufblitzte, kam mir sehr nah. Es war ein erhellender Augenblick. Man merkt darin, dass diese rigiden Konventionen der Mittelstandsamerikaner so wichtig sind, weil sie sonst wenig verbindet. Ihre geographische Mobilität ist so ausgeprägt, dass sie darauf angewiesen sind, schnell und nach vorgegebenen Standards zu kommunizieren. Das ist hilfreich. Sie wissen aber ja, zumindest implizit, dass es in Wahrheit nur die sehr dünne Oberfläche der Konvention ist, die sie vor dem Nichts bewahrt. Europäer mögen irrigerweise denken, Amerikaner seien oberflächlich; ich glaube, das trifft nicht zu, im Gegenteil, zu Amerika gehört mehr als zu Europa dieser Sinn für die Oberfläche, unter welcher der Nihilismus klafft. Europäer fühlen – möglicherweise fiktiv und kontrafaktisch – noch einen Halt in Tradition und lokalen Eigenheiten. Kultur ist nur der je unterschiedliche Umgang mit dem Problem des immer drohenden Nichts.

Rolf Bossart: Und Bildung müsste nun diesen Sinn für die Oberfläche und den Nihilismus kultivieren?

Roland Reichenbach: Zuerst geht es vor allem darum, konventionell zu werden und Zugang zu haben zu den Einrichtungen der Kultur. Schule ist der Ort, um diesen Zugang zu garantieren, und die Didaktik betrifft den Inhalt und die Form, womit man sich um diesen Zugang für die Schülerinnen und Schüler kümmert. Auch wenn wir manchmal schnell bereit sind, die schulische Integration in die Gesellschaft vorwiegend von der Seite des Zwangs anzuschauen, kann man auch einfach feststellen: Dass man in der Schule meine kulturelle Teilnahme offenbar unbedingt will, dass ich nicht einfach mir selber überlassen werde! Dass andere den Weg oder die Wege des Lebens zu kennen scheinen. Das ist das Wichtigste. Natürlich merkt man irgendwann, dass die Erwachsenen den Weg auch nicht so genau kennen, dass sie schwächer und erbärmlicher sind, als man sie als kleines Kind wahrgenommen hat, man merkt, dass Konventionen brüchig sind und dass dahinter nichts zu stehen scheint, das sie stützt; und dass die, die am schönsten reden, oft am wenigsten einhalten, und so weiter. Kurz, das alltägliche Realitätstraining und ganze Enttäuschungsprogramm, das mit Schule und Konvention immer auch kommt und kommen muss, unterwandert den schönen pädagogischen Humanismus der ersten Jahre. Diese Entfremdung, so könnte man mit Hegel sagen, gehört zur Bildung. Sie ist nicht ein Aufbauschen einer idealen Welt mit schönem Vokabular, sondern sie hat gerade auch und zentral mit dem Ertragen der nicht perfekten Welt zu tun. Die menschliche Würde hat weniger mit der Dankbarkeit gegenüber Welt und Leben zu tun als vielmehr mit dem »Trotz alledem« im Jammertal des Lebens, wie das früher poetisch genannt worden ist.

Rolf Bossart: Die Konvention einüben, nachher durchs Tal der Enttäuschungen waten und die Brüchigkeit aller Institutionen erkennen, ohne den Glauben an sie zu verlieren und zynisch zu werden. Welches Bildungsprogramm sieht so etwas vor?

Roland Reichenbach: Zynismus ist eine radikale Form von Antisentimentalismus. Der Zyniker möchte unverletzbar sein. Er möchte immer auf der Seite der Sieger stehen. Aber das funktioniert eben nicht. Alle müssen am Schluss auf die Knie. Daher ist der Zynismus eine so lächerliche Haltung. Er ist das Unvermögen, mit der Verletzlichkeit des Lebens und des Menschlichen zu Rande zu kommen. Und wenn Erziehung so funktionieren würde, wie sie sollte, dann wäre sie tatsächlich völlig inhuman. Erziehung ist aber eine Einführung in das unvollkommene Leben, und diese Einführung ist selber unvollkommen. Es wird nie so sein, wie es sollte. Das ist hinzunehmen, ohne das Sollen aufzugeben.

Rolf Bossart: Und wer es nicht erträgt, flüchtet in die illusionslose Realitätssicht, die sich und den anderen, wie man so treffend sagt, nichts mehr vormacht. Aber man soll sich in der Schule doch etwas vormachen. Man soll den anderen etwas vormachen. Die Lehrerin spielt etwas vor, die Schüler spielen etwas vor usw.

Roland Reichenbach: »Wenn die Irrtümer verbraucht sind / Sitzt als letzter Gesellschafter / Uns das Nichts gegenüber«, meint der junge Brecht. Doch vielleicht lässt, wer sich selbst nichts mehr vormacht, sich auch von anderen nichts mehr vormachen. Dieser Mensch hat mit sich und den anderen abgeschlossen, würde ich sagen. Das stelle ich mir nicht als Ziel der Bildung vor. Autonomie oder Selbstbestimmung hat nicht damit zu tun, sich keine Illusionen mehr zu machen, als vielmehr mit der Fähigkeit und Bereitschaft, das vermeintliche Wissen als Illusion zu entlarven. Das ist nicht das Gleiche. Hier wird Bildung prozessual gedacht, nicht als ein für alle Mal gesicherte Errungenschaft. Man mag glauben, dass Autonomie glücklich macht, aber offensichtlich trifft das nicht zu. Nur fragt sich dann, was Bildung, die zur Autonomie führen soll, noch nützt? Wenn man Bildung nur als Zugang zu mehr Chancen, mehr Einkommen und mehr Prestige versteht, dann ist sie letztlich eine Frage der funktionalen Kosten-Nutzen-Rechnung. Doch der Sinn von Bildung als Menschenbildung ist natürlich genauso brüchig wie das Menschliche selber. Das Warum und Wozu steht quasi immer im Raum, und damit auch das Paradox, dass die Beantwortung der Frage nach dem Sinn von Bildung einen schon fast zwangsläufig zurück in das Kosten-Nutzen-Schema bringt. Daher überall diese meines Erachtens reichlich sinnlose Rede von Transfernutzen, nach dem Motto: Mozart macht schlau und glücklich usw.

Rolf Bossart: Und wie soll die Fragwürdigkeit und Kontingenz von Kultur und Bildung ausgehalten werden?

Roland Reichenbach: Das halten wir aus, weil wir fasziniert sind von der unermesslichen Vielfalt des Lebens und der Welt. Bildung heißt, den Sinn für die Vielfalt zu schärfen. Vielfalt ist einfach besser als Einfalt. Mit vielem zu rechnen ist besser, als nur mit dem Einen rechnen. Man hat ein tieferes und breiteres Lebensgefühl, wenn man an unterschiedlichen Phänomenen interessiert ist; das Grundinteresse an der Welt ist das Interesse am Menschlichen. Man jammert ja oft, dass die Tage nicht lang genug seien, wenn man dieses oder jenes erreichen möchte. Viele Tage sind zwar kurz, aber schlimm ist es, wenn sie zu wenig tief und zu wenig breit sind. Bildung hilft nicht, die Tage länger zu machen, aber sie tiefer und breiter zu machen. Bildung verhilft, die Fläche des Tages zu vergrößern, hinter welcher wir einen Reichtum vermuten, obwohl vielleicht nichts dahinter ist.

Strategie und Authentizität in der pädagogischen Interaktion

Drei Sorten von »Agogikern« oder »Agogen« verdienen unter modernen Vorzeichen unsere skeptische Betrachtung – die Demagogen, die Mystagogen und die Pädagogen. Gemeinsam ist ihnen das »agogein« – die Führungs- und Gestaltungsaufgabe. Die Demagogen führen oder verführen das Volk, die Mystagogen führen in die Mysterien hinein und die Pädagogen führen, belehren und erziehen Kinder und Jugendliche – jedenfalls hat man sich das so vorgestellt. Gemeinsam ist ihnen auch die Krise, in der sie stecken oder zu stecken meinen. Die Demagogen sind zu Recht verrufen, wer die Mystagogen sind oder waren, das weiß kaum noch einer, und die Pädagogen sorgen schließlich immer wieder selber dafür, sich mit Selbstzweifeln in die Krise zu manövrieren. Und so hält man von ihnen nicht immer gerade viel, die Autorität des Pädagogen und des Pädagogischen ist eine wackelige Sache, bald wirkt sie lächerlich, unvermutet bricht sie zusammen. Und so muss man schon einen gewissen »Mut zu dieser Lächerlichkeit« aufbringen, um die freundliche Verachtung zu ertragen, welche die Pädagogin und den Pädagogen mitunter subtil, mitunter weniger subtil trifft. Interessanterweise kommt diese »Verachtung« auch von manchen Erziehungswissenschaftlern, die mit dem Pädagogischen lieber nicht in Verbindung gebracht werden möchten – die pädagogische Welt scheint ihnen peinlich zu sein, ähnlich wie kleine Geschwister einem Jugendlichen peinlich sein können, weil er sich lieber schon als Erwachsener sehen möchte, aber das Kinderzimmer vielleicht doch noch nicht ganz verlassen hat.

»Über die Verachtung der Pädagogik« heißt ein nach wie vor aktueller Sammelband (Ricken 2007) – mit diesem Titel wird auch angedeutet, dass die Sinnbilder des Pädagogischen – typischerweise Optimismus, Idealismus, Dilettantismus, und vielleicht ein gemütliches Leben oder eine beliebige Mischung davon, beispielsweise in der allgemeinen Lehrerschelte, bei der prinzipiell jeder mitmachen kann –, dass also diese ambivalenten Sinnbilder des Pädagogischen noch wenig erforscht sind. Allerdings ist »Verachtung« dann doch ein zu hartes Wort, zu dramatisch, und es wirkt selbstmitleidig – jammernde Pädagogen haben etwas Unerfreuliches.

Nun sind das Klagen und das Jammern strategisch durchaus wichtige Instrumente, das weiß jedes Kind (wie Eltern und Lehrpersonen wissen), wiewohl sie nicht nur Instrumente sind. 1992 erschien ein Beitrag von Elmar Tenorth mit dem Titel »Laute Klage, stiller Sieg. Über die Unaufhaltsamkeit der Pädagogik in der Moderne« (1992). Klagen tut sie bis heute gern, die Pädagogik (bzw. die Pädagogen), aber heimlich ist sie – mit oder ohne Klagen – geradezu »erfolgreich« gewesen. Vor der Gefahr des »Pädagogismus«, der »schrankenlosen Ausdehnung des pädagogischen Anspruchs« hat Schelsky bereits 1961 in seiner Schrift *Anpassung und Widerstand* (Schelsky 1961, S. 162) gewarnt. Er kritisierte die Idee heftig, wonach noch Erwachsene zum »animal educandum« (ebd.) erklärt und selbst in Organisationen zur »dauernden Bildung« verpflichtet würden (!). Was Schelsky zur heutigen Situation sagen würde, wissen wir nicht, aber man ahnt, dass sich seine Freude in Grenzen halten würde.

Man scheint sich daran gewöhnt zu haben, dass jede Lebensphase und nahezu jeder Lebensbereich pädagogisiert wird. Und so gibt es eine Erwachsenenpädagogik, eine Altenpädagogik – übrigens zu Recht –, aber auch eine Sterbepädagogik (wobei man sich fragen mag, was die Sterbepädagogen den Sterbenden voraushaben können), und natürlich gibt es auch schon eine pränatale Pädagogik. Ob eine postmortale Pädagogik existiert, wissen wir nicht, zwar hoffen wir, dass es sie nicht gibt (und dass es einmal genug ist), aber es würde einen nicht verwundern. Nicht nur alle Lebensphasen, sondern auch jeder Lebensbereich wird und ist pädagogisiert: So gibt es – übrigens wiederum mit guten Gründen – eine Freizeitpädagogik, eine Familienpädagogik, eine Friedenspädagogik, eine Sexualpädagogik, eine Körperpädagogik, eine Sportpädagogik, eine Medienpädagogik, eine Theaterpädagogik, eine Musikpädagogik, eine Zoopädagogik usw. Diese sogenannten Bindestrich-Pädagogiken sind kaum mehr zu überschauen. Das ist zweifellos ein »Erfolg« – er hat aber seinen Preis.

Die These, die ich hier nicht ausführen, aber dennoch ausdrücken möchte, ist die folgende: Während die Pädagogisierung fast alle Lebensphasen und Lebensbereiche erreicht hat, ist die Entgrenzung des pädagogischen Anspruchs nur um den Preis der Schwächung des pädagogischen Denkens selbst möglich gewesen. Wenn Pädagogik zu allem etwas zu sagen hat, dann hat sie im Grunde nicht mehr viel zu sagen.

Wohl ist es der normative Kern des pädagogischen Denkens, der auch für manche Erziehungswissenschaftler anstößig ist. Doch ohne Moral (im weitesten Sinne) ist keine Pädagogik zu machen, ohne explizierte, reflektierte und kritisierte Vorstellungen des Guten und des Richtigen kann Erziehungswissenschaft zumindest das nicht leisten, was praktisch tätige Pädagoginnen und Pädagogen von ihr zu Recht erwarten dürften: zwar nur ein begrenztes pädagogisches Handlungswissen, dafür aber ein relevantes Orientierungs- und Deutungswissen. Hinter dieser Entgrenzung, die spätestens mit dem Diskurs um das »life-long-learning« sichtbar geworden ist und heute im omnipräsenten Kompetenzdiskurs die Bildungs- und Ausbildungsinstitutionen dominiert (obwohl er auf mickrigen theoretischen Grundlagen steht), versteckt sich möglicherweise die uneingestandene Angst, nicht mehr zu wissen, wohin die Reise geht.

Wer nicht mehr weiß oder nicht mehr zu wissen meint, wohin die Reise gehen soll oder was an der Reise gut ist, fühlt sich auch nicht mehr imstande, »es« den Jüngeren zeigen zu wollen; wobei dieses »es« sehr viel sein kann – die Welt. Dass sich manche Kolleginnen und Kollegen heute wieder auf die Grundoperation des Pädagogischen besinnen, das Zeigen (vgl. Meyer 2003; Prange 2005), zeigt, wie schwach die pädagogische Rationalität offenbar auch in pädagogischen Köpfen noch repräsentiert ist.

Allerdings sind die Gründe für diesen »Mangel« auch historischer Art und nicht nur zu beklagen. Der 70er-Jahre-Boom der Erziehungswissenschaft und der damalige politische Zeitgeist, dem wir vieles verdanken, und das meine ich nicht ironisch, führten dazu, dass insbesondere Kommunikationstheorien und Sozialisationstheorien – also vor allem Theorien psychologischer und soziologischer Herkunft – Einzug in das Feld der pädagogischen Theorie gehalten haben: Theorien, deren Vertreter sich dem Ethos der symmetrischen Kommunikation, der regulativen Idee der Herrschaftsfreiheit und dem Recht des authentischen Ausdrucks verpflichtet sahen. In diesem politisierten Umfeld der Theoriebildung und des pädagogischen Diskurses schien es nicht mehr attraktiv, die Asymmetrie des erzieherischen Verhältnisses, die traditionell immer als notwendig und zugleich als zeitlich und situativ begrenzt verstanden war, noch als Konstante des pädagogischen Denkens und Handelns ernst zu nehmen. Das strukturell konservative Moment des Erzieherischen, das kulturbewahrende Moment, wurde – politisch korrekt – verschleiert. Allerdings gab es schon frühe Gegenstimmen, die erstens von Politik tatsächlich etwas verstanden haben und zweitens frei genug waren, dass sie auch ohne das »Geländer« des Zeitgeistes über Erziehung nachgedacht und geschrieben haben, unter anderem und vielen voran Hannah Arendt. Und so erstaunt es heute nicht sehr, wie wenig auch wissenschaftliche Pädagoginnen und Pädagogen zu den »einheimischen Begriffen«, vor allem Erziehung und Bildung, zu sagen haben, ich möchte böse behaupten: nur wenig mehr als interessierte Laien. Dafür sind sie freilich fachkundig in vielen Thematiken, die mit Fragen von Erziehung und Bildung eng in Zusammenhang stehen.

Die strukturelle Unaufrichtigkeit der pädagogischen Diskurse, in denen die Asymmetrien und Differenzen zwischen Lehren und Lernen, alt und jung, erfahren und unerfahren, gebildet und ungebildet, mündig und unmündig offenbar so zum Problem geworden sind, dass sie kaschiert werden müssen, ist der Hintergrund meiner Ausführungen. Wir haben uns daran gewöhnt, asymmetrische und komplementäre Beziehungen in symmetrischen Vokabeln zu beschreiben und zu begreifen: »gleichberechtigt«, »partnerschaftlich«, »gemeinsam«, »gesprächsbereit«, »offen«, »aufeinander zugehend«, »in wechselseitigem Einvernehmen« – und das ist ja richtig so. Nur ist dann interessant zu erfahren, was es jeweils konkret bedeutet, wenn »Ungleiche« etwas »gemeinsam entscheiden«, wenn die Vorgesetzten das »Gespräch suchen«, die Untergebenen »Mitarbeiter« genannt werden und der Vater zu seiner Tochter sagt, »wir müssen da etwas zusammen besprechen«... Während das »Krankenschwester-Wir« – »Wie geht es uns heute?« – noch einigermaßen als routinehafte, zwar unpassende, aber gut gemeinte Floskel durchschaubar ist, ist das »pädagogische Wir« – ebenso unpassend, routinehaft und gut gemeint – nicht immer leicht zu erkennen.

Schule als Einführung in das Täuschungsethos

Das zentrale theoretische Problem der pädagogischen Komplementarität – Eltern/Kind, Lehrperson/Schüler/innen, Lehrmeister/Auszubildende etc. – besteht in der für das moderne Ethos unabdingbaren Moral der wechselseitigen Achtung, die auf der Interaktionsebene das Ideal der symmetrischen Kommunikation vorzeichnet, welches mit der Beschreibung asymmetrischer und komplementärer Beziehungen immer wieder konfligiert (die sogenannte »pädagogische Antinomie« als zentrales Problem aller »Autonomiepädagogik« [Hügli 1996; Benner 1987]). Freilich unterstellt jedes vernünftige Erziehungs- und Unterrichtskonzept abgesehen von aller Rhetorik, die dem Ideal der Symmetrie geschuldet ist, zumindest implizit die dominante Position der Lehrperson oder der Erziehungsperson. So entsteht eine für demokratische Lebensformen konstitutive Unaufrichtigkeit der Kommunikationsverhältnisse, eine Doppelbödigkeit, die zu erlernen und verstehen nicht allen gleich leicht fällt, was zugleich als ein Indikator für privilegierte und weniger privilegierte Bildungskarrieren betrachtet werden kann.

Schule ist eine der zentralen Institutionen, wenn es um die Tradierung von Zivilität und demokratischer Citoyenität geht. Schon ihre grundlegendste Aufgabe oder Voraussetzung, die Disziplinierung des Kinderkörpers (z.B. das Stillsitzen-Lernen), damit überhaupt Unterricht stattfinden kann, ist Affektregulation und nicht »bloß« Körperkontrolle, d.h. Grundlage »anständiger Gesellschaften«. Im Laufe schulischer Sozialisation muss, wer zivil werden soll, aktive und passive Strategien des Täuschens erwerben und einsetzen lernen. Das ist die hier vorgeschlagene These. An die Seite der Fähigkeit der Affektregulation tritt der situationskluge oder zumindest situationsangemessene Ausdruck von Wertungen unterschiedlichster Art (was einem gefällt, was einem gerade wichtig ist, was man tun möchte, was man von den anderen hält, z.B. der Lehrperson, etc.), man könnte auch sagen, eine gewisse Besonnenheit im Umgang mit Authentizitäts- und Wahrhaftigkeitsimperativen, die ja schnell asoziale Züge annehmen, lässt man ihnen nur genügend Raum.

»Wer die Wahrheit sagt, muss ein schnelles Kamel haben«, lautet ein arabisches Sprichwort – doch nicht alle haben ein schnelles Kamel, und wenn sie nur über ein langsames oder gar kein Kamel verfügen, ist es für sie wahrscheinlich besser, dies in ihren Ausdrucksweisen zu berücksichtigen und mit Wahrheitsäußerungen sparsam und selektiv zu sein. Das pädagogische Ethos orientiert sich im Idealfall am Umgang mit den »Kamellosen«. Den Kamellosen schadet bisweilen der authentische Habitus. Problematischer ist es allerdings, wenn es gar nicht mehr darauf ankommt, ob man ein Kamel hat oder nicht. Die bisweilen dramatischen Szenerien in sogenannten Ghetto-Schulen in Großstädten können illustrieren, was es heißt, wenn das Tauschethos – dieses freundliche oder weniger freundliche Tauschen von Täuschungen – zusammenbricht. Schülerinnen und Schüler, die wahrnahmen, dass sie für die Gesellschaft eher ein Problem als eine Hoffnung darstellen und dass der Gegenwert für Anpassung und Anstand nahezu nichtig ist, geben ihre Tauscherwartungen auf, da sie von der Schule und der Gesellschaft nichts mehr erwarten – und sie schätzen ihre Lage nicht unrealistisch ein. Die radikale Nullerwartung macht strategische und geschickte Umgangsweisen im pädagogischen Bereich überflüssig.

Sollte man sich mit dem Gedanken anfreunden, dass Schule und Unterricht bzw. das Unterrichtsgeschehen in wesentlichen Belangen auch als strategische Interaktion verstanden bzw. analysiert werden können? Ich meine ja und glaube sogar, dass dies eine ethisch geforderte Aufgabe ist. Während die Tauschkomponente des Unterrichtens und Sich-unterrichten-Lassens noch am wenigsten problematisch erscheint (Unterricht als ein »Geschäft«) und auch mit Vorformen von Moral zusammenfällt (»wie du mir, so ich dir«), ergeben sich bei der Täuschung wie auch bei der Selbsttäuschung größere Probleme. Dennoch sind die Täuschungs- und die Selbsttäuschungskomponente zur Beschreibung und Interpretation des Unterrichtsgeschehens hilfreich.

Ich möchte zur Konkretisierung ein paar Beispiele für das strategische und taktische Wissen und Handeln von Schülerinnen und Schülern angeben, Beispiele, die aus einer kleinen Explorationsstudie stammen, die ich in Münster im Rahmen von Seminaren zum Thema des Nutzens von austauschtheoretischen Interpretationen im pädagogischen Bereich durchgeführt habe. Es handelt sich im Folgenden um Paraphrasierungen von Aussagen privilegierter Schülerinnen und Schülern der dortigen Gymnasialstufe.

»Einem Lehrer, der mir immer nur schlechte Noten gibt, wiewohl ich zwar nicht gut bin, aber der einfach nicht sieht, wie sehr ich mich doch anstrenge, mag ich mein Interesse für das Fach, das er unterrichtet, nicht mehr geben. Und wenn ich merke, dass nicht einmal mein vorgetäuschtes Interesse, welches ich unter anderem durch ständiges Händehochhalten zu zeigen versuche, etwas an der Lage verbessert, dann sowieso nicht mehr.«

»Einer Lehrerin, die mich immer wieder aufruft, weil sie von mir offenbar meist gute Beiträge erwartet, nehme ich es nicht so übel, dass sie eher langweilig unterrichtet und ihr Fach mich nicht so heftig interessiert. Dennoch mag ich sie nicht enttäuschen und lerne zu Hause meist mehr als nötig.«

»Bei einer Lehrerin, von der ich weiß, dass sie eine romantische Ader hat, schreibe ich meist ein bisschen schmalzige Aufsätze, die umso besser benotet werden. Bei ihr muss man immer ›Gefühl‹ zeigen.«

»Bei diesem Lehrer, der sich immer so schnell als Fachautorität hinterfragt und angegriffen fühlt, melde ich mich, wenn ich weiß, dass wieder einmal das Gegenteil von dem, was er sagt, wahr ist, nur in Frageform oder überhaupt nicht.«

»Bei Gruppenarbeiten behaupten oder protestieren wir immer, dass wir noch mehr Zeit benötigen würden. Erstens haben wir dann mehr Zeit für uns, d.h. die Zeit geht schneller um, zweitens glaubt der Lehrer dann immer, wir seien ernsthaft bei der Sache, und drittens spielt es sowieso keine große Rolle, wie wir das Ergebnis der Gruppenarbeit dann präsentieren, denn er ist mit uns Mädchen eh immer zufrieden (er ist halt ein ganz Lieber).«

Dies sind nur wenige und wenig problematische Beispiele für die Vielfalt des strategischen und taktischen Wissens von Schülerinnen und Schülern, die das schulische Täuschungsethos schon gut erworben haben. Dieser Erwerb wird ihnen nützen, nicht immer, aber oft genug. Übrigens nützt er auch den Lehrpersonen – die komplexe Kultur der pädagogischen Strategeme ist noch kaum systematisch untersucht.

Thomas Heinze hat sich vor vielen Jahren mit Schülertaktiken auseinandergesetzt und konnte zeigen, dass sich in der Schule – mehr oder weniger subtil – eine eigene »Interaktions-Kultur [...] als Ausdruck von Distanz und Widerstand« entwickelt, wobei er viele der Disziplinprobleme als Resultat der damit zusammenhängenden »Überlebensstrategien« betrachtet. In Anlehnung an Goffmans Unterscheidung von primärer und sekundärer Anpassung interessierte sich Heinze vor allem für jene Schülerinnen und Schüler, die eine Schranke zwischen sich und der Institution ziehen, um »eine Spur von Autonomie zu wahren oder zumindest den Schein von Autonomie aufrechtzuerhalten« (Heinze 1980, S. 73). Eine gemäßigte sekundäre Anpassung besteht darin, die institutionellen Normen zu unterlaufen, um die schulischen Belohnungen mit (mehr oder weniger) unerlaubten Mitteln zu erreichen. Vor dem Hintergrund des Leistungsprinzips besteht die klassische Strategie der privilegierten Schülerinnen und Schüler im Mogeln. Doch auch das Präsentationsmanagement will gelernt sein. In den Worten von Ziehe und Stubenrauch: »Mit den Jahren lernen Schüler Techniken, ganze Vormittage zu verbringen, ohne dass sie danach wüssten, welche Inhalte behandelt worden sind. Wir haben dann eine Situation, in der der Schüler sehr ökonomisch vorgeht. Er muss mit einem Minimum an Beteiligung ein Höchstmaß an gutem Eindruck hervorrufen. Der Lehrer macht Ähnliches, er muss [...] mit einem Minimum an Lehraufwand für sich selbst ein Maximum des Eindruckes erwirken, er sei ein guter Lehrer« (Ziehe/Stubenrauch 1982, S. 149).

Nun gilt es aber auch eine destruktive sekundäre Anpassung in den Blick zu nehmen, die vor allem in Real- bzw. Haupt- und Gesamtschulen festzustellen ist. Denn die Umgangstaktiken im Unterricht und Schulleben sind keineswegs unabhängig von der Schulform, den sozialen Milieus und der persönlichen Lernbiographie der Schülerinnen und Schüler. Im Gymnasium wird das Leistungsprinzip eher damit unterlaufen, dass in den Prüfungen gemogelt wird, Hausaufgaben abgeschrieben werden, egozentrische, selbstvergessene Handlungen vorgenommen werden oder man durch geistige Absenz versucht, sich den Anforderungen zu entziehen. In der Real- bzw. Hauptschule lassen sich umgekehrt eher provokante Schülertaktiken feststellen, die gegen die bürgerlichen Anstandsnormen der Schule gerichtet sind (Heinze 1980, S. 83). Das hat austauschtheoretisch (vgl. Homans 1957; 1960) betrachtet mit der Legitimationsproblematik der Real- bzw. Hauptschule zu tun: Sie kann die nachschulischen Gratifikationen für schulisches Engagement viel weniger in Aussicht stellen.

Nun sind die neuen und alten Schummelkulturen keineswegs nur eine Angelegenheit von Schülerinnen und Schülern – das Lehrpersonal ist ebenso involviert und manchmal ganze Schulen und Schulbezirke. Es ist das Verdienst von Sharon Nichols und David Berliner (vgl. Nichols/Berliner 2005; Nichols/Glass/Berliner 2006), zumindest für die USA gezeigt zu haben, wie sich durch vergleichende Leistungsstandmessungen neue – problematische – Schummel- und Täuschungskulturen etablieren, die u.a. von ökonomischer Bedeutung sind. Der Anreiz für Lehrpersonen und Schulen, ihre Wirksamkeit als besser darzustellen, als sie tatsächlich ist, hat sich stark erhöht. Die Studie trägt den bezeichnenden Namen »The Inevitable Corruption of Indicators and Educators Through High Stakes Testing« (etwa »die unvermeidbare Verfälschung von Indikatoren und Lehrpersonal durch zentrale Leistungsstandmessungen«). Die festgestellten Haupteffekte sind: »Administrator and teacher cheating, student cheating, exclusion of low-performance students from testing, misrepresentation of student dropouts, teaching to the test, narrowing the curriculum, conflicting accountability ratings, questions about the meaning of proficiency, declining teacher morale, score reporting errors«. Der Bildungshistoriker Sheldon Rothblatt hat in »Education's Abiding Moral Dilemma« (2007) zeigen können, wie wenig die Bildungssysteme von den Fehlern der anderen lernen und ganze Nationen die problematischen Funktionsweisen anderer Bildungssysteme jeweils auf eine recht optimistische Weise kopieren. Es scheint, dass die zeitgenössischen Reformen der Schul- und Bildungssysteme auch in unseren Breitengraden eine neue Unaufrichtigkeit belohnen.

Pädagogik der Täuschung?

Nun mag man sich am Begriff der Täuschung stören. Das ist normal, wenn man zum Authentizitätsideal ein ungebrochenes Verhältnis hat. Allerdings beurteilen manche die Bedeutung dieses Ideals für öffentliche Belange ganz anders. So kritisiert beispielweise der Sinologe Harro von Senger, der sich über Jahre mit den altchinesischen Strategemen und ihrer Bedeutung für unsere Epoche beschäftigt hat, die »Listenblindheit« so mancher Europäerinnen und Europäer (vgl. Senger 1988). Das Listige, Täuschende und Manipulative hat hierzulande einen fast ausschließlich negativen Ruf. Für Täuschungstheoretiker ist diese Ablehnung nicht nachvollziehbar. So schreibt der amerikanische Bildungsphilosoph David Nyberg fast schon emphatisch: Täuschung ist »an essential component of our ability to organize and shape the world, to resolve problems of coordination among individuals who differ, to cope with uncertainty and pain, to be civil and to achieve privacy as needed, to survive as a species, and to flourish as persons« (Nyberg 1996, S. 187).

Ich möchte hier zwei ältere Beispiele anbringen für dieses »andere« Verständnis von Täuschung – das erste ist vielleicht weniger ernst zu nehmen, das zweite schon eher. Zum ersten Beispiel. Popitz (2006) zitiert in seinem Essay *Über die Präventivwirkung des Nichtwissens* aus einer alten Glosse des Satirikers William Makepeace Thackeray, die 1859 unter dem Titel »On Being Found Out« erschienen ist und in welcher der Autor eindringlich und ironisch vor einer Gesellschaft warnt, in der jeder, der ein Unrecht begeht, entdeckt und entsprechend auch bestraft werden könnte bzw. sollte – allerdings beziehen sich seine Feststellungen auf das Geschlechterverhältnis (er meint hier, im Namen der Männer zu sprechen): »Wie froh bin ich, dass wir nicht alle entdeckt werden [...], ich protestiere dagegen, dass wir bekommen, was wir verdienen; [...] Was für eine wundervolle, schöne Fürsorge der Natur, dass das weibliche Geschlecht meist nicht geschmückt ist mit der Begabung uns zu entlarven [...]. Möchten Sie, dass ihre Frau und ihre Kinder Sie so kennen, wie Sie sind, und Sie präzis nach ihrem Wert würdigen? Wenn ja – mein lieber Freund: Sie werden in einem tristen Hause wohnen, und frostig wird ihr trautes Heim sein« (zit. nach Popitz 2006, S. 159).

Während Popitz ausführt, warum eine solche Gesellschaft aus soziologischer Sicht unmöglich ist, soll hier der pädagogisch bedeutsamere Umstand interessieren, dass eine vollkommen transparente und in diesem Sinne »gerechte« Welt unmenschlich im doppelten Sinn wäre: dem Menschen nicht gemäß und inhuman. Zivilgesellschaften gründen auf Zivilität. Diese kann zwar mit Carter (1998) als die Summe der Opfer verstanden werden, die wir für das Zusammenleben erbringen müssen. Doch Zivilität heißt zunächst vor allem Anstand, Abstand und schöner Schein, d.h. Täuschung. Man möchte den Begriff der Täuschung vielleicht lieber ersetzen und stattdessen *mimesis* (griechisch »Nachahmung«, eigentlich »Vorahmung«) oder *imitatio* (lateinisch) vorschlagen, aber diese Begrifflichkeiten, die in zeitgenössischen Täuschungstheorien nicht benutzt werden, bringen die moralisch-ethische Ambivalenz kaum zum Ausdruck, die mit »Täuschung« einhergeht und für den vorliegenden Kontext bedeutsam ist.

Zum zweiten Beispiel: Auch Immanuel Kant, der gerne und gewiss nicht ohne Grund des moralischen Rigorismus bezichtigt wurde, konnte der Täuschung vergleichsweise positive Seiten abgewinnen. In seiner *Anthropologie in pragmatischer Hinsicht* schreibt er unter dem Titel »Von dem erlaubten moralischen Schein«: »die Natur hat den Hang, sich gerne täuschen zu lassen, dem Menschen weislich eingepflanzt, selbst um die Tugend zu retten, oder doch zu ihr hinzuleiten« (Kant 1977 [1798], S. 443f). Und: »Der gute ehrbare Anstand ist äußerer Schein, der anderen Achtung einflößt [...]. – Überhaupt ist alles, was man Wohlanständigkeit (decorum) nennt, von derselben Art, nämlich nichts als schöner Schein« (ebd., S. 444). Es ist wahrscheinlich nicht an den Haaren herbeigezogen, zwischen dem moralischen und dem gesellschaftlichen Kant zu unterscheiden. Der Letztere ist sozusagen anders gepolt: Sich gegenseitig täuschen, ohne zu lügen und zu betrügen, das macht für Kant die gesittete Gesellschaft aus, die gerade aus dem Spiel der Täuschung heraus die Kraft zur »Verbesserung« zieht: »Die Menschen sind insgesamt, je zivilisierter, desto mehr Schauspieler: sie nehmen den Schein der Zuneigung, der Achtung vor anderen, der Sittsamkeit, der Uneigennützigkeit an, ohne irgend jemand dadurch zu betrügen; weil ein jeder andere, dass es hiermit eben nicht herzlich gemeint sei, dabei einverständigt ist, und es ist auch sehr gut, dass es so in der Welt zugeht [...]« (ebd., S. 442).

Freilich muss Kant – wiewohl seine vorsoziologische Rollentheorie überzeugt – dann doch wieder die Moral in das Zentrum der Betrachtung rücken: »[...] Denn dadurch, dass Menschen diese Rollen spielen, werden zuletzt die Tugenden, deren Schein sie eine geraume Zeit hindurch nur gekünstelt haben, nach und nach wohl wirklich erweckt, und gehen in die Gesinnung über« (ebd., S. 442f).

Voll- und daueraufrichtige Gesellschaften wären unfreundliche, barbarische Verbände von authentischen Antipathie-Molekülen, wahrscheinlich gar keine Verbände. Kurz: Authentizität mag ein Ideal für relativ enge Langzeitbeziehungen sein, für institutionelle Verhältnisse, besonders auch die Schule, kann sie nur bedingt als Ideal überzeugen.

Doch Täuschung ist nicht gleich Täuschung. In zwei Fragebogenerhebungen an insgesamt rund 550 Studierenden in Münster konnten wir (Reichenbach, 2008) relevante Komponenten der Einstellungen zu Tausch, Täuschung und Selbstinteresse faktorenanalytisch hervorheben. Die Befragten unterscheiden stillschweigend zwischen unterschiedlichen Dimensionen des sozialen Austausches, des Täuschens und des Selbstinteresses. So konnten wir den Faktor »Leben als Geschäft«, bei welchem es im Prinzip um die Metapher »lohnende Investition« geht, vom Faktor »Leistung und Gegenleistung« unterscheiden.

Die beiden Faktoren korrelieren hoch, können aber als unterschiedliche Akzentuierung der Tauschorientierung verstanden werden. Etwas komplizierter sind die Täuschungsskalen. Die Komponenten »Diskretion«, »passive Täuschung« und »aktive Täuschung« sowie »Selbstpräsentationsmanagement« bilden einen Komplex von Verhaltensweisen des Sich-Verstellens auch im schulischen und universitären Bereich, in welchen der Übergang zwischen Anstand und Taktik mitunter fließend ist, so dass man sich ganz an Kants Überlegungen zum schönen Schein erinnert fühlt. Tausch- und Täuschungsorientierungen stehen durchaus nicht nur im Dienste eigennützigen Optimierungsverhaltens, sondern korrelieren mit einem – sagen wir »gesunden« – Selbstinteresse, welchem wir faktorenanalytisch die Komponenten des Leistungsmotivs (bzw. der Investitionsbereitschaft), der Erfolgsorientierung und der Prinzipientreue zuordnen konnten.

Nun mögen die Täuschungen in der Schule – auf Seiten der Lehrpersonen – wesentlich Selbsttäuschungen darstellen. Die Fähigkeit zur Selbsttäuschung gehört zu den unterschätzten, freilich ironischen sozialen Kompetenzen (vgl. Solomon 1996). Dass sich auch Lehrpersonen über sich täuschen (meist in Richtung zu positives Selbstbild bzw. zu positives vermutetes Fremdbild, vgl. Oser 1998), hat durchaus nicht nur die Seite der antidepressiven Wirkung, vielmehr mag aus dem wechselseitigen und dem Sich-selber-Täuschen ein durchaus positives Lernklima entstehen. Denn: Wie lernt man, sich für Mathematik zu interessieren, wenn man sich nicht für Mathematik interessiert? Indem man so tut, als würde man sich für Mathematik interessieren. So lernt man nicht nur, sich für Mathematik zu interessieren, sondern man lernt teilweise auch Mathematik! Interesse durch Imitation und Imagination – auch eine Form der Erziehung und Bildung der Gefühle (vgl. Reichenbach/Maxwell 2007).

Wie schaffen es die Schülerin und der Schüler also, sich um 8 Uhr für die binomischen Formeln, um 9 Uhr für unregelmäßige Verben im Französischen, um 10 Uhr für die Raspelzunge der Schnecke, um 11 Uhr für Luther auf der Wartburg, um 14 Uhr für osmotische Systeme und um 15 Uhr für den Kontrapunkt der Fuge zu interessieren? Ob sie das »wirklich« (?) schaffen, ist pädagogisch nahezu bedeutungslos, die Frage ist vielmehr, wie und ob sie es schaffen, so zu tun, als ob sie sich für all diese Dinge interessieren würden. Die Frage mag als motivationspsychologische und didaktische verstanden werden, überzeugender ist es meines Erachtens, sie als strategische zu begreifen, nicht im Sinne einer Lernstrategie, sondern als Strategie des Umgangs mit Lehr-Lern-Situationen. Zu den pädagogischen Strategien und Strategemen gehören nicht nur Strategien des Führens, sondern auch die Strategien des Geführtwerdens, des Sich-führen-Lassens.

Schlussbemerkungen

In einem Interview mit der *Zeit* resümierte der Unterrichtsforscher Jäger: »In allen Schulformen ist nach unserer Studie Autorität das wichtigste Merkmal eines erfolgreichen Unterrichts. Der Lehrer braucht einmal Sachautorität, er muss also sein Fach verstehen. Zum anderen muss er seinen Unterricht souverän leiten, also Störungen vorbeugen und auf die Einhaltung verbindlicher Regeln achten« (*Die Zeit* vom 4.7.2002, S. 30). Darauf erwiderte der Interviewer: »Das ist eigentlich eine Binsenwahrheit« (ebd.). Erstaunlich ist in der Tat, wie diese Binsenwahrheit, wenn es um Schule und Unterricht geht, offenbar ignoriert wird, und zwar sowohl in der pädagogischen Theorie als auch in der Ausbildung der Lehrpersonen und in der erziehungswissenschaftlichen Forschung. Die Probleme insbesondere in der Sekundarstufe 1 sind keineswegs didaktische, curriculare, organisatorische oder lernpsychologische, sondern pädagogische.

Fragen der pädagogischen Führung und pädagogischen Autorität, die Voraussetzungen von Schule und Unterricht, interessieren auch bildungspolitisch wenig. Sie werden heute allerdings von manchen populistisch dazu verwendet, Reformen zu kritisieren, über die man ja in der Tat unterschiedlicher Meinung sein kann. Während nahezu alle Lebensbereiche pädagogisiert werden, steht die pädagogische Identität selbst, insbesondere der Lehrpersonen, heute auf dem Spiel und wird wie eine Privat- und Nebensache behandelt. Die Lehrpersonen entwickeln nun, so gut es eben geht, Strategien, um in einem Umfeld tätig zu sein, das sich immer schneller an Reformen »von außen und von oben« anpassen muss, während die Reformbemühungen »von innen und von unten« zunehmend schwieriger und deshalb spärlicher werden. Die verbreitete Rede von der neuen schulischen Autonomie und der nötigen Professionalisierung des Lehrberufs wirkt angesichts der bedenklichen Ergebnisse bekannter Studien und Befragungen zum Zustand der Lehrerinnen und Lehrer mitunter zynisch. Jedenfalls geht die Rede ganz an den tatsächlichen Problemen und am pädagogischen Ethos des Lehrberufs vorbei. Unter diesen Umständen ist es gesellschaftlich bedeutsam, dass die pädagogische Identität von Lehrpersonen, aber auch von Erziehungspersonen gestärkt wird. Das gelingt vielleicht nicht zuletzt auch dadurch, dass die pädagogischen Alltags- und Bewältigungsstrategien auf Seiten der beteiligten Akteure genauer untersucht werden.

Literatur

Arendt, H. (1994): »Was ist Autorität?«, in: Dies.: *Zwischen Vergangenheit und Zukunft. Übungen im politischen Denken I*, München, Zürich, S. 159–200.

Benner, D. (1987): *Allgemeine Pädagogik. Eine systematisch-problemgeschichtliche Einführung in die Grundstruktur pädagogischen Denkens und Handelns*, Weinheim.

Carter, S. L. (1998): *Civility. Manners, Morals and the Etiquette of Democracy*, New York.

Heinze, T. (1980): *Schülertaktiken*, München.

Helmke, A. (2003): *Unterrichtsqualität. Erfassen, Bewerten, Verbessern*, Seelze.

Homans, G. C. (1957): »Social Behavior as Exchange«, in: *American Journal of Sociology* 63/6, S. 597–606.

Homans, G. C. (1960): *Theorie der sozialen Gruppe*, Köln, Opladen.

Hügli, A. (1996): *Philosophie und Pädagogik*, Darmstadt.

Kant, I. (1977 [1798]): *Schriften zur Anthropologie, Geschichtsphilosophie, Politik und Pädagogik. Werkausgabe*, Vol. XII, hrsg. von W. Weischedel, Frankfurt/M.

Meyer, M. A. (2003): »Zeigen und Lernen – Didaktische Reflexionen im Anschluss an Ludwig Wittgenstein«, in: Helsper, U./Hörster, R./Kade, J. (Hrsg.): *Ungewissheit. Pädagogische Felder im Modernisierungsprozess*, Weilerswist, S. 119–141.

Nichols, S.L./Berliner, D.C. (2005): *The Inevitable Corruption of Indicators and Educators Through High-Stakes Testing*, Tempe, AZ.

Nichols, S.L./Glass, G.V./Berliner, D.C. (2006): »High-Stakes Testing and Student Achievement: Does Accountability Pressure Increase Student Learning?«, in: *Education Policy Analysis Archives*, 14(1). Abgerufen am 4.9.06 unter http://epaa.asz.edu/epaa/v141/

Nyberg, D. (1996): »Deception and Moral Decency«, in: French, P.A./ Uehling, Jr., Th.E./Wettstein, H.K. (Hrsg.): *Midwest Studies in Philosophy*. Vol XX, Moral Concepts, Notre Dame, S. 186–203.

Oser, F. (1998): *Ethos – die Vermenschlichung des Erfolgs. Zur Psychologie der Berufsmoral von Lehrpersonen*, unter Mitarbeit von M. Zutavern, R. Reichenbach, J.-L. Patry u.a., Opladen.

Popitz, H. (2006): *Soziale Normen, hrsg. von F. Pohlmann und W. Essbach*, Frankfurt/M.

Prange, K. (2005): *Die Zeigestruktur des Erziehens. Grundriss einer operativen Pädagogik*, Paderborn.

Reichenbach, R./Maxwell, B. (2007): »Moralerziehung als Erziehung der Gefühle«, in: *Vierteljahrsschrift für wissenschaftliche Pädagogik* 1/2007, S. 11–25.

Reichenbach, R. (2008): »Schule und Unterricht als Geschäft: Über Tausch, Täuschung und Selbsttäuschung«, in: *Weg und Ziel. Zeitschrift des Freien Gymnasiums Bern*, Juni 2008, S. 6–13.

Ricken, N. (Hrsg.) (2007): *Über die Verachtung der Pädagogik. Analysen – Materialien – Perspektiven*, Wiesbaden.

Rothblatt, S. (2007): *Education's Abiding Moral Dilemma. Merit and Worth in the Cross-Atlantic Democracies*, 1800–2006, Oxford, UK.

Schelsky, H. (1961): *Anpassung und Widerstand. Soziologische Bedenken zur Schulreform*, Heidelberg.

Senger, H., von (1988): *Strategeme: Lebens- und Überlebenslisten der Chinesen – die berühmten 36 Strategeme aus drei Jahrtausenden*, Bern u.a.

Sertl, M. (2004): »A Totally Pedagogised Society. Basil Bernstein zum Thema«, in: *Schulheft* 116, 4/2004 (Thema: Pädagogisierung), S. 17–29.

Solomon, R. C. (1996): »Self, Deception, and Self-Deception in Philosophy«, in: Ames, R.T./ Dissanayake, W. (Hrsg.): *Self and Deception. A Cross-Cultural Philosophical Enquiry*, Albany, NY, S. 91–122.

Tenorth, H.-E. (1992): »Laute Klage, stiller Sieg. Über die Unaufhaltsamkeit der Pädagogik in der Moderne«, *Beiheft zur Zeitschrift für Pädagogik* 29/1992, S. 129–139.

Ziehe, T./Stubenrauch, H. (1982): *Plädoyer für gewöhnliches Lernen*, Reinbek.

Moralerziehung als Erziehung der Gefühle

(gemeinsam mit Bruce Maxwell)

... die Rolle der Emotionen besteht genau darin, [...] den Menschen eine Orientierung und eine Einstellung zur Welt zu verschaffen.
Richard Wollheim (2001, S. 31)

Vorbemerkung
Erziehung = Moralerziehung = Gefühlserziehung

Jede Erziehung ist – im Guten wie im Schlechten – auch moralische Erziehung und diese im Kern immer Erziehung der Gefühle. Während der erste Teil dieser Behauptung (Erziehung = Moralerziehung) noch für viele akzeptierbar erscheinen mag, kann der zweite Teil der Behauptung (Moralerziehung = Gefühlserziehung) kaum auf allgemeine Zustimmung hoffen. Wer in Gefühlen primär spontane und authentische Regungen des Gemüts, der Seele, der Psyche oder des Organismus sieht, mag sich kaum an der Idee einer Erziehung der Gefühle erfreuen, vielleicht höchstens die Notwendigkeit zugestehen, dass bestimmte affektive Impulse in ihrem Ausdruck gezähmt oder gehemmt werden müssen. Doch auch in diesem Fall wäre die Argumentation möglich, dass es eine Erziehung der Gefühle im Grunde gar nicht geben könne oder aber nicht geben solle, auch wenn die soziale und moralische Relevanz der Sozialisation des Gefühlsausdrucks einzuräumen sei. Wer hingegen die Meinung vertritt, Gefühle seien intentional, zumindest in einem gewissen Sinne rational und von Bewertungsprozessen geprägt – eine Sicht, die in der zeitgenössischen philosophischen Diskussion um die Gefühle weithin anerkannt ist –, wird Möglichkeiten und wahrscheinlich auch die Notwendigkeit einer Erziehung der Gefühle erkennen können und dieselbe auch als legitim erachten.

Freilich entspräche eine mit großer Wirkungssicherheit funktionierende Erziehung der Gefühle vor dem Hintergrund des modernen Diskurses um Autonomie – wie jede funktionierende Erziehungstechnologie – einem nicht zu rechtfertigenden Mittel der Manipulation. Darin liegt auch das zentrale Motiv der Skepsis gegenüber der Legitimität der Gefühlserziehung: dass Gefühlserziehung als Mittel nicht nur der Gehirnwäsche, sondern auch der Herzenswäsche (was wahrscheinlich das Gleiche ist) zu betrachten sei. Auf der anderen Seite ist vielleicht leichter zu akzeptieren, dass der Ausdruck speziell von moralischen Gefühlen, z.B. Scham, Schuld oder Mitleid, ein wichtiger Indikator für den Zustand internalisierter Moral darstellt.

Im Folgenden sei behauptet, dass vor allem die verbalen, mehr oder weniger explizit sich auf Gefühle beziehenden Aufforderungen in der pädagogischen Interaktion als Versuche interpretiert werden können, die Internalisierung bestimmter moralischer Einsichten und Bewertungen zu stimulieren, die sich als die Ausbildung von Dispositionen der situationsadäquaten Gefühlsäußerung verstehen lässt. Die drei analytisch unterscheidbaren und legitimen Mittel der Gefühlserziehung sind unseres Erachtens (1) die Aufforderung zur Neubewertung der Situation, (2) die Aufforderung zur Imitation des Gefühlsausdruckes, sei dies in quantitativer oder qualitativer Hinsicht, und (3) die Aufforderung zur Imagination von Gefühlsreaktionen (vgl. Maxwell/Reichenbach 2005, 2006).

Es ist unter anderem dem an der Universität Berkeley lehrenden Philosophen und Psychoanalytiker Richard Wollheim (2001) zu verdanken, den engen Zusammenhang zwischen Überzeugungen, Wünschen und Emotionen aufgezeigt zu haben. Während Überzeugungen und unter Umständen auch Wünsche in der einen oder anderen Form schon immer Thema der moralischen Erziehung und Bildung gewesen sind, z.B. in

Bezug auf moralische, aber auch politische »Orientierungen« oder »Einstellungen«, hatten und haben es die Emotionen im deutschsprachigen Raum sozusagen schwer, für moralische Erziehungs- und Bildungsprozesse in einem positiven Sinn als bedeutsam und vielleicht sogar unabdingbar betrachtet zu werden. Dies hat wohl mit dem Gegensatz zu tun, der landläufig zwischen Emotion und Kognition, Gefühl und Denken, gefühlsmäßigen Urteilen (z.B. »aus dem Bauch heraus«) und wohlüberlegten Urteilen (die immer »im Kopf« stattfinden) hergestellt wird. Dass die großartige Bedeutung, welche der Rolle der Gefühle für das mehr oder weniger gesittete Zusammenleben zugeschrieben werden muss, lange Zeit unterschlagen blieb, mag auch an manchen Vertretern der abendländischen philosophischen Tradition liegen, die sich in ihrem theoretischen Interesse vor allem auf die sogenannten Leidenschaften gestürzt haben, als ob die Leidenschaften gerade der typische Fall von Gefühlen seien. Wenn unter Gefühlen vor allem irrationale affektive Reaktionsweisen verstanden werden, welche die Möglichkeit einschränken, nüchterne bzw. rationale moralische Urteile zu fällen, z.B. im Falle des starken Ärgers, dann scheint es einer verantwortungsvollen Erziehung und (Schul-) Bildung vor allem auch darum gehen zu müssen, Strategien zu entwickeln, um solche Gefühle möglichst zähmen und vielleicht auch unterdrücken zu können (vgl. Barrett 1994).

Doch auch diese Perspektive erklärt den Tabu-Charakter der Gefühlserziehung nicht. Das Tabu scheint weniger definitorische als normative Gründe zu haben. Es geht also nicht darum, dass eine große Allgemeinheit falsche Auffassungen über Gefühle hegte (Auffassungen, die korrigiert werden müssten), sondern um die Klärung der Gründe und Wertgrundlagen, aus deren Sicht das Tabu der moralisch und auch politisch inspirierten Gefühlserziehung verständlich wird. Einer dieser Gründe liegt im scheinbaren Widerspruch zwischen einer affirmativen Gefühlserziehung und zentralen Prinzipien liberaler Gesellschaften. Wer aus einer normativen Perspektive die sogenannte negative individuelle Freiheit als höchstes Gut betrachtet, wird alle Versuche der Gefühlsformung »von außen« als eine Überschreitung des Unantastbarkeits- oder Manipulationsverbotes interpretieren. Wie die Gesetzgeber haben in diesem Sinn auch Erzieherinnen und Erzieher das Recht und sogar die Pflicht, Verhaltensweisen zu vermeiden und gegebenenfalls zu sanktionieren, welche die Interessen von anderen Personen schädigen, und es ist ihnen zunächst einmal verboten, Personen in Bezug auf das, was sie denken oder fühlen, Grenzen aufoktroyieren zu wollen. Eine bestimmte Rolle mag auch der in dieser Hinsicht Ausdruck findende moralische Skeptizismus als fragwürdige Form der Anerkennung des Wertepluralismus und der damit verbundenen Forderung nach »Toleranz« spielen (vgl. Maxwell/Reichenbach 2005, 2006).

Ein moralisches Gefühl verspüren heißt, über eine mehr oder weniger substantielle Wertbindung bzw. -verpflichtung zu verfügen, die Ausdruck der personalen Identität sein kann. Charles Taylor (1989/1996) nannte diese Bindungen »starke Wertungen« (»strong evaluations«). Daraus resultiert, dass es einer Erziehung der moralischen Gefühle nicht darum gehen kann, dass dem Kind die Wertprioritäten, Interpretationen und Bewertungen der Erziehungsperson aufgedrängt werden, vielmehr geht es um die nur scheinbar illegitime Frage, wer – d.h. was für eine Person – das Kind werden soll. Vor vielen Jahren hat Harry Frankfurt mit seinem Konzept der »second order desires« (1971) – der Fähigkeit, die Wünschbarkeit der eigenen Wünsche zu hinterfragen – ein interessantes Konzept geliefert, mit welchem das Personsein auch in einem normativ-pädagogischen Sinne gedeutet werden kann: einer Erziehung der Gefühle geht es um »das Vermögen, Wünsche auszubilden, die sich auf [...] eigene Wünsche beziehen«; diese »Wünsche höherer Ordnung werden im direkten Sinne nicht dem Handeln zugeordnet, sondern den Motiven. Die Menschen kümmern sich in der Regel um ihre Motive; sie wollen, dass ihre Handlungen von bestimmten Motiven getragen werden und nicht von anderen« (Frankfurt 2005, S. 24).

Die liberalen, moralisch-skeptischen Bedenken gegenüber einer Beschränkung und Formung der Gefühlsfreiheit bzw. Gefühlausdrucksfreiheit (als einer indoktrinären Erziehungspraxis) werden auch von einer psychologischen Perspektive gestützt, namentlich durch kulturell attraktive Konzepte des Personseins und das moderne Ideal der Authentizität (meines Erachtens ein Ideal, welches pädagogisch bisher zu Unrecht noch kaum kritisiert wird). Individuelle Autonomie und Authentizität sind die beiden Idealformen subjektiver Freiheit, die vielleicht als erstes durch Jean-Jacques Rousseau ausgedrückt worden sind und das moderne Selbstverständnis grundlegend geprägt haben (Menke 1993, 1996, Taylor 1995), indem sie später die Kultur des Selbstdenkens (Gebrauchs des eigenen Verstandes) und des Hörens auf die innere Stimme begründen. Es geht hier also nicht nur um das Recht, sondern geradezu um die psychologische Notwendigkeit und – für spezifische Interpretationen – um die Pflicht, mit den eigenen Gefühlen »in Kontakt« zu treten.

Dass die Emotionen eine wichtige Rolle im moralischen Verstehen, in der moralischen Ausdrucksweise und beim moralischen Handeln besitzen, wurde freilich schon in der Nikomachischen Ethik des Aristoteles mehr oder weniger explizit formuliert. Auch für Kant ist die fundamentale Bedeutung der Gefühle für die Moral offensichtlich. Im Abschnitt zur Tugendlehre in seiner *Metaphysik der Sitten* schreibt er lapidar, dass ein Mensch ohne Gefühle »sittlich tot« sei (Kant 1797/1990, S. 277). Dennoch haben typischerweise auch die sogenannten kritischen und progressiven Erziehungs- und Bildungsphilosophien, die in der einen oder anderen Form meist kantisch inspiriert sind oder waren, die Rolle der Gefühle meist souverän ignoriert oder als Nebenthema behandelt, als Nebenprodukte »höherer« psychologischer bzw. geistiger Prozesse (z.B. des moralischen Urteils).

Jedenfalls ist die einfache Entgegensetzung von Kognition und Emotion, oder besser: von Denken und Fühlen, heute weder psychologisch noch philosophisch akzeptabel. Mit den bekannten Theorien von Arnold (1960), Lazarus (1966), Lazarus und Launier (1978), Averill (1973) oder, etwas neueren Datums, etwa Weiner (1995) konnte auch empirisch gezeigt werden, dass eine Dichotomie zwischen Emotion und Kognition ebenso unhaltbar ist wie die Auffassung, dass Emotionen ohne begleitende kognitive Prozesse, welche sie beispielsweise formen oder auslösen, möglich sind. In der strukturgenetischen Perspektive im Sinne Piagets (1981) betrachteten manche – etwa Nucci (2001) – die Affekte sozusagen als die Energie für Verhalten und Handeln, während die Kognitionen eher als für die Ausrichtung des Verhaltens und die Durchführung der Handlungen zuständig galten. Das ist vielleicht eine etwas simple Sicht. Doch schon viel früher wurde der enge Zusammenhang von Fühlen und Denken, insbesondere Urteilen, von Alexius Meinong (1853–1920) gesehen, eines Studenten von Franz Brentano (1838–1917). Meinong legte 1894 mit seinen *Psychologisch-ethischen Untersuchungen zur Werttheorie* die wahrscheinlich erste einschlägige, systematische Studie zum Thema vor, in welcher er u.a. auch von »Urteilsgefühlen« spricht. Er war sich als einer der ersten Theoretiker bewusst, dass Gefühle »intentional« sind, eine Sicht, welche in der heutigen Debatte weithin vertreten wird (vgl. Oakley 1992). Gleichzeitig artikulierte Meinong damit wesentliche Aspekte zu einer Theorie der »Rationalität der Gefühle«.

Wir können uns Wollheim anschließen, wenn er formuliert: »Wenn die Überzeugungen uns eine Karte unserer Welt bilden und unsere Wünsche bestimmen, wohin die Reise gehen soll, dann wird diese Welt durch Emotionen bunt – lebhaft oder düster, je nachdem.« (2001, S. 31). Die Emotionen als die »Ingredienzien der Moral« (Schäfer 1998) bilden die Grundlage unserer Orientierungen, Einstellungen und vor allem Bewertungen, sie stellen unseren Bezug zur Welt in ein bestimmtes Licht, geben ihm eine Färbung und manchmal dauerhaft auch eine Stimmung (vgl. Bollnow 1995). Wie »bunt« (Wollheim) diese Färbung ist, lässt sich vielleicht immer nur im Einzelfall sagen, sicher ist jedenfalls, dass sie zum Beispiel im moralischen und/oder politischen Skandalerleben sehr »lebhaft«, wenn vielleicht auch nur von kurzer Dauer ist.

Gerade an der Empörung kann gezeigt werden, wie Gefühle uns nicht nur mit der Welt verbinden, sondern wie sie auch Welt »kreieren«; eine im einsamen Kämmerlein ausgedrückte moralische Empörung ist sinn- und zwecklos; die Empörung will geteilt werden, sucht ihresgleichen, sie schafft Öffentlichkeit und Engagement, sie ist insofern das politischste aller Gefühle (vgl. Reichenbach/Breit 2005). Freilich sind die emotionalen Grundlagen dieses Engagements ambivalent; Gefühle und Emotionalisierung können zivilgesellschaftliche Politik, demokratisches Handeln und die moralische Urteilsfähigkeit gefährden, weil sie leicht einen Differenzierungsverlust bewirken. Aber ohne gefühlsmäßige Grundlagen kommt kein moralisches, demokratisches und zivilgesellschaftliches Handeln zustande. Während affektkontrollierte Haltungen eine gewisse Distanz zur Welt und damit vernünftiges Urteilen und Entscheiden ermöglichen, verbinden uns Emotionen mit der Welt und drücken aus, was wir an und in ihr als bedeutsam und wichtig, als nicht zu dulden und verachtenswürdig, als wünschens- und achtenswert erachten.

Der Lego-Turm meiner Schwester (Oder: Erziehen zur sozialen Perspektivenübernahme als Aufforderung, sich in die Situation der Gefühle des anderen zu versetzen)

Nicht ohne Plausibilität wird moralische Entwicklung seit Lawrence Kohlberg und später Robert Selman unter anderem auch darin gesehen, die Fähigkeiten der sogenannten sozialen Perspektivenübernahme zu erweitern und zu variieren. Moralische Erziehung bezieht sich demnach zuallererst auf die Stimulierung der Entwicklung zur sozialen Perspektivenübernahme. Ein wenig beachteter Aspekt ist allerdings, dass diese Kompetenz an sich keinen moralischen Wert darstellt, denn sie kann erstens auch strategisch und zweitens vor allem auch aus moralisch nicht zu rechtfertigenden Motiven eingesetzt werden. So könnten viele geschickte oder gar niederträchtige Verbrechen ohne eine ausgereifte Kompetenz der sozialen Perspektivenübernahme gar nicht richtig geplant und durchgeführt werden. Sich in die Lage des anderen versetzen können, muss mit anderen Worten nicht gleichbedeutend damit sein, dem Leiden des anderen gegenüber nicht gleichgültig zu sein. Jedenfalls klafft hier eine Lücke, die von prinzipieller Natur und für die Möglichkeiten der moralischen Erziehung von großer, wenn auch kaum beachteter Bedeutung ist.

Die Erziehung zur sozialen Perspektivenübernahme kann als Aufforderung verstanden werden, sich in die Situation der Gefühle des anderen zu versetzen. Unser Anliegen ist es also, dies als einen zentralen Aspekt der Erziehung der Gefühle zu »rekonstruieren«. Um es an einem scheinbar kleinen Beispiel zu konkretisieren: Es gibt letztlich nur einen gewichtigen Grund, warum ich meiner Schwester den Lego-Turm nicht kaputt machen sollte, den sie so schön aufgebaut hat: Sie würde sich dann gar nicht gut fühlen! Wenn ich aber den Lego-Turm meiner Schwester kaputt machen möchte oder es schon getan habe, dann ist die Wahrscheinlichkeit groß, dass mir z.B. – wenn sie pädagogisch was taugt – meine Mutter sagt: »Du möchtest doch auch nicht, dass dir deine Schwester den Lego-Turm kaputt macht!«

Es handelt sich hierbei um eine Unterstellung, als die jede Aufforderung zur Rollenübernahme und d.h. zur Imagination verstanden werden muss: »Stell dir vor, wie es wäre, wenn dir deine Schwester den Lego-Turm kaputt machen würde!« Was aber imaginiert werden soll, ist die Gefühlsreaktion der

Person, in deren Rolle ich mich versetzen soll: »Stell dir vor, wie du dich fühlen würdest, wenn dir deine Schwester den Lego-Turm kaputt machen würde!« Diese Aufforderung wird begleitet von der Unterstellung, dass die imaginierte Gefühlsreaktion negativ bewertet werden würde: »Du würdest dich sicher nicht gut fühlen, wenn dir deine Schwester den Lego-Turm kaputt gemacht hätte!« Weiter versteckt sich darin die Unterstellung, dass die Imaginationsleistung und die Bewertung des Gefühls bestimmte Konsequenzen nach sich ziehen würde, nämlich dass ich als Akteur jetzt nicht mehr wollte, was ich vorher getan habe oder aber im Begriff zu tun gewesen war: »Jetzt, wo du weißt, wie du dich fühlen würdest, würdest du sicher auch nicht wollen, dass dir deine Schwester den Lego-Turm kaputt macht!« Oder: »Wenn du dann merkst, wie du dich fühlen würdest, könntest du nicht mehr wollen, dass dir deine Schwester den Lego-Turm kaputt machen würde!« Hier kommt die Unterstellung oder Annahme zum Ausdruck, wonach die Gefühlsreaktion (des Opfers) der Grund dafür sei (oder sein sollte), das problematische Verhalten als negativ zu bewerten. Etwa im Sinne von: »Denn du willst doch nicht, dass sich deine Schwester nicht gut fühlt!?« Es könnte sich um die Unterstellung handeln, dass die Gefühlsreaktionen des Opfers und jene des Täters in bestimmter Weise verknüpft seien oder verknüpft sein sollten: »Wenn du die Ursache dafür bist, dass sich deine Schwester nicht gut fühlt, dann würdest/solltest du dich selber auch nicht gut fühlen...!« Weiter müsste unterstellt werden, dass der Täter seinerseits selber negative Gefühle vermeiden will: »Du willst dich aber gut fühlen, deshalb solltest du nicht die Ursache dafür sein, dass sich deine Schwester nicht gut fühlt (weil du dich dann selber nicht gut fühlen würdest)!« Andererseits stellt sich natürlich die Frage, warum eigentlich sich das Ich schlecht fühlen sollte, wenn seine Schwester sich schlecht fühlt. Das Argument oder die Aufforderung macht nur dann Sinn und ist auch nur dann wirksam, wenn schon klar ist, dass das Ich – zumindest »im

Grunde« – nicht möchte, dass die Schwester sich schlecht fühlt. Ohne diese Unterstellung bzw. Bedingung wird das Ich moralisch nicht zu überzeugen sein.

Einerseits ist es typisch für erzieherische Interventionen, den kindlichen Akteur auf ein Wollen hinzuweisen, welches ihm offenbar selber nicht bewusst ist, d.h. das Kind auf Folgen seines Handelns aufmerksam zu machen, über die es sich vorher nicht im Klaren gewesen ist und die es – »im Grunde genommen«– nicht möchte. Es handelt sich um den Fingerzeig auf eine versäumte, aber im Prinzip mögliche Perspektivenübernahme. Andererseits ist es natürlich eine mittlerweile klassische pädagogische Idee, wonach die Unterstellung das Unterstellte erst bewirkt oder hervorzubringen mithilft. Es ist zwar richtig zu behaupten, dass etwa die Goldene Regel (Was du nicht willst, dass man dir tu, das füg auch keinem anderen zu) an den im Prinzip schon einsichtigen Menschen appelliert; typisch »pädagogisch« aber ist die Hoffnung, wonach die Einsicht in die Gebotenheit der Goldenen Regel allein schon dadurch gefördert wird, dass deren Akzeptanz im Kind oder Jugendlichen unterstellt wird. Dennoch ist die moralisch-logische Überzeugungskraft gering, da aus der Tatsache, dass ich keinen Schmerz erleiden will, nicht logisch folgt, dass andere keinen Schmerz erleiden sollen. Der moralische Pygmalion-Effekt hat sozusagen keine logische Grundlage, aber die braucht er auch nicht…

Drei Strategien der Gefühlserziehung

»Autonomiepädagogiken

Erziehungsstrategie	Regulative(s) Ideal/Idee	Art der Emotion	Theoretischer Hintergrund	Zeitgenössischer Ansatz der Moralerziehung
Imagination Aufforderung, Gefühlsreaktion vorzustellen	Expression und Entwicklung des Gefühls	Moralische Gefühle	Moral sense theory	Care Ansatz
Imitation Aufforderung, Gefühlsausdruck zu ändern	Moderation des Gefühlsausdrucks	Alle Gefühle	»Aristotelische« Ethik(en)	Charaktererziehung
Neubewertung Aufforderung, die Situation zu überdenken	Unterdrückung des unpassenden Gefühls (-ausdrucks)	Alle Gefühle	»Kantische« Ethik(en)	Kognitive Entwicklung – Moralisches Urteil
Verhaltensänderung	Sozial erwünschte Reaktionsmuster (situationsangepasst)	Alle Gefühle	Lerntheorie und Verhaltenspsychologie	PPP, »Super Nanny«, »Time-out corner«
↕	↕	↕	↕	↕
Manipulation der Gefühlsreaktion	Spezifische, nicht reflektierte, automatisierte Reaktionsweisen	(-) Furcht, Scham, Hass (+) Stolz, Hass	Ideologische Motive	Erziehungsfundamentalismus (religiös/politisch) »Schäm-dich-Ecke«

»Kontrollpädagogiken«

Abb. 1: Drei Strategien der Gefühlserziehung (entnommen, adaptiert und übersetzt aus Maxwell/Reichenbach 2006)

Hügli (1999) hat zwischen »Autonomiepädagogiken« und »Kontrollpädagogiken« unterschieden. Auf diese Differenz soll hier rekurriert werden mit der Behauptung, dass die einzigen legitimen Strategien einer Gefühlserziehung, namentlich die Aufforderung zur Imagination, die Aufforderung zur Imitation und die Aufforderung zur Neubewertung, als zentrale Aspekte einer Autonomiepädagogik und nicht als Techniken der bloßen Verhaltensveränderung oder gar der Manipulation zu verstehen sind. Worin liegt der Unterschied? Die erzieherischen Strategien von Kontrollpädagogiken zielen auf Verhaltensveränderungen, deren Wirksamkeit nicht vom Wollen und der Einsicht des Kindes abhängig gemacht wird bzw. werden kann. Insofern muss freimütig bejaht werden, dass es keine Erziehung geben kann, die ohne solche Verhaltensveränderungsstrategien auskommt, welche einen technologischen Charakter aufweisen und Ausdruck von auf Gesetzmässigkeiten aufbauendem Wissen sein können. Autonomiepädagogiken sind Ausdruck einer modernen Perspektive hinsichtlich der Legitimität und sozialen Erwünschtheit erzieherischer Mittel und Ziele, insbesondere des Zieles der »moralischen Autonomie«. Die Erziehungsmittel haben sich am Ziel der Autonomie zu orientieren, d.h. sie dürfen nicht im Gegensatz dazu stehen, allerdings sind die Kinder und Jugendlichen nicht autonom, sondern werden als Personen angesprochen, die noch (moralisch) autonom werden können und autonom werden sollen. In der Ausbildung der oben angesprochenen Fähigkeit, Wünsche zweiter Ordnung zu generieren (vgl. Frankfurt 1971), kommt eine Form der Operationalisierung moralischer Autonomie zum Ausdruck, und die analytische Differenz zu Kontrollpädagogiken kann so herausgearbeitet werden. Die Fähigkeit, das Wünschenswerte der eigenen Wünsche zu befragen, ist ein zentrales Ziel der Autonomiepädagogik. Das richtige bzw. sozial erwünschte Verhalten ist hier nur nachgeschaltet. Diese Fähigkeit steht nicht gegen das Ziel von Kontrollpädagogiken. Aber erzieherische Verhaltensmodifikationen, die ohne das Ziel der Autonomie realisiert werden sollen, sind aus der Perspektive der Autonomiepädagogik nicht legitim, auch wenn damit die Internalisierung moralischer Regeln und Prinzipien erreicht wird. Autonom sind nur Personen zu nennen, die sich auch gegen die Moral entscheiden könnten. Jedenfalls ist internalisierte Moral weder ein valider Indikator für moralische Autonomie noch für moralische Heteronomie. Beiden Pädagogiken – Autonomiepädagogik und Kontrollpädagogik – geht es aber letztlich dennoch um das erwünschte Verhalten, während in der Frage der Möglichkeit und Notwendigkeit der Einsicht in die Gründe für das richtige Verhalten natürlich Differenzen bestehen. Aber kein erfahrener Pädagoge wird ernsthaft vertreten wollen, dass eine moralische Erziehung, die allein auf Einsicht und Argumenten bauen wollte, faktisch möglich sei – das ist bloße Aufklärungsromantik, die freilich im deutschsprachigen Raum weit verbreitet ist. So ist beispielsweise weder ein Technologiedefizit der Erziehung (Luhmann und Schorr 1982) zu beklagen noch das »Technologieverbot« (Benner 1979) absolut zu setzen, und es liegt auch kein Widerspruch darin, dass Autonomiepädagogiken auf Kontrollstrategien nicht verzichten können. Kontrollpädagogiken wie etwa *Triple P* – Positive Parenting Program – oder eine Pädagogik à la *Super Nanny* sind wirksam, weil wir mittlerweile über ein bestimmtes technologisches Wissen der Verhaltensmodifikation verfügen.

Allerdings sind erzieherische Verhaltensmodifikationsstrategien bekanntlich vor allem bei den kleinen Kindern wirksam und verlieren an Bedeutung spätestens, wenn das Kind in die Pubertät kommt bzw. besser: spätestens wenn das Kriterium des Berechtigtseins der Gründe von Handlungsanweisungen für den jungen Menschen bedeutsam wird (und das kann lange vor dem Stadium der formaloperatorischen Denkfähigkeiten der Fall sein). Dennoch: Ohne Gewöhnung geht es nicht, ohne Sanktionen ebenso wenig, mag man auch vor allem auf positive Verstärkung setzen. Die zentrale erzieherische Strategie von Autonomiepädagogiken aber ist das Auffordern. Ob einer Aufforderung Folge geleistet wird, hängt wesentlich von der

Anerkennung der Autorität der Erziehungsperson durch das Kind oder den Jugendlichen ab. (Das kann hier nicht weiter ausgeführt werden, wiewohl es wichtig und zu oft vernachlässigt ist.) Diese Strategie sei nun hinsichtlich einer Erziehung der Gefühle differenzierter analysiert.

Wir schlagen die Unterscheidung von drei Strategien vor, die analytisch zu verstehen ist, d.h. in den meisten Fällen wird es effektiv kaum möglich sein, die Strategien genau voneinander zu trennen, vielmehr spielen oft Komponenten aller drei Strategien eine gewisse Rolle. Diese Aufforderungen nennen wir: erstens die Aufforderung, sich eine Gefühlsreaktion (von *alter*, aber u.U. auch von *ego*) vorzustellen, zweitens die Imitation: die Aufforderung, den Gefühlsausdruck zu ändern, d.h. Qualität und/oder Intensität zu modulieren, drittens die Neubewertung: die Aufforderung, die Situation und die Angemessenheit der Gefühlsreaktion zu überdenken.

Zur Imagination bzw. zur Aufforderung, sich eine Gefühlsreaktion vorzustellen, habe ich mich soeben ausführlich geäußert. Etwas imaginieren heißt, sich von der Erscheinungswelt loszulösen und sich etwas vorzustellen, was nicht ist, aber vielleicht sein könnte oder sein sollte. John Dewey *formuliert* in *Kunst als Erfahrung* sehr schön: »Die Imagination ist das wichtigste Instrument des Guten« (1934/1998, S. 401). Moral, Politik und Religion hängen von der Einbildungskraft der Menschen ab, und Moralerziehung hat letztlich Kultivierung der Einbildungskraft zu sein: Kultivieren kann aber nur ein »Auffordern« sein...

Mit der Strategie der Imitation ist die Aufforderung gemeint, den Gefühlsausdruck zu ändern, d.h. die Qualität und/oder die Intensität des Ausdrucks zu modulieren. Es geht im Grunde darum, vom Kind oder Jugendlichen zu fordern, seine spontanen Gefühlsreaktionen mit situationsangepassten, normativen Standards in Übereinstimmung zu bringen. Gefühlsreaktionen sind Gegenstand der normativen und moralischen Bewertung, und keineswegs ist es beliebig oder gleichgültig für soziale Interaktionen und vor allem für Langzeitbeziehungen, welche

Gefühle (seien sie authentisch oder vorgetäuscht) in welchen Situationen zum Ausdruck gebracht werden: Wer ältere Verwandte besucht, sollte freundlich und nachsichtig sein, im Umgang mit legitimen Autoritäten sollte man respektvoll sein, jemanden, den man verletzt hat, sollte man um Verzeihung bitten und dabei Reue zeigen, und man sollte sich schuldig fühlen, wenn man eine moralische Regel verletzt hat. Gute Menschen haben ein schlechtes Gewissen, heißt es bei Arendt, schlechte Menschen haben kein schlechtes Gewissen. Wenn auch die erwarteten Gefühlsreaktionen immer kulturell überformt sein mögen, so ist doch das Basisphänomen allgemeingültig. Die moralische Bewertung einer Person ist insbesondere von deren Gefühlsäußerung abhängig, und situationsangepasster Gefühlsausdruck ist wesentlich mehr als bloß konformes oder konformistisches Verhalten. Zwar müssen wir etwa, erstes Beispiel, nur mehr oder weniger so tun, als ob wir uns freuen würden, obwohl wir aüf das Wiedersehen gerade dieser Person gut verzichten könnten, oder wir müssen, zweites Beispiel, nur mehr oder weniger so tun, als ob wir betrübt wären über die Kunde einer schlecht ausgegangenen Sache, die uns herzlich wenig interessiert, aber umso mehr den Berichterstatter, und so mag es nur mehr oder weniger angebracht sein, die eigene Hochstimmung, die nun wirklich nicht in die Situation passt, zum Ausdruck zu bringen etc. Der gesittete Zustand – um hier ein ungebräuchlich gewordenes Wort zu gebrauchen – hängt jedoch so stark vom Imitations- und auch Täuschungsethos ab, ja, von der Notwendigkeit zu täuschen und der ironischen Bereitschaft, sich täuschen zu lassen, dass das Ideal der Authentizität urplötzlich schon fast destruktiv erscheint.

Wiewohl die Bereitschaft zu täuschen eine moralisch prekäre Angelegenheit darstellt, so ist doch die moralisierende Empfehlung, wonach konsequentes Nicht-Täuschen immer geboten sei, fundamentalistisch und nicht verallgemeinerbar. Dass wir durch stetiges Imitieren von Gefühlsreaktionen, die wir nicht haben, daran gewöhnt werden, sie zu haben und damit insgesamt unterstützen und sogar bewirken, was wir moralische Kultur nennen, ist nicht nur eine Sicht, die man der *Nikomachischen Ethik* entnehmen könnte, wenn man denn so will. Gerade auch Immanuel Kant hat in seiner *Anthropologie in pragmatischer Hinsicht* auf diesen wichtigen Aspekt verwiesen:

»Die Menschen sind insgesamt, je zivilisierter, desto mehr Schauspieler: sie nehmen den Schein der Zuneigung, der Achtung vor anderen, der Sittsamkeit, der Uneigennützigkeit an, ohne irgend jemand dadurch zu betrügen; weil ein jeder andere, dass es hiemit eben nicht herzlich gemeint sei, dabei einverständigt ist, und es ist auch sehr gut, dass es so in der Welt zugeht. Denn dadurch, dass Menschen diese Rollen spielen, werden zuletzt die Tugenden, deren Schein sie eine geraume Zeit hindurch nur gekünstelt haben, nach und nach wohl wirklich erweckt, und gehen in die Gesinnung über« (Kant 1798/1977, S. 442f.).

Bis zu einem gewissen Grade werden wir mutig, indem wir so tun, als ob wir mutig wären, lernen Mathematik, indem wir so tun, als ob wir uns dafür interessierten, und werden mehr oder weniger gute Charaktere, indem wir so tun, als ob wir gute Personen wären. Das Imitationsethos ist also nicht nur für das Erlernen äußerlich beobachtbarer Kompetenzen von größter Bedeutung, sondern auch für die moralische Bildung des Einzelnen sowie für den moralischen und ethischen Zustand der Gemeinschaft und der Gesellschaft. Aufforderungen zur Imitation zielen letztlich auf die Entwicklung von emotionalen Dispositionen und sind als ein Instrument vor allem – aber nicht ausschließlich – aristotelischen Ansätzen der Moralerziehung, etwa der Charaktererziehung, zuzuordnen. In dieser Tradition bestehen zwar Divergenzen hinsichtlich metaethischer Fragen, etwa hinsichtlich der Legitimation von Tugenden; man mag etwa fragen, ob das Ideal eines tugendhaften Charakters nicht vorwiegend kulturspezifisch und nur vor dem Hintergrund spezifischer Traditionen und konkreter Moralpraktiken zu verstehen sei (MacIntyre 1981, Taylor 1996, Walzer 1983), ob es sich um ein universelles Ideal der Entwicklung des Menschseins

(Anscombe 1958, McKinnon 2005) oder aber um eine Kombination der beiden Sichtweisen handele (Carr 1996). Unabhängig von solchen Fragen, die hier weniger interessieren, kann die Strategie der Aufforderung zur Imitation primär der Charaktererziehung zugeordnet werden (vgl. Lickona 1992, Kilpatrick 1992, Steutel/Spiecker 2004).

Im Unterschied zum Aufbau von Dispositionen emotionaler Sensibilität und Reaktivität geht es der dritten hier genannten Erziehungsstrategie, der Neubewertung als einer Aufforderung, die Situation und die Angemessenheit der Gefühlsreaktion zu überdenken, um etwas anderes, nämlich um die Frage nach der Berechtigung bestimmter Gefühlsäußerungen im konkreten Kontext. Solche Neubewertungsaufforderungen und -leistungen drücken besonders den Aspekt der Rationalität von Gefühlen aus: Evaluiert wird die Angemessenheit der Gefühlsreaktion im Hinblick auf »öffentliche« bzw. geteilte Standards des moralischen Urteilens und praktischer Klugheit einerseits und die Faktenlage der Situation andererseits. Die starke Verärgerung über eine Person, die zufällig, aber ohne eigenes Verschulden einen Unfall provoziert, die unbegründete Eifersuchtsszene oder auch das Hilfsangebot an jemanden, der dieser Hilfe gar nicht bedarf, können als Situationsbeispiele für Urteilsschwächen bzw. Beurteilungsfehler gehandelt werden. In der Neubewertung der Situation werden die Motive und Gefühlsreaktionen auf ihre Angemessenheit und Berechtigung befragt. Anlass zu der Aufforderung einer Neueinschätzung der Situation ist in der Regel die negative Bewertung einer schon gezeigten Gefühlsreaktion. Mit dieser Erziehungsstrategie wird das Kind oder der Jugendliche implizit auch darin belehrt, dass spontane Gefühlsäußerungen gerade kein valides Kriterium für legitimes Handeln oder Verhalten sind (vgl. Sherman 1990). Mittels praktischer Urteilskraft soll vielmehr entschieden werden, ob die spontane Einschätzung der Situation konsistent ist mit einer Erwägung, die unter der Bedingung voller Rationalität und vielleicht auch Informiertheit zustande gekommen wäre (vgl. Smith 1994).

Während also die Strategie der Imagination die Gefühle und Einstellungen hinsichtlich moralischer Anschauungen fokussiert und die Strategie der Imitation die Bedeutung der Angleichung an mehr oder weniger vorgefasste moralische Ideale von Charakter und Verhalten betrifft, geht es der Strategie der Neubewertung um die Prüfung der Berechtigung von Gefühlen hinsichtlich öffentlicher Standards moralischer Rationalität.

Mit diesen Bemerkungen sollte deutlich gemacht werden, dass Moralerziehung als Gefühlserziehung weder als Psychologisierung noch als Gefühlsduselei verstanden werden sollte. Gefühle sind nicht heilig, aber wichtig. Allerdings scheint die pädagogische Rede über Gefühle oft wenig komplex, häufig subjektiv und manchmal schlicht falsch zu sein. Nichts scheint unreflektierter zu sein als der generelle Ratschlag, wonach Gefühle immer ausgedrückt werden sollten oder dass es in der sogenannten »offenen« Kommunikation vor allem um den authentischen Gefühlsausdruck ginge. Einer Gefühlserziehung muss es darum gehen, dass gelernt wird, Gefühlsreaktionen zu bewerten und sich von manchen Gefühlsäußerungen distanzieren zu können. In seinem zwar sonst eher problematischen Buch, *Der Glücks-Faktor* (2003), schreibt der bekannte Psychologe Seligman meines Erachtens völlig zu Recht, wie falsch und destruktiv die allgemeine Empfehlung »Komm in Kontakt mit deinen Gefühlen« letztlich sei: »Unsere Jugend hat dies absorbiert, und der Glaube an diese Botschaft hat eine Generation von Narzissten hervorgebracht, deren größte Sorge – nicht überraschend – darin liegt, wie sie sich fühlen«. Im Gegensatz dazu geht es – Seligman zufolge – aber für »wirklich belohnendes« Handeln gerade um die »Abwesenheit von Gefühlen, das Schwinden der Selbstbewusstheit und das totale Engagement« (S. 199)[1]. Seligmans Empfehlung: »Strebe mehr lohnenswertes

1 Statt von der »Abwesenheit der Gefühle« zu sprechen, wäre es sinnvoller, mit Ágnes Heller (1979) zu formulieren, dass es darum gehe, dass das Gefühl in den Hintergrund trete, statt »Figur« – Vordergrund – zu sein.

Handeln an; reduziere das Streben nach Vergnügen« (ebd.) könnte somit nicht nur vom Zwang zur Authentizität entlasten, sondern auch ein Rezept gegen depressive Verstimmungen sein – darüber müsste man freilich lange streiten…

Literatur

Anscombe, G. E. M. (1958/1981): »Modern Moral Philosophy«, in: *The Collected Papers of G. E. M. Anscombe*, Bd. 3: *Ethics, Religion and Politics*, Oxford, S. 26–42.

Aristoteles (1972): *Die Nikomachische Ethik*, München.

Arnold, M. B. (1960): *Emotion and Personality*, Bd. 1, New York.

Averill, J. R. (1973): »Personal Control over Aversive Stimuli and its Relationship to Stress«, in: *Psychological Bulletin* 80, S. 286–303.

Barrett, R. (1994): »On Emotion as a Lapse from Rationality«, in: *Journal of Moral Education* 23, S. 135–143.

Benner, D. (1979): »Lässt sich das Technologieproblem durch eine Technologieersatztechnologie lösen? Eine Auseinandersetzung mit den Thesen von Niklas Luhmann und Karl-Eberhardt Schorr«, in: *Zeitschrift für Pädagogik* 25(3), S. 367–377.

Bollnow, O.F. (1995): *Das Wesen der Stimmungen*, Frankfurt/M.

Carr, D. (1996): »After Kohlberg«, in: *Studies in Philosophy and Education* 15, S. 353–370.

Dewey, J. (1998): *Kunst als Erfahrung*, Frankfurt/M. (Original 1934).

Frankfurt, H. (2005): *Gründe der Liebe*, Frankfurt/M. (Original 2004).

Frankfurt, H. (1971): »Freedom of the Will and the Concept of a Person«, in: *Journal of Philosophy* 67, 1, S. 5–20.

Heller, A. (1979): *A Theory of Feelings*, Assen.

Höffe, O. (1983): *Kant*, München.

Hügli, A. (1999): *Philosophie und Pädagogik*, Darmstadt.

Kant, I. (1990): *Die Metaphysik der Sitten*, Stuttgart (Original 1797).

Kant, I. (1977): *Anthropologie in pragmatischer Hinsicht, Werkausgabe*, Band XII, hrsg. von W. Weischedel, Frankfurt/M., S. 395–690 (Original 1798).

Kilpatrick, W. (1992): *Why Johnny Can't Tell Right from Wrong*, New York.

Lazarus, R. S. (1966): *Psychological Stress and the Coping Process*, New York.

Lazarus, R. S./Launier, R. (1978): »Stress-related Transactions between Person and Environment«, in: Pervin, L. A./Lewis, M. (Hrsg.): *Perspectives in Interactional Psychology*, New York, S. 287–327.

Lickona, T. (1992): *Educating for Character. How Our Schools Can Teach Respect and Responsibility*, New York.

Luhmann, N./Schorr, K. E. (1982): »Das Technologiedefizit der Erziehung und die Pädagogik«, in: Dies. (Hrsg.): *Zwischen Technologie und Selbstreferenz*, Frankfurt/M., S. 11–40.

MacIntyre, A. (1981): *After Virtue*, Notre Dame. Maxwell, B./Reichenbach, R. (2005): »The Shame Corner: The Education of the Emotions as Moral Education«, in: *Journal for Moral Education*, 34(3), S. 292–308.

Maxwell, B. / Reichenbach, R. (2006): »Democratic Behavior and Political Action. Remarks on Political Education«, in: A. Sliwka, M. Hofer & M. Diedrich (Hrsg.), Citizenship Education. Theory – Research – Practice, Münster, S. 37–44.

McKinnon, C. (2005): »Character Possession and Human Flourishing«, in: Lapsley, D./Power, F.C. (Hrsg.): *Character Psychology and Character Education*, Notre Dame, S. 36–66.

Menke, C. (1993): »Liberalismus im Konflikt«, in: Brumlik, M./Brunkhorst, H. (Hrsg.): *Gemeinschaft und Gerechtigkeit*, Frankfurt/M., S. 218–243.

Menke, C. (1996): *Tragödie im Sittlichen: Gerechtigkeit und Freiheit nach Hegel*, Frankfurt/M.

Nucci, L.P. (2001): *Education in the Moral Domain*, New York.

Oakley, J. (1992): *Morality and the Emotions*, New York.

Piaget, J. (1981): *Intelligence and Affectivity: their Relationship during Child Development*, übersetzt und hrsg. von Brown, T./Kaegi, C., Palo Alto, CA.

Reichenbach, R./Breit, H. (Hrsg.) (2005): *Skandal und politische Bildung. Aspekte zu einer Theorie des politischen Gefühls*, Berlin.

Reisenzein, R./Meyer, W.-U./Schützwohl, A. (2003): *Einführung in die Emotionspsychologie*, Band III, *Kognitive Emotionstheorien*, Bern.

Schäfer, A. (1998): *Identität im Widerspruch. Annäherungen an eine Anthropologie der Moderne*, Weinheim.

Seligman, M. (2003): *Der Glücks-Faktor*, Bergisch Gladbach.

Sherman, N. (1990): »The Place of Emotions in Kantian Morality«, in: Flanagan, O./Rorty, A. O. (Hrsg.): *Identity, Character and Morality*, Cambridge, MA, S. 149–179.

Smith, M. (1994): *The Moral Problem*, Oxford.

Steutel, J./Spiecker, B. (2004): »Cultivating Sentimental Dispositions Through Aristotelian Habituation«, in: *Journal of Philosophy of Education* 38(4), S. 531–549.

Taylor, Ch. (1996): *Quellen des Selbst. Die Entstehung der neuzeitlichen Identität*, Frankfurt/ M. (Original 1989).

Taylor, Ch. (1995): *Das Unbehagen an der Moderne*, Frankfurt/M. (Original 1991).

Walzer, M. (1983): *Spheres of Justice*, New York.

Weiner, B. (1995): *Judgments of Responsibility: a Foundation for a Theory of Social Conduct*, New York.

Wollheim, R. (2001): *Emotionen. Eine Philosophie der Gefühle*, München (Original 1999).

Über Lesen und Sprache

Gespräch mit Rolf Bossart

Rolf Bossart: Was ist Lesen aus pädagogischer Sicht?

Roland Reichenbach: Lesen ist eine ungefähr 6000 Jahre alte menschliche Praxis. Der Geschichte des Lesens ist zu entnehmen, dass sehr lange Zeit ausschließlich laut gelesen worden ist, d.h. mit dem Einsatz der Stimme, und zwar nicht nur beim Vorlesen. Lesen war also immer auch Sprechen. Lesen ist nicht nur mit Sehen, sondern auch mit Hören verbunden, meistens wird der ganzen Körper von dieser Aktivität beansprucht. Während des Lesens – wenn wir das Lesen eines Buches nehmen (und nicht etwa nur das Lesen des Namens eines Schiffes, das vor uns auftaucht, während wir im See schwimmen) – haben unsere Körperteile verhältnismäßig wenig Spielraum für autonome Eigenaktivitäten. Beim Denken ist das schon anders. Während wir lesen, können wir nicht gleichzeitig nachdenken, aber ganz gedankenlos zu lesen, macht meistens auch wenig Sinn. Wir können den Sätzen mit den Augen entlanggleiten, aus Gewohnheit, und an irgendetwas denken, was nichts mit der Lektüre zu tun hat. Das passiert natürlich immer wieder, lässt sich aber nicht systematisch durchhalten. Manchmal beginnen wir beim Lesen zu schlummern oder zu dösen. Das ist besonders interessant. Wir werden schwach, das Buch gleitet uns langsam aus der Hand in den Schoß. Ein Moment der Muße. Wir hätten uns, wie Lin Yutang sagt, zuvor besser entscheiden können, entweder »richtig« zu lesen oder zu schlafen. Aber diese Entscheidung hätte den Schlummer vielleicht verscheucht. Manchmal beginnen wir nach wenigen Sätzen unwillkürlich nachzudenken und lesen nicht mehr weiter, dann hat das Lesen uns zum Denken stimuliert oder verführt, was sehr schön sein kann. Lesen und Denken sind auf so vielfältige

Weise miteinander verbunden, dass ich nicht glauben kann, dass man es ganz ohne Lesen im Denken sehr weit bringt. Man kann das als logozentrisch abtun, wenn man denn will. Dann ist es das eben so. Allein der Körper wird derart beansprucht, dass man auch sagen kann, beim Lesen geht es um den ganzen Menschen. Das ist bei anderen Aktivitäten ähnlich, beim Kochen, Fahrradfahren oder Zeichnen etwa, aber das Lesen beinhaltet typischerweise eine sehr fokussierte Auseinandersetzung mit Sprache und Schrift, symbolischen Ordnungssystemen, die auf besondere Weise auf die Aktivierung des Einbildungsvermögens zielen. Die bloßen Schriftzeichen versagen jeden Sinn, wenn nicht das Vorstellungsvermögen mitmacht. Daher ist Lesen immer auch eine Kultivierung der Imagination. Allerdings muss man sich beim Lesen auch unterordnen, die Reihenfolge der Wörter und Sätze ist vorgegeben. Man kann dagegen opponieren und ganze Absätze und Sätze überspringen, man kann behaupten, das ganze Buch gelesen zu haben, dabei war es nur die Einleitung, während der man noch an das Kochen und andere Dinge gedacht hat. Lesen zu müssen verführt ganz eindeutig zum Schummeln. Warum dicke Bücher lesen, wenn es auch dünne gibt? Warum Bücher lesen, wenn es das Internet gibt? Warum überhaupt noch lesen?

Rolf Bossart: Für viele bleibt das Lesen das ganze Leben lang eine Qual, während andere trotz Netflix diese neuen 500-Seiten-Romane im Dutzend lesen.

Roland Reichenbach: Einerseits ist Lesen zu lernen ein echter Disziplinierungsakt. Andererseits gibt es sehr viele Freiheiten, man kann das Tempo beim Lesen selber bestimmen, und ob und was du dir dabei vorstellst, ist allein deine Sache. Aufgrund dieser Spannung ist die Lesepraxis auch bildungstheoretisch interessant. Sie kann zur konkreten Umsetzung einer subjektiven Aneignung von etwas Objektiviertem führen. Dass dies ein großartiger Vorgang ist, merkt man erst, wenn man bedenkt, was einem alles entginge, wie beschränkt unser Wissen, aber auch Denken und Fühlen wäre, hätten wir zum Lesen keinen Zugang gewonnen. Man merkt es den Menschen an, dass sie wenig oder nie lesen. Man merkt es den Studierenden an, obwohl man meinen möchte, dass an den Hochschulen viel gelesen wird. Eine Welt, in der viel gelesen wird, würde ich einer Welt mit vielen Spaßmöglichkeiten, aber wenig Lektüre immer vorziehen.

Rolf Bossart: Daran möchte ich anknüpfen. Obwohl wahrscheinlich zu wenig gesicherte Daten dazu vorliegen, hält sich ja seit Jahren die hartnäckige These, wonach in Schule und Gesellschaft das Lesen von Büchern oder längeren Texten zurückgeht. Gesetzt den Fall, sie sei zum Dauerzustand geworden, diese vielfach beklagte, aber auch oft dementierte Lesekrise, die sinkende Bereitschaft oder sinkendende Fähigkeit, in Schule und Studium komplexe Texte zu lesen und zu verstehen: Was würde uns fehlen?

Roland Reichenbach: In der Tat entsteht dieser Eindruck immer wieder, selbst in Seminaren und beim Korrigieren von wissenschaftlichen Arbeiten. Allerdings muss man unterscheiden, ob damit nur ein Verlustschmerz von Lehrpersonen angezeigt ist, die selber gerne lesen, oder ob sich damit ein tatsächliches gesellschaftliches und kulturelles Problem verbindet. Dazu müsste man genauer bestimmen können, was das Lesen gegenüber anderen Kulturtechniken voraushat. Man liest zum Beispiel, um sich Vergangenes anzueignen oder Zukünftiges vorzustellen und um von Erfahrungen, die man selber nicht machen kann oder konnte, stellvertretend zu lernen. Doch inwiefern sollte man das besser können mit einem Buch als mit Filmen oder Animationen? Die Antworten darauf fallen wohl weniger eindeutig aus als erhofft. Zu vermuten ist aber gleichwohl, dass Lesen die Vorstellungskraft besser entwickeln und aufrechterhalten hilft als bildbasierte Medien und natürlich, dass über das reichlich abstrakte Zeichensystem der Schrift insbesondere das formale Denken geschult wird. Allerdings ist der Streit zwischen Bild und Schrift letztlich wenig fruchtbar, da Sprache immer auch Bildsprache ist, sogar auf die Bilderzeugung zielt, namentlich die »inneren Bilder«. Und das Bild wäre ohne die Sprachfähigkeit des Betrachters bzw. ohne diskursives Teilen der Bildbeschreibung von menschlicher Kultur und Bildung ein weitgehend isolierter, unverstandener Gegenstand.

Rolf Bossart: Eine Lesekrise in modernen, komplexen Gesellschaften wäre daher als eine Art Imaginationskrise zu verstehen?

Roland Reichenbach: So scheint es zu sein, vielleicht gilt aber auch umgekehrt, dass die Krise des Lesens – sofern es sie denn gibt – die Folge einer Krise der Imagination darstellt. Die Einbildungskraft und das Erinnerungsvermögen sind die zwei Grundlagen des Denkens. Wenn man schriftlich Festgehaltenes vergessen hat, so kann man es nachlesen und es mit anderen teilen. Im Unterschied zu einer primär oral-narrativen Kultur eröffnet sich mit der Schriftkultur ein Sinn für Intersubjektivtiät und Objektivität. »Wichtiges« steht in kanonischen Texten, in Gesetzesbüchern, in Dichtungen, die uns mit fernen Epochen und Kulturen zu verbinden mögen. Das speist ebenso die Imagination und das Denken. Imaginieren heißt, sich von der bloßen Erscheinungswelt loslösen können, sich etwas vor Augen führen, was nicht vorhanden ist, vielleicht an einem anderen Ort vorhanden ist oder vorhanden war, vielleicht wieder vorhanden sein sollte. Ethik, Politik, Moral, Kunst sind ohne Imagination und Erinnerung ganz undenkbar. Spricht man aber, um jetzt auch konkreter zu sein, zum Beispiel mit Jugendlichen über ihre anstehende Berufswahl, dann merkt man, dass sie teilweise noch erstaunlich wenig Vorstellung davon haben, welches ihre Möglichkeiten sind und – damit verbunden – was sie »eigentlich« wollen. Es gibt vielleicht noch nicht genug Realitätsdruck in dieser Frage für sie, oder sie sind nur wenig im Kontakt mit sich selber. Man kann sie fragen, was man will, sie wissen es nicht oder sie wissen es, aber sie sind nicht oder noch nicht davon berührt. Dann aber fragst du sie vielleicht nach ihren Reisewünschen, und plötzlich können sie ganz genau die Gegend beschreiben, in der sie noch nie waren, weil sie sich eine klare, affektiv geprägte Vorstellung gebildet haben, über Tagträume, Gespräche, Lektüre. Das bedeutet, du musst zuerst die Welt der bloßen Erscheinung, die dich umgibt, an einem bestimmten Punkt so intensiv erfahren, sie muss dich so treffen oder betroffen machen, dass du eine andere, bessere, künftige haben willst und beginnst, dir eine solche auszumalen. Das könnte der Punkt sein, an dem man auch freiwillig ein Buch in die Hand nimmt, nachdem man vorher vor allem im Netz gesurft hat. Dort liest man auch, aber anders.

Rolf Bossart: Damit sprechen Sie vor allem individuelle Erfahrungen an, die das Bedürfnis nach Bildung und insbesondere Lesen entstehen lassen. Solche positiven Erfahrungen machen aber nicht alle, manche erst spät in der Schul- und Ausbildungszeit, und bis zu diesem Zeitpunkt war vielleicht die Schule für viele doch nur eine ziemlich unerfreuliche Zwangsinstitution. Anders gefragt, welche Rolle kommt heute der Schule zu, dass es überhaupt noch zu einer persönlich bedeutsamen Aneignung von schulisch tradiertem Wissen kommen kann?

Roland Reichenbach: Ich teile diese negative Sicht auf die pädagogischen Institutionen gar nicht. Sie wird von einer Bildungsidee getragen, die einen Dualismus zwischen Person und Institution behauptet: Eigentlich sollte man auf Schule ja ganz verzichten können, heißt es dann, eigentlich sollte es keinen Zwang brauchen, weil ja eigentlich jede und jeder von sich aus immer lernen will, weil ja jede und jeder immer schon ein ganzer Mensch ist und sich zu allem eine eigene Meinung bilden kann. Aber Bildung hat eben mit bloßem Meinungsaustausch wenig zu tun, hingegen viel mit der längeren Beschäftigung mit Gegenständen und Sachverhalten, die uns in unserem Urteil differenzierter werden lässt, die uns anspornt, Meinungen zu prüfen auf ihre Solidität, ihre Begründung hin. Eine »eigene« Meinung zu diesem oder jenem oder schlicht allem zu haben, ist keine Kunst. Überall wird uns zugemutet, unsere Meinungen abzugeben, sie können noch so unbegründet und uninformiert sein. Während die Freiheit der Meinungsäußerung sicher ein ganz bedeutsames politisches Recht ist, das allen zukommt, ist damit natürlich nicht auch verbunden, dass alle Meinungen als gleichwertig zu achten sind. Die Qualität einer Meinung zeichnet sich jedenfalls nicht dadurch aus, dass es eine eigene Meinung, also meine Meinung ist, sondern ob sie der informierten Beurteilung vor anderen Meinungen standhalten kann. Das ist der zentrale Bildungsaspekt, wenn es um Meinungen geht, nicht das Recht auf Meinungsäußerung, das politischer Natur ist.

Rolf Bossart: Das häufige Lesen fremder und vergangener, aber durch hundertfache Nachahmung und Kritik allgemein bedeutsam gewordener Texte führte mich irgendwann an den Punkt, wo ich die angelesenen Weisheiten zum ersten Mal und mit Stolz als etwas Eigenes der Welt präsentieren konnte. Die Lust am Zitieren fremder Ideen entschädigte mich für die Schmach, dass ich nicht selber draufgekommen war, dass ich vieles zunächst in der Schule einfach lesen musste und freiwillig nie gelesen hätte. Werden vielleicht das »Eigene« und die »Freiwilligkeit« als Voraussetzungen für die Bildung gemeinhin überschätzt?

Roland Reichenbach: Pädagogische Institutionen bringen es naturgemäß mit sich, dass sich Freiwilligkeit (»Grundsätzlich möchte ich zur Schule gehen«) und Zwang (»Das möchte ich aber jetzt gerade nicht lernen müssen«) oft überschneiden, und oft sind Zwang und Unfreiwilligkeit das vorherrschende Gefühl.

Das zu bejammern ist sinnlos. Aber irgendwann – ob mit aufgezwungenen oder selbstgewählten Lehr- und Lerninhalten – machen doch manche, ob das viele sind, weiß ich nicht, die Erfahrung, dass der Mehrwert des unfreiwillig Erlernten, mühsam »Er-Lesenen« und »Studierten« sehr groß sein kann, dass man etwa um erstaunlich viele Sachverhalte weiß, dass man sich besser ausdrücken, die Phänomene präzise beschreiben und die Dinge beim richtigen Namen nennen kann. Wer diese Erfahrung macht, weiß, welche Freude damit verbunden sein kann, und er oder sie wird empfindsam für den Reichtum nicht nur der Sprache, sondern der Welt. Durch schriftliche Sprachlichkeit, weil sie die Erinnerungsfähigkeit durch bloßes Wiederholen zu schulen hilft, natürlich insbesondere durch Literatur, erweitert sich unser Wortschatz, zunächst passiv, dann immer mehr auch aktiv, um Wörter, die man eigenständig gebrauchen kann. Es erweitert sich das Wissen um Redewendungen, Geschichten und die nahezu unendlichen Möglichkeiten der Kombinatorik und Neubildung – und damit schieben wir die Grenzen des Sagbaren und Ausdrückbaren zunehmend in den Bereich hinaus, der uns vorher in Stummheit verschlossen war. Diese Erweiterung, an der wir mit der Zeit auch auf bewusste Weise arbeiten können, ist zugleich eine Erweiterung unseres Selbst- und Welterlebens. Wir empfinden reicher, breiter und tiefer und überwinden den Gegenwartszentrismus, weil wir damit auch die Verbindung zwischen Vergangenheit und Zukunft auf dichtere und reflektierte Weise verknüpfen. Wilhelm von Humboldt bezeichnete die Sprache als ein Gewebe – ich finde, die Stoffmetaphorik, »texture«, veranschaulicht diesen Sachverhalt eindrücklich. Arendt sprach vom »Gewebe der menschlichen Angelegenheiten«, das ist natürlich kein Zufall. Literatur, d.h. Lesen, aber natürlich auch Schreiben, das die Voraussetzung des Lesens darstellt, leistet meines Erachtens den größten Beitrag zu der Bearbeitung des Stoffes, der uns zu Identität verhilft oder wenigstens Orientierung für die Selbstverortung gibt. Wer zu lesen beginnt, kann auf Erweiterung hoffen, wer mit dem Lesen aufhört, dessen Welt- und Selbstsicht wird früher oder später zunächst stagnieren und dann zusammenschrumpfen.

Rolf Bossart: Das ist eine starke Behauptung. Sie impliziert, dass man beispielsweise in der bloßen Begegnung oder im Gespräch gewisse Dinge nicht lernen oder erfahren kann. Aber ich denke, dass Sie recht haben, und zwar sowohl in Hinblick auf das Lesen alter Texte, weil man da immer wieder auf Gedankengänge und Wendungen stößt, von denen die Gegenwart nichts mehr weiß, als auch, was das Lesen längerer Texte und Bücher betrifft, die so etwas wie Zustimmung oder Kritik auf einer anderen, vielleicht differenzierteren Ebene ermöglichen als der gewöhnliche Meinungsaustausch. Denn der lange Text verrät oder bestätigt seinen Anspruch vielleicht in derselben Weise, wie der sogenannte wahre Charakter erscheint: erst in großer Intimität oder in außergewöhnlichen Bewährungssituationen. Der Lesende hat die Möglichkeit, Vergessenem neue Aktualität zu verleihen, aber auch allzu Aufgeladenes zu relativieren. Lesen kann in diesem Sinn erregen und beschwichtigen und ist daher eine wichtige politische Praxis. Dass einer solchen auch immer das identifikatorische, revolutionäre bis gewalttätige Potential des Kurzschließens von Buchstaben und Wirklichkeit, von Zeichen und Bezeichnetem innewohnt, belegt die Wirkungsgeschichte vieler Texte seit der Erfindung des Buchdrucks. Angefangen bei der Bibellektüre Thomas Müntzers über Maos rotes Büchlein bis zum Koranlesekurs des Islamischen Staats. Wobei es sich in solchen Fällen wahrscheinlich in der Regel um kurzatmiges, das heißt zu früh abgebrochenes Lesen handeln dürfte. Wer hingegen lange genug liest, weiß zu viel, um stumm zu bleiben, aber auch zu viel, um Bomben zu werfen.

Roland Reichenbach: Schon das scheinbar simple Benennenkönnen von Gegenständen und Sachverhalten ist ein »Empowerment«. Manchen reicht es. Dann soll es das. Man kann zum

Beispiel beobachten, wie die Leute im Museum von einem Bild zum nächsten gehen und sich gegenseitig nichts anderes als die Namen der Künstler melden: »Ah, das ist ein Picasso«, sagen sie, und »Das ist Monet!« oder »Das sieht nach Monet aus!« Und sie sagen es immer und immer wieder aus purer Freude, nur weil sie diese Namen kennen. Aber wer es dabei bewenden lässt, der verhindert vielleicht mit dieser Kontrollpraxis des »Heißens« und »Zuordnens«, dass er genauer hinschaut, sorgfältiger betrachtet. Man begnügt und vergnügt sich damit, »Picasso« zu sagen. Und basta. Wahrscheinlich ist dies in der Schule ganz ähnlich, was dann doch eher bedenklich ist.

Rolf Bossart: Eugen Rosenstock-Huessy sagt: »Namen sind der Ursprung der Sprache«, und meint, dass die Namen durch Wiederholung an Macht gewinnen und zu Hoheitstiteln werden – ganz im Gegensatz zu anderen Worten, deren Bedeutung durch Repetition schwindet. Wenn der Schuhmacher lange genug als Hauptmann von Köpenick angeredet wird, dann ist er im Amt. Die Benennung ist auch Ernennung, sie steht am Anfang, sie macht die Dinge bedeutsam. Ihre Voraussetzung ist das Wissen, wie etwas heißt, und die kränkende Feststellung, die wir alle seit der Vertreibung aus dem Paradies machen, dass alles bereits einen Namen trägt – und nicht nur einen, sondern mehrere.

Roland Reichenbach: Bei Jean Piaget wird diese Enttäuschung fruchtbar, weil in und mit der Sprache die Möglichkeit der Dezentrierung gegeben ist, eine Art Entfremdung, ein unsichtbares Symbolsystem, um uns in Distanz zu uns selber und der Welt zu bringen. Paradoxerweise ermöglicht gerade diese Distanz, die Welt und uns selber neu und besser zu verstehen. Denn Sprachen bedeuten immer Welten, sie sind, wie Humboldt lange vor dem Linguistic Turn gesehen hat, die »Mittel der Verknüpfung unseres Ichs mit der Welt«.

Rolf Bossart: Und daraus folgt: Meine Mitgliedschaft in der menschlichen Gesellschaft geht meinem Selbstbewusstsein voraus. Indem ich Lesen lerne und selber lese, was geschrieben wurde und was geschrieben steht, trage ich dieser Tatsache Rechnung und hole nach, was ich vor meiner Geburt »versäumt« habe.

Roland Reichenbach: Der Bereich der pränatalen Versäumnisse ist natürlich sehr groß. Aber dann, nachgeburtlich: Weil insbesondere das lautlose Lesen zunächst keine soziale Praxis ist, kannst du beim Lesen mit einem abstrakten Zeichensystem sehr allein sein, jedenfalls als Anfänger.

Rolf Bossart: Das ist wohl der Grund, dass in den Torah- und Koranschulen seit je zusammen laut gelesen wird. Aber das heißt auch: Man traut dem Einzelnen nicht über den Weg. Man hört sich beim Lesen im Chor im Klang mit den anderen. Einmal fühlt man sich aufgehoben, ein anderes Mal in Opposition, weil man zu langsam ist, weil man etwas nicht versteht. Man wird im Strom der Lesenden fortgerissen und erfährt dafür viel über Rhythmus und Tonalität der Texte. Die Heiligen Schriften werden in den Gottesdiensten laut, oft auch singend vorgetragen. Denn der Text muss Ton werden.

Roland Reichenbach: Man könnte tatsächlich in der Schule wieder vermehrt gemeinsam laut vorlesen, um das Lesen als soziale Praxis einzuüben. Lernen in der Schule ist Lernen im Kollektiv. Dadurch erhöhen sich Bedeutung und Objektivität der Inhalte. Das Auswendiglernen ist oder war dafür eine wichtige Stütze. Die älteren Menschen können ja oft noch einige Gedichte rezitieren, die sie – auf vielleicht stupide Weise, wie man heute sagen würde, auswendig lernen mussten. Aber sie können sie eben noch. Sie haben eine inkorporierte Zugriffsmöglichkeit, die anderen verwehrt ist. Dichtung, allgemein der ästhetische Modus, ermöglicht Distanz und dadurch eine Art semantische

Freiheit im Umgang mit der Welt. Wenn man etwas wirklich gut kann, »beherrscht«, dann ist dies meist Resultat von sehr viel Übung. Vielleicht ist die Krise des Lesens schlicht Folge einer Krise des Übens. Vorstellungskraft muss geübt werden, aber das Resultat bleibt ungewiss. Damit will man sich lieber nicht abgeben. Weil der praktische Nutzen von Literatur oder Philosophie, anders als etwa beim Sport oder beim Sprachenlernen, gesellschaftlich nicht unbedingt als gesichert gilt, verlangt hier auch fast niemand mehr die harte Anstrengung des Übens. Stundenlang täglich an schwierigen Texten sitzen, das können nur wenige. Das war vielleicht immer so und hat also mit Krise gar nichts zu tun. Und wenn Bücherlesen im digitalen Zeitalter immer weniger nützlich ist, könnte man auch nicht von einer Krise sprechen, falls immer weniger gelesen würde. Wir reden auch nicht von der Krise des Jagens oder Schlachtens von Tieren; Jagen und Schlachten zu lernen, ist für die meisten nicht nötig. Wenn wir ehrlich sind, ist und war der gesellschaftliche Nutzen, über möglichst viele Dinge möglichst differenziert Bescheid zu wissen, aber immer gering.

Rolf Bossart: Das ist wahrscheinlich. Aber es gibt Ausnahmen. Nehmen wir etwa die endlosen, für den Fortbestand der Religion sehr bedeutenden Diskussionen im alten Judentum über den Sinn der Heiligen Schriften, wie sie im Talmud überliefert sind. Da setzte sich jeweils der Belesenste, der mit dem geistreichsten Vorschlag durch. Doch die großen Anstrengungen einer möglichst vielfältigen Auslegung der Texte hatten nur einen Sinn, weil ihnen die Ansicht zu Grunde lag, dass die Heilige Schrift immer neu zu ergründen sei und Gott immer mehr Bedeutungen in sie hineingelegt habe, als die Menschen je fassen könnten. Wir können allgemein für die Lektüre Heiliger Texte folgende, sich gegenseitig unterstützende Bewegungen feststellen: Weil die Heilige Schrift absolute Autorität hat, ist ihre ununterbrochene Lektüre und Diskussion so wichtig. Aber umgekehrt behält die Heilige Schrift ihre Autorität nur, solange man sich permanent mit ihr beschäftigt. Können wir nicht ein ähnliches Prinzip für die Lektüre von Klassikern im Sprachunterricht feststellen? Wie die Bibel, so wird auch Goethe immer wieder von Einzelnen für sich entdeckt werden, aber eine gesellschaftliche Relevanz behält er nur, wenn er weiterhin Referenzpunkt für viele ist, das heißt konkret, wenn er in den Schulen Pflichtlektüre bleibt. Das bedeutet, dass die Volksschule wenigstens einen gewissen Einfluss hat auf die Bedeutsamkeit von Texten, auch wenn sie sich natürlich in der Kanonisierung ihrer Lektüren gründlich irren kann, wie zum Beispiel die 200-jährige Pflichtlektüre von Schillers »Glocke« zeigt, die Generation um Generation in deutschen Schulen mit ihrem antidemokratischen Grundton geprägt hat. Der heute vielerorts geringe gesellschaftliche Nutzen der Schrift hat also meines Erachtens einerseits starke außerschulische, vor allem ökonomische Gründe der fehlenden Rentabilität des Lesens, aber auch innerschulische der Missachtung der Regeln des Aufbaus von kollektiver Bedeutsamkeit in Bildungsprozessen. Daher ist es kaum verwunderlich, dass nicht einmal die in den letzten Jahrzehnten verstärkte Leistungsorientierung der Volksschulen dem Lesen hilft. Den Lehrpersonen werden zwar von der Gesellschaft über Standardanforderungen und von den sich um den Erfolg ihrer Kinder ängstigenden Eltern immer neue Leistungsaufträge erteilt. Aber weil man gleichzeitig daran glaubt, dass eigentlich alles intrinsisch in den Kindern angelegt ist, man die vermeintlich natürliche Leistungsbereitschaft aber halt doch mit allen möglichen Abwechslungen bei Laune halten muss, fehlen für Kulturtechniken, die primär über wiederholende Tätigkeiten eingeübt werden müssen, wie Schönschreiben, Singen, Lesen oder Gedichteaufsagen, oft Nutzen und Zeit.

Roland Reichenbach: Man muss zwar die ganze Zeit etwas produzieren und vortragen, aber die Aufsätze schreibt man über die Ferien, die Vorträge macht man über ein Hobby. Das Nachdenken über und Eindenken in Fremdes, Vorgedachtes oder Angelesenes wird zugunsten des Ausdrucks des Eigenen vernachlässigt. Letzteres ist aber eigentlich antidiskursiv und verunmöglicht eine kritische Distanz zu dem, was man macht, weil ich nicht einfach eine erworbene Sache vortrage oder darstelle, sondern mich selber, was schlicht grauenvoll ist, wenn man länger darüber nachdenkt. Im Gegensatz dazu ist und bleibt Lesen eine wichtige Distanzierungs- und im erweiterten Sinn Diskurspraxis. Ich glaube, letztlich handelt es sich bei den angesprochenen Phänomenen um eine Transzendenzproblematik: Weil man sich der eigenen Mangelhaftigkeit und Angewiesenheit gar nicht mehr bewusst ist, weil man glaubt – auch weil es einem von den Eltern und in der Schule immer wieder gesagt wird –, das »eigene Selbst« sei Kosmos genug, ist man auf die Größe des kulturellen Kosmos und die niemals erfassbare Vielfalt der Welt gar nicht mehr existentiell angewiesen. Man scheut sich davor, in die Lage versetzt zu werden, wirklich mehr wissen zu müssen über die Dinge, die einen umgegeben. Wie Prousts Hund in der Bibliothek, umgeben von Tausenden von Büchern, die er niemals lesen wird, und als Hund hat er natürlich keinerlei Sinn dafür, was ihm damit entgeht. Er erlebt sozusagen keinen Verlust. So geht es heute auch vielen Menschen, denen die Anlässe fehlen, Unverständliches deuten zu müssen, Widersprüchliches auszuhalten zu lernen und Wahrheit zu ertasten. Aber all das tun die Lesenden, weil sie ständig mit Wörtern und Gedanken in Kontakt sind – »in commercio der Gedanken«, wie Kant sagt –, die nicht die ihren sind und doch bald zu ihnen gehören werden.

Rolf Bossart: Ich kann mich gut erinnern, wie ich als Schweizer Kind die Worte Sonnabend und Apfelsine, die in den deutschen Büchern immer wieder vorkamen, nie verstanden habe und mir aus dem Kontext heraus eine ungefähre Vorstellung machen musste. Erst spät erfuhr ich ihre exakte Bedeutung. Doch heute noch sind diese Worte für mich kleine Zeichen einer zauberhaften Welt.

In der »Concorde-Falle« Erfolgreiches Scheitern von Bildungsreformen

Vorbemerkungen

Wer die Steuerungs- und Kontrollbestrebungen der Bildungsreformen kritisieren will, die in Europa grassieren, kann an ganz unterschiedlichen Punkten ansetzen. Man kann etwa (a) die Theorielosigkeit der Reform kritisieren, (b) die Tendenzen der Deprofessionalisierung des Lehrberufs monieren, die mit den gegenwärtigen Reformen einhergehen (obwohl das Gegenteil suggeriert wird), man kann (c) die Vereinseitigung der Bildungsziele und die Reduktion des Bildungskonzepts kritisch ablehnen, die mit dem Kompetenzdiskurs eingeleitet wurde, man kann (d) Bildungspolitik und Bildungsverwaltung fehlenden Rekurs auf pädagogisches Denken und erziehungswissenschaftliches Wissen vorwerfen oder auch (e) auf spezifische negative Konsequenzen der Reformen – beispielsweise die mittlerweile gut dokumentierte Etablierung neuer Schummelkulturen – hinweisen, und man kann beispielsweise (f) die (Output-)Steuerbarkeit von Bildungssystemen insgesamt hinterfragen. Die Berücksichtigung dieser und anderer kritischer Aspekte führt aus erziehungswissenschaftlicher Sicht zu einer insgesamt eher negativen Beurteilung vieler Reformbemühungen, die edel oder weniger edel motiviert sein mögen und die einer gewissen Logik folgen.

Sicher ist zunächst nur, dass es nicht die Aufgabe der Vertreter_innen der Erziehungswissenschaft ist, die Entscheidungen aus Bildungspolitik und -verwaltung zu unterstützen, nur weil diese Entscheidungen aus Bildungspolitik und -verwaltung stammen. Ihre Aufgabe ist vielmehr, sich mit den Reformen nach Maßgabe vernünftiger Kritik auseinanderzusetzen, d.h.

ihre Motive zu analysieren, ihre politischen und historischen Prämissen zu befragen, ihre Legitimität zu prüfen, ihre absehbaren und möglichen Auswirkungen zu diskutieren und auf einschlägige empirische Studien und Erfahrungen mit vergleichbaren Reformen hinzuweisen. In der Tat gewinnt man aber den Eindruck, dass gewisse Vertreter_innen aus Bildungspolitik und -verwaltung davon ausgehen, die Wissenschaft hätte mit ihren Mitteln vor allen Dingen die eingeführten Reformen zu unterstützen. Dieser Instrumentalisierungsversuch macht vielen Erziehungswissenschaftler_innen in Europa zu schaffen. Die von der Reform Hauptbetroffenen sind aber nicht die Erziehungswissenschaftler_innen, sondern die Lehrerinnen und Lehrer.

Die folgenden Anmerkungen zur oben angesprochenen Theorielosigkeit der zeitgenössischen Reformen kreisen um die Frage, ob und inwiefern wir nicht auch eine Erklärung oder Theorie dieser Theorielosigkeit benötigen. Theorielosigkeit heißt ja nicht Wirkungslosigkeit – und eine gute Theorie ist nicht notwendigerweise dabei hilfreich, wenn es darum geht, erwünschte Wirkungen zu erzielen; eine angemessene Theorie des Bildungssystems bietet jedoch eine Grundlage für reflexive Reformkritik. Doch auch schon ohne eine solche ist erkennbar, dass Reformen wie die hier interessierende theoretisch unterkomplex und auf prinzipieller Ebene anfechtbar sind, unter anderem weil sie die Vielfalt der gesellschaftlichen Funktionen der Schule und ihrer Bedeutung für den Einzelnen weitgehend ignorieren. Dies schließt freilich nicht aus, dass gerade einfältige Reformen besonders effektiv sein können.

Der erste Abschnitt behandelt die Frage, warum ein Reformprozess aufrechterhalten wird, der von kaum jemandem getragen wird, außer von den Reformern aus der Bildungsadministration selbst und von einer Handvoll Wissenschaftlern, die die relativ prestigeträchtigen, methodisch interessanten, aber theoretisch wenig herausfordernden Auftragsarbeiten im Kontext der Reformen gerne übernehmen. Im zweiten Abschnitt werden Schulen und das Bildungssystem mit Cohen, March und Olson (1990/1972) als »organisierte Anarchien« begriffen und damit die Frage ihrer Steuerbarkeit aufgeworfen.

»Zu spät zum Aufhören«

Je länger man einen schlechten Film anschaut, desto wahrscheinlicher ist es, dass man ihn bis zum Ende sieht. Je länger man auf einen Bus wartet, desto weniger wahrscheinlich wird es, dass man ein Taxi ruft (denn der Bus könnte zwischenzeitlich nun doch endlich kommen). Je länger eine Nation in einen unnötigen Krieg verwickelt ist, den sie selber verursacht hat und der viele Opfer fordert, desto weniger wahrscheinlich wird sie sich – außer bei einem Regierungswechsel – aus diesem Krieg zurückziehen. Das diesen Beispielen gemeinsame Phänomen wird auch – nach dem mittlerweile aus dem Verkehr gezogenen Flugzeugtyp – die »Concorde-Falle« genannt: »Die Kosten der Concorde, des von Briten und Franzosen gemeinsam entwickelten Überschallflugzeugs, stiegen im Lauf der Entwicklung steil an. Schon als erst ein kleiner Teil der ursprünglich geplanten Entwicklungskosten verbraucht waren, stellte sich heraus, dass dieses Unternehmen niemals einen Gewinn abwerfen würde. Trotzdem wurden die englische und französische Regierung immer mehr hineingezogen in das Projekt, das am Ende ein Vielfaches der ursprünglich geplanten Summe kostete. Es wäre billiger gewesen, das Unternehmen mit dem Festziehen der letzten Schraube zu beenden, denn seither hat die Concorde immer nur Verluste gemacht. Aber das Flugzeug war ein Prestigeobjekt geworden und gilt immer noch als etwas, auf dass Engländer und Franzosen stolz sein können«, schrieb der Spieltheoretiker László Mérö in seiner *Logik der Unvernunft* (Mérö 2004/1996, S. 20).

Nun ist die Concorde heute nicht mehr im Einsatz, und auch die zeitgenössische Reform des Schweizerischen Bildungssystems wird einmal ihr Ende gefunden haben und von anderen – vielleicht weniger selbstsicher auftretenden und weniger effektvollen – Reformen verdrängt werden. Bis dahin wird sie aber noch Bewährtes und weniger Bewährtes zum Verschwinden gebracht haben, offiziell erfolgreich sein, inoffiziell aber scheitern. Auch schlechte Filme dienen dem Zeitvertreib und mögen unterhaltsam sein, und es ist nicht ausgeschlossen, dass man von ihnen lernt. Außerdem sind sie meist nicht nur schlecht und der jeweilige Regisseur hat sich sicher etwas dabei gedacht. Vielleicht war die Idee zu dem Film nicht ganz ausgereift, vielleicht wurde zu früh gedreht, vielleicht war das Drehbuch nicht das beste, und vielleicht waren die Schauspieler nicht wirklich motiviert. Aber mitten in den Dreharbeiten das ganze Unternehmen abbrechen, das macht man einfach nicht.

»Erfolgreiches Scheitern«, so die These Seibels (1992), ist typisch für Non-Profit-Organisationen, die dauerhaft überleben, obwohl sie ökonomisch oftmals ineffizient sind und bei der Lösung von Problemen scheitern bzw. die Probleme, die sie zu lösen vorgeben, im Grunde kaum oder überhaupt nicht bewältigen. Der Grund für dieses Paradox sieht Seibel in einem für Non-Profit-Organisationen typischen Dilettantismus, der gesellschaftliche Funktionalität besitze und zumindest teilweise sogar politisch erwünscht sei. »Erfolgreich scheiternde« Organisationen überleben also »nicht obwohl, sondern weil sie gemessen an den Maßstäben der Rechtmäßigkeit und Effizienz versagen, nicht obwohl, sondern weil sie nur begrenzte Lernfähigkeit und Responsivität aufweisen, dass ihr Erfolg darin liegt, dass sie notorisch scheitern« (Seibel 1992, S. 17). Wie das Concorde-Projekt wird auch die zur Frage stehende Bildungsreform erfolgreich durchgezogen werden und scheitern, sie wird sich zu halten vermögen, obwohl sie hinsichtlich der Ziele, die das Bildungssystem – nebst den verbesserten Testergebnissen bei den Leistungsstandmessungen – auch noch zu erreichen hätte und die legitimerweise von ihr erwartet werden, fast notgedrungen versagen muss.

Die Akzeptanz einer Reform unter der Lehrerschaft ist allerdings nur einer, wenn auch ein sehr bedeutender Grund, warum Reformen »scheitern«. Jede pädagogisch gebildete Lehrperson weiß, dass es unsinnig ist, Bildung allein als Kompetenzerwerb zu konzipieren und den Fokus allein auf die messbaren Dimensionen von Bildung zu setzen, und sie wird früh genug erfahren müssen, dass ihr professioneller Status unter der Reform leiden wird (wie dies in den USA und England schon der Fall ist). »Scheitern« meint hier, um es nochmals hervorzuheben, nicht, dass die Reform nicht überleben wird, im Gegenteil: »ihre« (wohldefinierten) Ziele wird sie wohl erreichen und messbare Kompetenzdimensionen werden dann auch möglichst flächendeckend regelmäßig gemessen werden sowie die Lehrinhalte angeglichen, vergleichbar und schließlich einheitlich – »harmonisiert«.

Nach einem Diktum von Max Weber gibt es bei verwalteten Institutionen zwei grundlegende Optionen bzw. Entwicklungsverläufe: entweder sie dilettieren weiter oder sie werden bürokratisch. Organisatorischer Dilettantismus mag eine Dauererscheinung moderner Organisationskultur sein, aber er ist der erfolgreichen Bürokratisierung vorzuziehen (Seibel 1992, S. 18). Die Reflexion der pädagogischen Institution hat sich deshalb auch dem Umgang mit der Inkompetenz und den nicht und nur schwer verfügbaren Dimensionen zu widmen, den prinzipiell begrenzten Möglichkeiten von gezielter Wirkung und Transparenz. Es ist und bleibt aber erstaunlich, wie wenig »evidence-based« wichtige Reformbestrebungen sein können, um dennoch initiiert und implementiert zu werden, wie in diesem Sinne »funktional dilettiert« werden kann und wie Vertreter_innen von Bildungsforschung und Bildungspolitik voneinander profitieren können, auch ohne beantworten zu müssen – geschweige denn zu können –, welche Wirkungsketten auf Ebene der Schule und des Unterrichts sich nun tatsächlich nachweisen lassen (vgl. dritter Abschnitt).

Sind »organisierte Anarchien« steuerbar?

Nach einer metaethischen Regel muss Sollen Können implizieren. Was nicht gekonnt wird, kann letztlich auch nicht gesollt sein. Wer die verbesserte (Output-)Steuerung des Bildungssystems als gesollt ausweisen will, kann letztlich nur überzeugen, wenn er die Können-Seite plausibel machen kann. Natürlich kann man immer an die eigene Wirksamkeit glauben. Positive Illusionen (»Kontrollillusionen«) prägen einen Großteil menschlicher Aktivitäten, vor allem, wenn Einblick und Erfahrung fehlen oder ignoriert werden. Da die Grundwidersprüche des Bildungssystems der Demokratie inhärent sind, haben sich die jeweiligen Generationen auf Reformen einzustellen. Das heißt natürlich nicht, dass man sich mit ihnen zu identifizieren habe. Die permanenten Bildungsreformen verdecken das Faktum der nur begrenzten Steuerbarkeit des Bildungssystems (Luhmann 2002). Mit einigem Grund: Wenn nicht Herkunft über Zukunft bestimmen soll, dann kann es unter demokratischen Prämissen nur die Leistung des einzelnen Kindes oder Schülers, der sogenannte Lernerfolg sein. Gleichzeitig ist diese »Antwort« auf das Problem der Ungleichheit selber problematisch, weil Chancengerechtigkeit oder Chancengleichheit nur Wünsche und keine Realität darstellen. Das Bildungssystem hat deshalb kaum eine andere Wahl, als auf die ihm innewohnenden Widersprüche mit permanenten Reformbestrebungen zu antworten. »Beobachtet man« nun, so Luhmann, »das jeweils reformierte System, hat man den Eindruck, dass das Hauptresultat von Reformen die Erzeugung des Bedarfs für weitere Reformen ist« (Luhmann 2002, S. 166). »Dass die Reformer den Mut nicht verlieren, sondern nach einer Schwächephase neu ansetzen« hat »typischerweise« auch mit dem raschen Vergessen zu tun, »dass das, was man vorhat, schon einmal (oder mehrmals) versucht worden und gescheitert ist« (ebd.). Die wichtigste Ressource der Reformer ist für Luhmann eine Leistung des Systemgedächtnisses: »das Vergessen« (ebd., S. 167). Wie Rothblatts Untersuchung zeigt, lernen die Bildungssysteme von den Fehlern der anderen nicht unbedingt viel (Rothblatt 2007, S. 321).

Dass sich Bildungssysteme in der Vergangenheit immer wieder mehr oder weniger grundlegend verändern ließen, ist kein überzeugendes Indiz für ihre Steuerbarkeit, sofern Steuerbarkeit heißen soll, möglichst vielen Aspekten und Funktionen des Bildungssystems auf erwünschte Weise gerecht zu werden, es nicht auf wenige Parameter zu reduzieren und sich der Nebenfolgen der jeweiligen Reform bewusst zu sein. Die zeitgenössische Reformphilosophie hat Schirp folgendermaßen zusammengefasst: Erstens »sollen Schulen daran gemessen und danach bewertet werden, was sie wirklich leisten; es wird daher versucht, die Ergebnisse schulischer Arbeit, also z.B. die Lernergebnisse der Schülerinnen und Schüler quantitativ zu definieren und zu messen« (Schirp 2006, S. 4). Dies führt zweitens zur »Notwendigkeit von Vergleichen«: »Erst durch Vergleich [...] objektivierbarer Leistungsergebnisse der Schülerinnen und Schüler – so glaubt man – wird es möglich, Stärken und Schwächen einzelner Bildungssysteme zu erkennen und – orientiert an den Vorbildern offensichtlich leistungsfähigerer Systeme – ggf. umzusteuern, wenn die eigenen Ergebnisse sich als suboptimal herausstellen. Zentrale Prüfungen und Testergebnisse lassen sich in einer solchen bildungsökonomischen Betrachtungsweise als eine neue Art von ›Währung‹ verstehen, die Auskunft gibt über die Leistungsfähigkeit einer Schule oder – bei internationalen Vergleichsstudien – über die Leistungsfähigkeit eines nationalen Schulsystems« (ebd.). Drittens werde – flankierend – »das Leitbild einer selbstständigen Schule entworfen, die als lernende Institution ihren Freiraum nutzt, um die eigene Schul- und Unterrichtsqualität weiterzuentwickeln. Solche selbständigen Schulen benötigen – so die neue Steuerungsphilosophie – nur noch ein Mindestmaß an Vorgaben« (ebd.). Wie Schirp betont, haben diese Punkte durchaus auch ihre Attraktivität (vgl. ebd., S. 4f.): Wer möchte gegen die »Selbständigkeit« der Schulen und die Verbesserung ihres pädagogischen Profils sein? Wer hat Angst davor, die Leistungsfähigkeit der Schulen zu überprüfen?

Gegen diese »Steuerungsphilosophie« sprechen allerdings die problematischen Konsequenzen, die mit dem Einsatz des einseitigen und wirkungsstarken Instruments der zentralen Leistungsmessung wahrscheinlich werden. Bekannt ist Nichols' und Berliners (2005) Analyse der entsprechenden Effekte aus den USA geworden, wo man mit diesem Steuerungsmechanismus seit mehreren Jahrzehnten Erfahrungen sammeln konnte. Die Studie trägt den vielsagenden Titel »The Inevitable Corruption of Indicators and Educators Through High-Stakes Testing«. Nach Nichols und Berliner wird dabei auch das nach dem amerikanischen Sozialpsychologen Donald Campbell (1975) benannte Gesetz bestätigt, welches etwa so lautet: Je stärker ein einzelner quantitativer sozialer Faktor dazu benutzt wird, soziale Entscheidungen zu begründen, desto stärker ist er verzerrenden Einflüssen ausgesetzt und je mehr führt er selbst dazu, die sozialen Prozesse zu verzerren und zu verfälschen, die eigentlich untersucht und verbessert werden sollen. (Schirp 2006, S. 7). Werden quantitative Leistungsergebnisse zum alleinigen oder vorwiegenden Bezugspunkt für die Beurteilung von Schulqualität gemacht, so wird ein verzerrtes Bild der tatsächlichen Leistungen der untersuchten Schulen entstehen. Die korrumpierenden Effekte wurden von Nichols und Berliner (2005) und Nichols, Glass und Berliner (2006) ausführlich beschrieben.

Wie kommen aber diese korrumpierenden Effekte zustande? Vielleicht helfen zur Erklärung ein paar Erläuterungen zum Konzept der »organisierten Anarchie«. Nach James March sind die zentralen Merkmale von organisierten Anarchien typisch für öffentliche Institutionen, insbesondere Bildungsinstitutionen (v.a. Schulen und Universitäten), aber auch etwa für die organisierte Kriminalität (Cohen, March & Olson 1990, S. 331). Organisierte Anarchien sind Organisationen, »die durch problematische Präferenzen, unklare Technologien und fluktuierende Partizipation gekennzeichnet sind« (ebd., S. 330). Mit Steuerungsmodellen werden Kontrollmechanismen und Koordinationsmechanismen eingeführt, die »sowohl von der Existenz wohldefinierter Ziele und einer wohldefinierten Technologie als auch von einer persönlichen Verwicklung der Beteiligten in die Angelegenheiten der Organisation ausgehen. Wo hingegen die Ziele und die Technologie verschwommen und die Teilnahme fluktuierend ist, brechen viele der Axiome und Grundprozeduren des Managements zusammen« (ebd., S. 331).

Die Zielmehrdeutigkeiten der Schule und des Bildungssystems lassen sich freilich nicht ableugnen, wie jeder Theorie der Schule entnommen werden kann. Die eindeutige Akzentsetzung, die mit dem zeitgenössischen Kompetenzdiskurs gewählt worden ist, erscheint wie der forcierte Wille, diese für demokratische Bildungsinstitutionen typische Vielfalt, die mit ebenso vielfältigen – erwünschten und notwendigen – pädagogischen Identifikationen und Selbstbeschreibungen der Hauptakteure des Systems einhergeht, zum Verschwinden zu bringen, was längerfristig illusionär ist. Rationale Modelle des Entscheidungsverhaltens, die davon ausgehen müssen, dass die Präferenzen der Entscheidungsträger deren Handeln bestimmen würden, erreichen schnell die Grenze ihrer Plausibilität. Vielmehr werden mit den Handlungen, so die Einsicht des Modells organisierter Anarchien, die Präferenzen der Entscheidungsträger erst aufgedeckt. Probleme werden behandelt, ohne dass rationale präferenzgesteuerte Entscheidungen getroffenen werden können: Vorhandene Lösungsinstrumente – z.B. Leistungsstanderhebungen – definieren sozusagen eher das Problem und die Präferenz, als dass sie als Mittel zur Lösung vorher beanstandeter Probleme fungierten. Dies stellt einige eigentümliche Anforderungen an zeitgenössische Bildungsforscher_innen: Sie müssen nun auch dort forschen, wo es kaum etwas zu erkennen gilt (außer flüchtigen olympiadisch-sportlichen Ranglisten), sie führen Evaluationen durch, ohne ihre Notwendigkeit zu kennen, sie stehen unter dem Druck, für politisches Handeln regelmäßig »Evidenzen« vorzufinden oder nötigenfalls zu erzeugen, ohne diese Erkenntnispolitik öffentlich hinterfragen zu können, z.B. dahingehend, was denn überhaupt als »Evidenz« zählen kann und was nicht, und immer wieder müssen sie Äpfel mit Birnen und Karotten mit Kartoffeln vergleichen, ohne über eine Theorie des Obsts oder des Gemüses zu verfügen. Die Erzeugung von Problemen, Präferenzen und Problempräferenzen durch Lösungsmittel führt dazu, dass kaum noch gefragt wird, welcher Gegenstand eigentlich erforscht werden soll und warum. Mit dieser fraglosen Wissenschaftlichkeit oder Wissenschaft der Fraglosigkeit – Themen, aber keine Fragen – ist es dann nur verständlich, dass sich Bildungspolitiker und manche Bildungsforscher in der Meisterschaft der spontanen Ad-hoc-Interpretationen, Ex-post- und Wie-es-möglich-war-dass-Hypothesen wechselseitig überbieten. Zur Not hilft ein Vergleich mit Finnland, da lässt sich immer etwas sagen.

Das bekannte Technologiedefizit im Erziehungs- und Bildungsbereich entspricht dem Kriterium der »unklaren Technologie« organisierter Anarchien, die – nicht geplant und nicht rational gesteuert – grosso modo funktionieren, wiewohl die Entscheidungsträger dies kaum erklären können. Zufallsentdeckungen, Notlösungen und Resultate von Trial-and-Error-Verfahren erhalten die organisierte Anarchie in nicht oder kaum nachvollziehbarer Weise am Leben. Hinzu tritt das Problem der individuellen Präferenzen: Während normative bzw. präskriptive Theorien des Wahl- und Entscheidungsverhaltens davon ausgehen müssen, dass Präferenzen absolut, relevant, stabil, konsistent, präzise und exogen sind, wird auch auf der Ebene des Individuums deutlich, dass keine dieser »Eigenschaften von Vorlieben […] mit Beobachtungen des Wahlverhaltens von Individuen […] konsistent zu sein« scheinen (Cohen u.a. 1990, S. 310).

Auch das dritte Kriterium, die fluktuierende Partizipation, ist auf allen Ebenen des Bildungssystems, der interpersonalen, organisationalen und überorganisationalen Ebene prägend. Die Entscheidungsträger und deren Politik bzw. »Subpolitik« wechseln häufig und der Zeitaufwand, den sie tatsächlich aufbringen, um bestimmte Probleme zu lösen, variiert beträchtlich. Ob es gelingt, die Aufmerksamkeit der Entscheidungsträger zu wecken oder zu aktivieren und ob dann auch bestimmte Personen mit bestimmten Kompetenzen bestimmte Probleme behandeln und nicht andere oder keine, oder die interessierenden auf nicht-intendierte Weise, ist mehr oder weniger dem Zufall überlassen. Wie könnte es für mehr oder weniger autonome Menschen auch anders sein?

Wer aber diese Ungenauigkeiten und Ambivalenzen nicht aushält, die mit komplexen Systemen immer verbunden sind, wer nicht aushalten kann, dass immer wieder – und auch in sehr relevanten Fragen – auf der Basis von nur schlecht definierten und inkonsistenten Präferenzen Entscheidungen getroffenen werden müssen, der oder die sollte besser nicht die Definitionsmacht darüber besitzen, welches die Probleme des Bildungssystems sind und wie sie zu lösen sind.

Literatur

Abbott, A. (2002): »Welcome to the University of Chicago«. Ansprache für die Erstsemester der Universität Chicago. Im Originaltext aufgelegt als Beilage von *Forschung & Lehre* 08/2007, S. 8.

Becker, R. (2007): »Lassen sich aus den Ergebnissen von PISA Reformperspektiven für die Bildungssysteme ableiten?«, in: *Schweizerische Zeitschrift für Bildungswissenschaft*, 29 (1), S. 13–29.

Cohen, M. D., March, J. G. & Olson, J. P. (1990): »Ein Papierkorb-Modell für organisiertes Wahlverhalten«, in: J. G. March (Hrsg.): *Entscheidung und Organisation. Kritische und konstruktive Entwicklungen und Perspektiven, Braunschweig*, S. 329–372/310.

Heid, H. (2007): »Was vermag die Standardisierung wünschenswerter Lernoutputs zur Qualitätsverbesserung des Bildungswesens beizutragen?«, in: D. Benner (Hrsg.): *Bildungsstandards. Chancen und Grenzen, Beispiele und Perspektiven*, Paderborn u.a., S. 29–48.

Kagan, J. (2000): *Die drei Grundirrtümer der Psychologie*, Weinheim (Original 1998).

Köller, O. (2007): »Bildungsstandards, einheitliche Prüfungsanforderungen und Qualitätssicherung in der Sekundarstufe II«, in: D. Benner (Hrsg.): *Bildungsstandards. Chancen und Grenzen, Beispiele und Perspektiven*, Paderborn u.a., S. 13–28.

Luhmann, N. (2002): *Das Erziehungssystem der Gesellschaft*, Frankfurt/M.

Mérö, L. (2004/1996): *Die Logik der Unvernunft. Spieltheorie und die Psychologie des Handelns*, Reinbek b. Hamburg.

Nichols, Sh.L., Glass, G.V., & Berliner, D.C. (2006): »High-Stakes Testing and Student Achievement: Does Accouncability Pressure Increase Student Learning?«, in: *Education Policy Analysis Archives*, 14(1), https://epaa.asu.edu/ojs/article/view (letzter Zugriff 21.3.2020)

Nichols, Sh.L., & Berliner, D.C. (2005): *The Inevitable Corruption of Indicators and Educators Through High-Stakes Testing*, Tempe, AZ.

Rothblatt, S. (2007): *Education's Abiding Moral Dilemma. Merit and Worth in the Cross-Atlantic Democracies*, 1800–2006, Oxford, UK.

Schirp, H. (2006): *»Wie die Fischer im Mahlstrom!?« Zum Zusammenhang von zentralen quantitativen Leistungsmessungen und qualitativer Schulentwicklung* (unveröffentlichtes Manuskript, Antrittsvorlesung an der Universität Bielefeld).

Seibel, W. (1992): *Funktionaler Dilettantismus. Erfolgreich scheiternde Organisationen im »Dritten Sektor« zwischen Markt und Staat*, Baden-Baden.

Über Neomanie und die posttheoretische Phase in der Erziehungswissenschaft

Der Verlust von Vorurteilen

Die Überwindung von Traditionen zu bejubeln, ist nicht immer ein guter Indikator für die Bildung eines Menschen oder einer Gesellschaft. Das wusste unter den politischen Philosophen vielleicht Hannah Arendt auf besondere Weise, glaubte sie doch zu erkennen, dass die Sprengung der philosophischen, politischen und religiösen Traditionen auch die Voraussetzung für das Aufkommen des Totalitarismus bildet bzw. gebildet hat. Totalitarismus ist der radikale Schnitt, er schneidet die Vergangenheit von der Zukunft ab. Arendt benutzt das Bild der fehlenden Brücke über die Lücke zwischen Vergangenheit und Zukunft, wobei sie mit »Brücke« die philosophisch-politischen Werte meint. In dieser Lücke habe man »ohne Geländer« zu denken. Traditionsbrüche waren ein zentrales Thema Hannah Arendts.[1] Für die Entwicklung der kulturellen Moderne sind für Arendt drei Schritte entscheidend gewesen: erstens die Entdeckung Amerikas und damit verbunden die Erforschung und Inbesitznahme der Erdoberfläche durch die Europäer, zweitens die Reformation und die damit verbundene Enteignung der Kirchengüter und Ankurbelung des gesellschaftlichen Akkumulationsprozesses und schließlich die Erfindung des Teleskops, welche die Entwicklung der modernen Wissenschaft vorangetrieben hat.[2]

---

1 Arendt untersuchte insbesondere die Entstehung der Neuzeit im 16. und 17. Jahrhundert und den damit verbundenen Zweifel an der Gültigkeit des gesunden Menschenverstandes, die politischen Revolutionen des 18. Jahrhunderts und die industrielle Revolution des 19. Jahrhunderts.

2 »Mit diesen Umbrüchen ging, so Arendt, eine Umkehrung traditionaler Geisteshaltungen einher: Das in der Tradition so wichtige Vertrauen auf letzte

Bedeutsam ist die Ansicht Arendts, dass es unterhalb der »offiziellen« Tradition eine verborgene Tradition gibt, eine Vergangenheit, die nicht vermittelt wird. Nur nach einem Traditionsbruch werde es möglich, diese »neue« Vergangenheit an die Oberfläche zu bringen, an ihr zeige sich die Vergangenheit als die Tiefendimension des menschlichen Lebens (Kohn 2011, S. 321). Arendt glaubte nun nicht, dass dies eine Sache der ideengeschichtlichen Interpretation sei, sondern dass der Bruch mit der Tradition vielmehr eine Tatsache darstelle, die erhebliche Konsequenzen für die politische Situation im weitesten Sinne nach sich ziehe: Traditionsbrüche seien Krisen des Gemeinsinns bzw. des gesunden Menschenverstandes (Arendt 1994, S. 260). Es handele sich um einen »Verlust von Vorurteilen« (ebd., S. 256): Das heißt nicht mehr und nicht weniger, als dass »wir die Antworten verloren haben, mit denen wir uns gewöhnlich behelfen, ohne auch nur zu wissen, dass sie ursprünglich Antworten auf Fragen waren« (ebd.). Dass Vorurteile immer negativ zu bewerten seien, ist selber auch ein Vorurteil, nämlich ein Vorurteil zweiter Ordnung, d.h. ein Vorurteil gegen das Vorurteil.

Was nun aber Erziehung und Bildung betrifft, so werden die Kinder nach Arendt nie in eine neue Welt hineingeführt, sondern immer nur in eine alte, »das heißt vorgegebene, von den Lebenden und Toten erstellte Welt, die nur für diejenigen neu ist, die neu in sie hineinkommen, durch Geburt oder Einwanderung« (ebd., S. 258) – das betreffe auch die sogenannte »Neue Welt«, die in Amerika gegründet worden war. Kurz: Es sei eine Illusion, durch Erziehung eine neue Welt bauen zu wollen. Diese Illusion sei allerdings real, und so greife man »diktatorial mit der absoluten Überlegenheit des Erwachsenen ein und versucht, das Neue dadurch zustande zu bringen, dass man ein

Wahrheiten und ihrer intellektuellen Anschauung in der *vita contemplativa* wird in den neuen Wissenschaften durch eine experimentelle Wissenschaft ersetzt, die im Experiment auf Naturerscheinungen zurückgreift« (Schindler 2011, S. 300).

Fait accompli schafft, also so tut, als sei das Neue bereits da« (ebd., S. 257f.). Das Neue beginnt nicht mit der Erziehung, im Erzieherischen liegt nach Arendt immer das konservierende Moment, immer ist »etwas zu hegen und zu schützen – das Kind gegen die Welt, die Welt gegen das Kind, das Neue gegen das Alte und das Alte gegen das Neue« (ebd., S. 273). Das Kind selbst ist das Neue und um »des Neuen und Revolutionären willen in jedem Kind muss die Erziehung konservativ sein; dies Neue muss sie bewahren und als ein Neues in eine alte Welt einführen, die, wie revolutionär sie sich auch gebärden mag, doch im Sinne der nächsten Generation immer schon überaltert ist und nahe dem Verderben« (ebd.).

Dreierlei Neues und die Neomanie

In Zeiten des Umbruchs sind der »Enthusiasmus für das Neue« und das »Pathos des Neuen« (vgl. Arendt 1994, S. 257) nicht nur verständlich, sondern wohl auch nötig, denn die alten Antworten scheinen ausgedient zu haben, und sie weiterhin verwenden zu wollen, vertieft die Krise nur noch. Dennoch ist die verführerische Idee des radikalen Bruchs mit der Vergangenheit politisch gefährlich, selber Ideologie und lässt die Vielfalt der Weltdeutungen auf ein Mindestmaß zusammenschrumpfen. Das ist, zumindest im Bildungssektor, die Situation, in der wir auch heute zu stecken scheinen, in der die Fortschrittsidee weitgehend von Innovationsrhetorik abgelöst worden ist, in der Transformation und Erneuerung institutionalisiert worden sind und mittlerweile teilweise bürokratisch überwacht werden (um ein anderes Wort als »Monitoring« zu verwenden). Egal was es ist, es muss neu sein. Die damit verbundene Mentalität zeugt von einer Überschätzung der menschlichen Kreativität und Originalität.

Andreas Reckwitz unterscheidet in seiner Analyse des Prozesses gesellschaftlicher Ästhetisierung – *Die Erfindung der Kreativität* (Reckwitz 2012) – sogenannte »Strukturierungsformen«

bzw. »Regime der Orientierung am Neuen« (ebd., S. 44). »Regime des Neuen«, so Reckwitz, »beobachten nun nicht nur das Neue, sie präferieren es auch und versuchen es zu fördern: sie betreiben aktiv eine Dynamisierung des Sozialen« (ebd.). Diese idealtypisch gedachten Regime sind: erstens das Neue als Stufe (Neues I), zweitens das Neue als Steigerung (Neues II) und drittens das Neue als Reiz (Neues III) (ebd.).

Das Regime des Neuen als Stufe will Altes definitiv überwinden. Dieses Modell liegt nach Reckwitz der Idee der (politischen) Revolution zugrunde. Beispiele sind der »Sprung aus der Traditionalität in den Rechtsstaat, in die formale Bürokratie, den Sozialismus, die moralische Selbstaufklärung, aber auch die funktionalistische Architektur« (ebd.). Sei die neue Stufe erreicht, »werden das Soziale und das Subjekt an der Perfektionierung des gewissermaßen immerwährenden Neuen orientiert« (ebd.).

Mit dem Regime des Neuen als Steigerung wird im Unterschied dazu »eine permanente Produktion des Neuen in eine unendliche Zukunft hinein angestrebt« (ebd.). Die Steigerung kann sowohl qualitativ als auch quantitativ verstanden werden, typische Beispiele seien die Entwicklung von Naturwissenschaft und Technik, ökonomische Innovationen auf dem Markt, die Überbietungssequenz künstlerischer Avantgarden, aber auch psychologische Modelle der Selbstoptimierung (ebd., S. 45). Kennzeichnend für dieses zweite Regime sei der normative Anspruch der Verbesserung, der mit dem Neuen verbunden wird. »Institutionen und Subjekte, die nach diesem Muster organisiert sind, streben nach permanenter Veränderung in Form von graduellem oder sprunghaftem Fortschritt« (ebd.). Kurz: das Neue ist immer »besser«.

Das Regime des Neuen als Reiz ist nach Reckwitz ein Ausdruck dessen, was er – in Anlehnung an Michel Foucault – »Kreativitätsdispositiv« nennt. Zwar geht es auch hier um »die dynamische Produktion einer Abfolge von neuen Akten, die unendlich ist. Das Neue ist aber weitgehend normativ neutralisiert. Der

Wert des Neuen bestimmt sich hier nicht über seinen Ort in einer Fortschrittssequenz in die Zukunft hinein, sondern über seinen momenthaften ästhetischen Reiz in der Gegenwart, der immer wieder von einer nächsten sinnlich-affektiven Qualität abgelöst wird. Es ist nicht der Fortschritt oder die Überbietung, sondern es ist die Bewegung selbst, die Abfolge von Reizen, der das Interesse gilt« (ebd.).

Das Neue als Reiz kommt ohne Fortschritt aus. Es handelt sich um eine Ästhetisierung im Sinne der »Selbstzweckhaftigkeit« und »Selbstbezüglichkeit«, der »Wahrnehmung um der Wahrnehmung willen«, nicht um Kants »interesseloses Wohlgefallen« (ebd., S. 23). Während die Moderne einerseits als große »Entästhetisierungsmaschine« gesehen werden könne (namentlich durch die Prozesse der Industrialisierung, Kapitalisierung, formalen Versachlichung und der Mensch-Ding-Separierung [ebd., S. 32]), komme es – als Reaktion und entfremdungskritische Opposition zur Entästhetisierung – andererseits und gleichzeitig zu neuen Ästhetisierungsformen, welche durch fünf »Agenten« getragen und vorangetrieben würden, nämlich (1) den Expansionismus der Kunst, (2) die Medienrevolutionen, (3) die Kapitalisierung im Sinne der Ästhetisierung der Warenwelt, (4) die Objektexpansion im Sinne der Vermehrung neuer Artefakte und schließlich (5) die Subjektorientierung (ebd., S. 34–38). Diese Ästhetisierungsprozesse helfen der Orientierung am Neuen zum Durchbruch. Löst sich diese Orientierung vom kriteriengeleiteten, sagen wir: in irgendeinem Sinne vernünftigen Vergleich mit dem Alten oder Anderen, so könnte meines Erachtens von »Neomanie« gesprochen werden. Das Neue als Reiz wäre als Ausdruck der Suche nach Befriedigung neomanischer Bedürfnisse zu verstehen.[3]

---

3 Dass die Suche nach dem Neuen eine stetige Illusion sein könnte, die lange vor jeder Moderne bemerkt worden ist, kommt freilich schon alttestamentarisch, im Kohelet zum Ausdruck: »Es gibt nichts Neues unter der Sonne. Zwar gibt es bisweilen ein Ding, von dem es heißt: Sieh dir das an, das ist etwas

Klafki in Finnland, Bollnow in Japan und Korea…

Auf internationalen Konferenzen geschehen bisweilen eigenartige Dinge. So zum Beispiel dann, wenn ein finnischer Kollege dem Publikum seine neusten Einsichten zu Wolfgang Klafki mitteilt oder wenn eine koreanische Kollegin über Otto F. Bollnow spricht, als ob dieser gerade das neuste Werk auf den Markt der pädagogischen Ideen geworfen hätte. In diesen Situationen schauen sich die deutschsprachigen Kollegen etwas konsterniert an und rollen vielleicht mit den Augen. Klafki in Finnland, was soll das, hat er 40 Jahre gebraucht, um die Ostsee zu überqueren? Und war das überhaupt nötig? Diese Finnen: Lesen sie denn keine neueren Theorien, zeitgenössische Autoren? Und dann Bollnow in Ostasien! Genau dort gehört er hin, denken sich vielleicht manche. Diese scheinbaren Verspätungen gerade bei den sogenannten PISA-Gewinnern gefallen: Die Sieger schnöder Schulleistungsolympiaden lesen Bollnow und Klafki!

Umgekehrt merken deutschsprachige Kollegen vielleicht weniger, wenn ihnen das Augenrollen gilt. So erscheint etwa manchem französischen Kollegen der reichlich verzögerte Hype, den Pierre Bourdieu oder Michel Foucault hierzulande erfahren haben, nicht ganz nachvollziehbar zu sein. Die Verspätung ist übrigens vergleichbar mit jener der finnischen Klafki- und koreanischen Bollnow-Lektüre.

Nun, wenn Bollnow und Klafki immer noch gelesen werden, dann haben sie offenbar immer noch etwas zu sagen, könnte man argumentieren. Die Tatsache, dass Jean-Jacques Rousseau seit beinahe einem Vierteljahrtausend gelesen wird, lässt die Voraussage recht sicher erscheinen, wonach Rousseau noch sehr lange gelesen werden wird, egal welchen Fortschritt die

---

Neues – aber auch das gab es schon in den Zeiten, die vor uns gewesen sind. Nur gibt es keine Erinnerung an die Früheren und auch an die Späteren, die erst kommen werden, auch an sie wird es keine Erinnerung geben bei denen, die noch später kommen werden« (Kohelet, 1,9).

erziehungswissenschaftliche Forschung machen wird oder nicht. Da Platon seit 2.500 Jahren gelesen wird, wird das bei ihm ganz sicher ebenfalls der Fall sein. Das ist der Unterschied zu den Hunderttausenden von Aufsätzen, die ihren momentanen Sinn sicher haben, wohl für die Autoren selbst, aber die wissenschaftsgeschichtlich vielleicht vor allem »weißes Rauschen« darstellen. Wissenschaft scheint eine sehr »fragile« Tätigkeit zu sein, um es mit dem populären Autor Taleb auszudrücken (Taleb 2013, S. 451). Die Wahrscheinlichkeit, dass das, was ich hier äußere, in sehr naher Zukunft noch von irgendeiner Bedeutung erscheint, ist nahe bei null. Deshalb ist Neomanie eine so schlechte Strategie, und wird sie zu einem Regime, ist sie eine Misere, zwar nur eine mittlere Misere, aber doch eine Misere. Wer also für die Zukunft etwas tun will, dessen Chancen stehen besser, wenn er sich mit dem Alten und Bewährten, mit Vergangenem und den Früheren befasst. Die Beschäftigung mit »zeitgemäßem« Material wird höchstwahrscheinlich keine Früchte tragen, denn die Originalität des Menschen ist begrenzt; Neomanie hingegen stellt die Verleugnung dieser Begrenztheit oder auch den aussichtslosen Kampf gegen sie dar.

Nun kann man sich fragen, ob es im Bereich der Erziehung und Bildung das Neue in einem starken Sinne wirklich geben kann. Die drei Regime der Orientierung am Neuen sind vielleicht eher noch in der pädagogischen Praxis als in der erziehungswissenschaftlichen Forschung zu erkennen. Die Errungenschaft, das Kind als Bedürfniswesen zu verstehen und zu akzeptieren, dieses neue Bild des Kindes und seiner Entwicklung scheint die Qualität des Neuen als Stufe zu besitzen, es stellt gewissermaßen eine kulturelle Revolution dar. Die Etablierung des Ideals der Autonomie scheint ebenso in diese Kategorie zu gehören; ohne die Subjekt- und Bewusstseinsphilosophie hätte es dazu gar nicht kommen können, das ist klar. Auch dass sich das Ideal der Gleichheit in Fragen der Bildung durchsetzen konnte, darf wohl in der Rubrik des Neuen als Stufe verortet werden. Vielleicht sind manche didaktischen und pädagogischen Verbesserungen und Anpassungen als Neues im Sinne einer Steigerung zu verstehen. Und ganz sicher gibt es Hunderte von Beispielen, in denen die neomanische Bedürfnislage zu Vorschlägen von pädagogischen Praxen und wohl auch zu erziehungswissenschaftlichen Forschungen führt, die zwar »neu« erscheinen, aber bloß »reizvoll« sind und weder einer Steigerung noch einer noch so kleinen Revolution entsprechen.

Erziehung und Bildung sind anthropologische Konstanten, scheint es, vieles mag sich verändern, Wesentliches bleibt sich gleich. Das stört den neomanischen Zeitgeist. Denn alles muss und soll sich verändern. Veränderung muss nicht legitimiert werden, Stabilität, Konstanz und Stagnation hingegen schon. Ein populäres »Argument« der reformfreudigen, sich mit Akribie auf sogenannt evidenzbasierte Erkenntnisse stützenden neomanischen Leute, besteht darin, zu bemängeln, dass das Bildungssystem und vor allem die Schulen und Lehrpersonen – ganz im Unterschied zu anderen Systemen und ihren Akteuren – so wenig adaptiv seien. Als Indiz für die Trägheit und die selbstverschuldete Unbelehrbarkeit des Schulsystems hat beispielsweise der amerikanische Erziehungswissenschaftler Robert Slavin das bekannte Gedankenexperiment wiederholt, welches man auch Sleeper-Argument nennen könnte: Nehmen wir an, heißt es dann, ein Mensch, sagen wir aus dem 18. Jahrhundert, sei ins Koma gefallen, eingeschlafen oder tiefgefroren und 250 Jahre später wieder aufgewacht oder zum Leben erweckt worden. Dieser Mensch würde nun in unserer Zeit herumirren, fassungs- und orientierungslos, die ganzen technischen Errungen- und Gerätschaften kaum begreifend, er käme aus dem Staunen nicht heraus, würde kaum eine Institution wiedererkennen, wenigstens bis er – endlich! – in ein Schulhaus finden würde. Dort käme ihm alles vertraut vor! Fast nichts hat sich verändert. Was er beobachten könnte – Unterricht – würde er, im Unterschied zu allen oder fast allen Tätigkeiten außerhalb der Schule, sofort wiedererkennen! Die Schule bleibe also, so die Suggestion des Sleeper-Arguments, immer die gleiche, in diesem Lebensbereich habe sich offenbar kaum etwas geändert, und es sei doch insgesamt bedenklich, dass unsere Schulen offenbar so altbacken und herkömmlich sind, und die Lehrpersonen, selber unbelehrbar wie eh und je, tun das Gleiche wie ihre Kollegen und Kolleginnen vor ihnen, allenfalls schlagen sie heute seltener zu, haben vielleicht subtilere Formen der Disziplinierung entwickelt und sind froh über den verbreiteten Einsatz von Ritalin. Doch schon die Prämissen des Sleeper-Arguments überzeugen kaum: als ob gerade nur die Institution der Schule im Wesentlichen die gleiche geblieben wäre, unveränderbar und unflexibel, als ob Institutionen anderer Systeme, beispielsweise des Wirtschaftssystems oder des Rechtssystems oder auch des Gesundheitssystems für einen Besucher aus dem 18. Jahrhundert kaum zu deuten oder begreifen wären. Aber das ist nicht der entscheidende Punkt, sondern vielmehr, was daraus folgen soll, wenn es denn überhaupt stimmen würde, dass nur die Schule noch im Wesentlichen die gleiche geblieben wäre. An der Stabilität von Erziehungs- und Bildungsfragen freut man sich viel zu wenig, scheint mir, während neomanische Blasen nur kurzlebige Diskurse zu entfachen vermögen. Allerdings gibt es auch größere Debatten.

Die Dramaturgie grosser Debatten

Als »groß« könnten akademische Debatten bezeichnet werden, die dem wissenschaftlichen Publikum zu suggerieren vermögen, es sei von großer Bedeutung, welchem Diskurslager man sich selber zuordne. Es sei besonders bedeutsam, ob man sich eher auf die Seite des kritischen Rationalismus oder aber jene der kritischen Theorie stelle, es sei so wichtig, ob man eher strukturalistische oder poststrukturalistische, kommunitaristische oder liberalistische Positionen gutheiße, ob man die Erziehungswissenschaft eher im Sinne der geisteswissenschaftlichen

Pädagogik sehe oder aber sozialwissenschaftlich begreife, ob man eher qualitative oder quantitative Forschungsmethoden präferiere usw. usf.

Große Debatten folgen einer Dramaturgie. Eine Gruppe A, meist angeführt von einem Meisterdenker oder einem, der für einen solchen gehalten wird oder sich selber dafür hält, schlägt ihr Lager auf und positioniert sich, so dass sich diametral gegenüber eine Gruppe B zu formieren müssen meint, um dieser Provokation zu begegnen. Gruppe B wird meist ebenso angeführt von einem kleineren oder größeren Meister. Bisher waren diese Meister vor allem männlichen Geschlechts und nun ändert sich auch dies. Wenn nun A zum Beispiel »die Modernen« sind, dann sind B »die Postmodernen«. Nun meinen die Personen im mehr oder weniger einschlägigen Kreis, nachdem sie die entstehende Debatte zunächst kaum wahrgenommen haben, sich unbedingt einem Lager zuordnen zu müssen. Plötzlich ist es überaus wichtig, ob man sich also als »modern« oder aber als »postmodern« versteht. Ein paar Lustige outen sich noch kurz als »vormodern«, aber die werden im Verlauf der kleinen und großen Diskussionen nicht mehr weiter wahrgenommen. Nun nimmt die Debatte also ihren hitzigen Gang. Die Modernen sind entsetzt darüber, wie undiszipliniert und chaotisch die Postmodernen sind, die Postmodernen können die Rigidität und Multi-Zentrizität der Modernen nur als gefährlich und ungerecht deuten. Man versucht die Argumente auszutauschen und merkt bald, dass es keine Annäherung geben kann, weil das je andere Lager zwar aus intellektuellen, aber dennoch letztlich geistig beschränkten Vertretern besteht. Nach wenigen Jahren entstehen die ersten Dissertationen und Habilitationen, und emsige Akademiker unterscheiden nun relevante Demarkationslinien, ontologische von methodologischen, begriffstheoretische von sprachanalytischen, deskriptive von normativen, und so viele andere mehr, dass der einzelne Interessierte, der zunächst einfach eine simple, aber kräftige A- oder B-Identität angestrebt hat – wenn er es zugibt –, einfach nicht mehr mitkommt und merkt, dass er sehr viel mehr Energie und Zeit haben und aufwenden müsste, um noch zu wissen, wo er steht. Man muss nicht Seneca heißen, um zu merken, dass das Leben für solche Zusatzaufgaben zu kurz ist. Daher werden die großen Debatten nie gelöst und gibt es keine Gewinner und keine Verlierer, vielmehr fallen die Diskurse in sich zusammen wie ausgetrocknete Kakteen oder sie zerbröseln wie altersschwache Kekse. Jedenfalls gibt es keine Lösungen für diese Debatten und was an ihnen so neu und so bedeutsam erschien, interessiert immer weniger, und eine gewisse Ermüdung und Leidenschaftslosigkeit tritt ein.

Doch unabhängig von diesen diskursiven Turbulenzen bleiben Platon und Rousseau, aber vor allem auch Kant, Humboldt, Herbart und Schleiermacher, für diese u.a. das deutsche erziehungs- und bildungstheoretische Denken an vielen Orten der Welt immer noch und immer wieder neu beneidet wird. Beneidet auch um eine Sprache und Differenziertheit, die von den deutschen Kolleginnen und Kollegen selber mitunter nicht mehr gesehen wird, weil sie vielleicht meinen, ihre Geschichte würde ihnen einen radikalen Bruch mit der Theorietradition auferlegen, die mit ihresgleichen nur in wenigen Kulturräumen überhaupt vergleichbar ist. Dass die vielen theoretischen Babys mit dem Badwasser des Internationalitäts- und Anschlussarguments weggespült wurden, gehört zur mittleren Misere der Neomanie.

»So kam ich unter die Deutschen…«, beginnt die bittere Anklage, die Hölderlin seinen Protagonisten im Hyperion äußern lässt, und es ist mir ganz klar, dass, wer heute so redet, nur seinen romantischen Pferdefuß entblößt. Doch es geht weniger um die Spannung zwischen Aufklärung und Romantik oder um die Differenz der Ideale der Autonomie und Authentizität, mit welchen die subjektive Freiheit der Moderne zu verstehen versucht worden ist, als um die Tatsache, dass wir, um es mit René Char zu sagen, »Erben ohne Testament« sind. Das theoretische Erbe ausschlagen zu müssen, nur weil es testamentarisch nicht festgelegt ist, scheint mir zum Selbstmissverständnis der deutschen Erziehungswissenschaft zu gehören, die mit einer gewissen Gründlichkeit die theoretischen Versuche und Vorschläge der geisteswissenschaftlichen Pädagogik weitgehend in den Wind geschlagen hat, die der nichtdeutsche pädagogisch interessierte Mensch nicht unbedingt verstehen kann. Mehr noch: Zur negativen Identität gehört das Phänomen der mehr oder weniger süffisanten Verachtung der deutschen pädagogischen Tradition durch deutschsprachige Erziehungswissenschaftler selber. Das ist für den Quasi-Außenstehenden so auffällig, dass nur immer wieder neu die Konsequenzen des radikalen Bruchs in der deutschen Geschichte des 20. Jahrhunderts bedacht werden müssen. Dieser kulturelle »Schaden« ist sicher als kollateral und arbiträr zu bezeichnen und bezeugt daher keine wirkliche, sondern – ich wiederhole mich – nur eine mittlere Misere. Und klar ist, dass man auch ohne deutsche geisteswissenschaftliche Pädagogik erziehungswissenschaftliche Forschung vorantreiben kann.

Kästen, Pfeile…: Hier braucht niemand einen »protective belt«

Der Wissenschaftstheoretiker Imre Lakatos (1922–1974) prägte die Begrifflichkeit des »protective belt«. Damit ist gemeint, dass Hilfshypothesen aufgestellt werden, um die fragwürdigen zentralen Hypothesen einer Theorie zu schützen. Je mehr Hilfshypothesen nötig werden, desto weniger kann die Kernhypothese überhaupt noch falsifiziert werden. Es handelt sich also um einen kritischen Begriff, der die Immunisierungsstrategien der Theoretiker gegen die Falsifikationsversuche der Skeptiker hinterfragt.

Theorien dienen dem Beschreiben, Verstehen und Erklären der Welt. Je mehr man für dieses Verstehen und Erklären einen »protective belt« braucht, desto mehr stellt sich die Frage, woran hier der Forschung mehr gelegen ist, dem Schutz der eigenen Theorie oder dem Interesse der Welt, die man zu untersuchen oder zu beschreiben vorgibt.

Doch heute scheint in der erziehungswissenschaftlichen Forschung mitunter deshalb kein »protective belt« mehr notwendig zu sein, weil es gar nichts zu schützen gibt, weil gar keine Theorie vorhanden ist, die diesen Namen verdienen würde. Offenbar ist es aber auch gar nicht mehr nötig, eine Theorie zu haben bzw. man kann flotte »theoretische Modelle« ganz kurzfristig generieren, modifizieren und wieder verwerfen etc. Diese »Theorien« kommen auch fast ohne Sprache aus. Das empfinden manche offenbar als Vorteil.

Die beiden Grundelemente solcher »Theorien« sind Kästen einerseits und Pfeile andererseits.

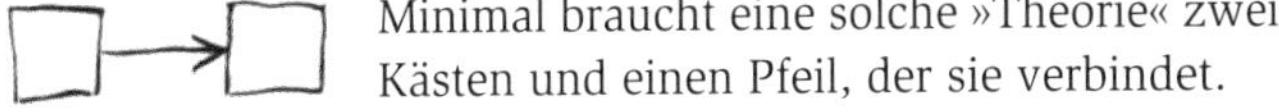

Minimal braucht eine solche »Theorie« zwei Kästen und einen Pfeil, der sie verbindet.

Über die Richtung des Pfeils darf gestritten werden.

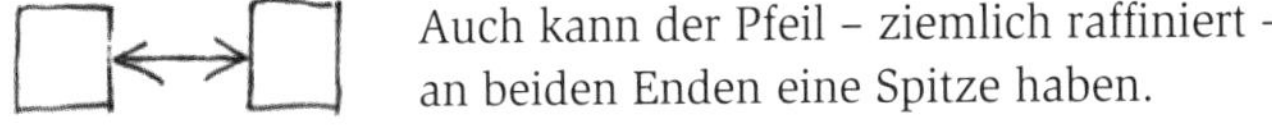

Auch kann der Pfeil – ziemlich raffiniert – an beiden Enden eine Spitze haben.

In die Kästen können Wörter eingetragen werden, z.B. »Frustration« und »Aggression« oder »Soziale Herkunft« und »Schulerfolg«. Solche »Theorien« können auch sehr komplex sein, das ist klar. Denn es sind beliebig viele Kästen und Pfeile möglich.

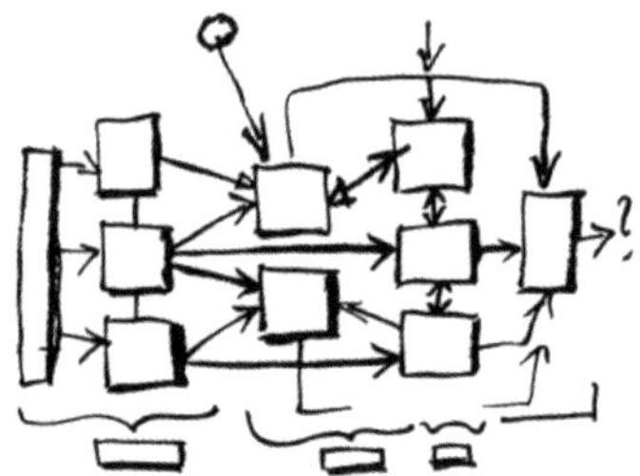

Weil diese »Theorien« so sprachlos sind, werden sie häufig ein wenig anders genannt, so spricht man gerne von »unserem theoretischen Modell« oder von den »theoretischen Grundannahmen, die der Untersuchung zugrunde liegen, wie in Abbildung xy dargestellt«. Richtiger wäre es wahrscheinlich, von »unserem posttheoretischen Modell« oder den »posttheoretischen Grundannehmen« zu sprechen.

Ein Großteil der Erziehungswissenschaftler braucht heute solche »Posttheorien«, sie vertreten in der Zunft die große »Kästen-und-Pfeile-Kaste«. Daneben gibt es aber immer noch eine kleine Kaste, die sich strikt und stur weigert, Pfeile und Kästen zu verwenden, sondern allein auf Prosa, Lyrik und Begriffe setzt. Diese Kaste schreibt teilweise sehr komplex, häufig auch unverständlich. Viele schreiben nur für wenige andere Theoretiker und werden auch nur von diesen gelesen und verstanden, wenn überhaupt – das ist mehrwiegend eine Stilfrage, je nach Sprache des Meisterdenkers, den man präferiert. Odo Marquard hat Philosophen kritisiert, die nur für andere Philosophen schreiben würden. Sie würden sich so absurd verhalten wie Sockenhersteller, die nur für andere Sockenhersteller Socken herstellen (Marquard 2004, S. 21). Daher möchte ich diese zweite Kaste die »Sockenhersteller-Kaste« nennen. Ihre Beschreibungen der Welt werden nicht verstanden, von einem größeren Publikum sowieso nicht, teilweise nicht einmal in einschlägigen Kreisen.

Ich möchte nun abschließend behaupten, dass nicht nur die Kästen-und-Pfeile-Kaste, sondern auch die Sockenhersteller-Kaste in gewisser Weise »posttheoretisch« fungiert, wenn Theorie immer noch der Beschreibung, dem Verstehen und dem Erklären der Welt dienen soll. Beide Kasten – die Kästen-und-Pfeile-Kaste sowie die Sockenhersteller-Kaste – sind Teil eines »selfish systems« geworden; hier interessiert man sich vor allem noch für sich selbst und die neomanischen Reize, die kastentypisch generiert werden. Die Welt der Erziehung und Bildung profitiert von beiderlei Kastenforschung nur minimal, wenn überhaupt.[4]

Dilthey meinte bekanntlich, dass die Wissenschaft der Pädagogik mit der Beschreibung des Verhältnisses des Erziehers zu seinem Zögling beginnen müsse. Doch die Aufgabe dieser Beschreibung stellt sich in jeder Epoche neu, und sie setzt ein fundamentales Interesse an den Phänomenen und der Welt der Erziehung und Bildung voraus. Mit dem Fokus auf originelle Sprache oder – wie nun meist – raffinierte Methoden hat sich die deutschsprachige Erziehungswissenschaft hinsichtlich der Aufgabe der Theoriebildung weitgehend selbst ausgehöhlt. Hingegen stehen die pädagogische und erziehungswissenschaftliche Sprach- und Methodenkritik – zumindest indirekt – für das Interesse an der Welt.

4 Diese zweifache Typisierung ist eine grobe, rhetorische Vereinfachung, denn natürlich gibt es nicht nur diese Extreme, sondern noch weitere »Typen« oder Gruppen und freilich ist die Varianz innerhalb einer Gruppe erheblich und größer als jene zwischen ihnen. Gleich bleibt sich meines Erachtens, dass die theoretischen und/oder theoriebildenden Impulse aus der deutschsprachigen Erziehungswissenschaft und Pädagogik insgesamt schwach geworden sind.

Literatur

Arendt, H. (1994): *Zwischen Vergangenheit und Zukunft. Übungen im politischen Denken I*, München, Zürich.

Kohn, J. (2011): »Tradition«, in: Heuer, W./Heiter, B./Rosenmüller S. (Hrsg.): *Arendt Handbuch. Leben – Werk – Wirkung*, Stuttgart, S. 320ff.

Marquard, O. (2004): *Philosophie der Endlichkeit. Individuum und Gewaltenteilung*, Stuttgart.

Reckwitz, A., (2012): *Die Erfindung der Kreativität. Zum Prozess gesellschaftlicher Ästhetisierung*, Frankfurt/M.

Schindler, R.. W. (2011): »Neuzeit/Moderne«, in: Heuer, W./Heiter, B./ Rosenmüller, S. (Hrsg.): *Arendt Handbuch. Leben – Werk – Wirkung*, Stuttgart, S. 300ff.

Taleb, N. (2013): *Antifragilität. Anleitung für eine Welt, die wir nicht verstehen*, München.

Über die Lehrtätigkeit als Inszenierungspraxis

Gespräch mit Rolf Bossart

Rolf Bossart: Nach der Jahrtausendwende war ich oft an der Volksbühne in Berlin. Der legendäre Leiter Frank Castorf inszenierte und zerstückelte lauter große Stoffe von Klassikern, von Dostojewski über Brecht bis zu Tennessee Williams. Es war großartig – obwohl einem mit der Zeit klar wurde, dass da immer dasselbe Stück gespielt wird, weil die Schauspieler des Ensembles immer sich selbst spielten, sich ironisierten, zitierten und variierten, aus der Rolle fielen usw. Man schaute diesen Menschen zu, wie sie sonderbare und fremde Dinge sagten und immer neue Kostüme trugen, sich maximal verbogen und doch immer kenntlicher wurden als diese einen, die sie waren. Und zwar gerade durch eine sich ständig anreichernde Differenzierung des Bildes, das man sich als Zuschauer von ihnen machte. Derselbe Effekt ist auch bei Lehrpersonen zu beobachten, denen man oft zuhört – wenn auch längst nicht bei allen. Wenn man Sie zum Beispiel einige Male zu ähnlichen Themen gehört und gesehen hat, dann sieht man plötzlich, mit welchem inszenatorischen Bewusstsein Sie ans Werk gehen. Sie variieren einerseits innerhalb der Stoffe, die Sie verhandeln, sampeln sie quasi immer neu, aber mindestens gleich stark variieren Sie auch sich selber.

Roland Reichenbach: Wohl gibt es einen mehr oder weniger persönlichen Stil des Redens und Darstellens, den man sich über die Zeit aneignet, eine Art und Weise des Präsentierens, die nahezu unabhängig vom Thema bleibt. Die Frage ist, ob man sich in diesem Stil zu Hause fühlt und ob er einem wenigstens zu einem gewissen Grad auch verfügbar ist. Wenn man identische oder ähnliche Inhalte im Rahmen von Vorträgen, Kursen oder Vorlesungen häufig präsentiert, dann gewinnt man sicher zu einem gewissen Grad eine innere Souveränität über den Stoff, die es einem dann auch erlaubt, Thesen, Fragen und Pointen neuartig zu kombinieren. Der konfuzianische Dreischritt »Knowing–Loving–Enjoying«, der für den Lernenden gilt, gilt auch für den Vortragenden. Zuerst muss man eine Sache kennen und können. Als Nebeneffekt stellt sich ein, dass man den Gegenstand – sofern er einen wirklich interessiert und er gehaltvoll, das heißt auch, nicht ganz zu ergründen ist – umso mehr zu schätzen beginnt. Man merkt mit der Zeit, dass man sich in die Materie eingewoben hat, dass der »Stoff« – eigentlich ein hässliches Wort – eine Stofflichkeit besitzt, die einen wie ein Gewand umhüllt, in welchem man sich immer freier bewegen kann. Tatsächlich handelt es sich hier auch um eine Art pädagogischen Narzissmus, der grundsätzlich »gesund« und »noch normal« ist, der aber problematisch werden kann.

Rolf Bossart: Diese Selbstbezüglichkeit kann ins Zynische und selbst Arrogante kippen!

Roland Reichenbach: Ich kann das nur bestätigen. Der Gefahr, die Materie und die Bühne primär für selbstdienliche Zwecke zu benutzen oder gar zu missbrauchen, ist – bei vielen Wiederholungen – auch nur schwer beizukommen. Das braucht eine innere Abstandspraxis. Ob man souverän oder zynisch wirkt, hängt primär von der Beziehung zum Gegenstand ab. Dieser muss noch genügend komplex oder konfus sein, damit er einen noch wirklich beschäftigt. Die Souveränität darf also nicht zu groß sein. Die Illusion, man hätte die Materie bereits erschöpfend behandelt und begriffen, ist ein pädagogisches Gift. Es braucht auch bei der x-ten Wiederholung noch eine echte Frage oder eine echte Sorge, die mit dem Gegenstand verbunden ist. Dennoch ist nicht zu leugnen, dass man ohne eine gewisse Lust des Darstellens, das immer auch ein Stück weit Selbstdarstellung ist (wiewohl dies verleugnet werden kann), dass man also ohne diese narzisstische Lust, was man liebt, auch anderen zu zeigen, keine zufriedene Lehrerin und kein zufriedener Lehrer sein kann.

Rolf Bossart: Das heißt also, wenn die Lehrperson noch immer nicht vom Gegenstand gelangweilt ist, obwohl sie ihn schon seit Jahren immer wieder vorträgt, dann ist die Chance gut, dass sie auch die Zuhörenden nicht langweilt. Dann wäre der Grund der Langeweile nicht in der Wiederholung zu suchen, sondern vielmehr in der Abgeschlossenheit der Stoffpräsentation, als einem Fehlen von Fragen – etwa in vorgefertigten Schemata –, oder auch wenn die persönliche Sorge der Lehrperson um die Wichtigkeit der Sache von den Lernenden nicht wahrgenommen werden kann.

Roland Reichenbach: Allerdings sind »hochstrukturierte« Gegenstände sozusagen »additiv« zu behandeln und zu lehren, die Einführung in mathematische oder grammatikalische Grundoperationen oder auch die Behandlung von Grundkonzepten kann nicht voller Fragen sein, das ist klar. Dort gilt: Zuerst muss man A verstehen, um B verstehen zu können. Spielerische und inszenatorische Momente mögen in diesem Fall kontraproduktiv sein. Auch gibt es der Stoff gar nicht her. Aber es gibt Gegenstände – z.B. Themen wie »Französische Revolution« oder »Demokratische Institutionen« oder »Bildungsroman« –, die man umkreisen muss, bei denen man immer neu und aus anderer Perspektive ansetzen kann, wo die Aussagen auch immer wieder mit konträren Absichten konfrontiert werden müssen. Und diese Ambivalenz des Stoffes wird nur interessant, wenn ich selber während des Vortrags ein Interesse am Erkunden der Sachverhalte habe, und sei es nur an möglichen Effekten, die sich aus der neuartigen Kombination des Immergleichen ergeben können. Die Zuhörenden müssen spüren, dass der Vortragende einen Versuch wagt, dass er also sich selber nicht ganz sicher ist, ob die beabsichtigte Darstellung auch gelingen wird.

Rolf Bossart: Was aber, wenn zum Schluss die vernichtende Frage kommt, was eigentlich das Thema war?

Roland Reichenbach: Dieses Urteil muss nicht unbedingt bedeuten, dass der Vortrag unstrukturiert und unverständlich war, sondern es kann auch heißen, dass die Zuhörenden alles sehr interessant fanden und nun einfach den Überblick verloren haben, weil sie zusammen mit dem Vortragenden in die Materie eingetaucht, aber wenigstens nicht ertrunken sind. Nach Nelson Goodman haben philosophische Bemühungen zwei Ausgänge: erfolgreiche und nicht erfolgreiche. Bei Ersteren wirkt der Gegenstand nachträglich banal, er vermag als »banalisierter« Gegenstand dann auch nicht mehr weiter zu fesseln, bei Letzteren ist er vielleicht noch konfuser als zu Beginn, aber das Interesse ist nun umso mehr angestachelt. Im günstigen Fall ist man vielleicht »still confused, but at a higher level«. Man hat also die Wahl zwischen Banalität und Konfusion, meinte Goodman. Man müsste sich einmal klarmachen, was das für die Schuldidaktik bedeutet. In diesem Bereich – insbesondere auch der Hochschuldidaktik – wird nach meiner Wahrnehmung viel zu wenig diskursiv und dialektisch gedacht. Kaum ist man mit dem neuen Lerngegenstand in Berührung gekommen, soll man ihn auch schon verstehen. Das ist Unsinn. Wir sollten uns, wenn wir Realisten sein wollen, wohler fühlen in und mit den Widersprüchen.

Rolf Bossart: Wenn Sie vortragen, dann ist Ihr Engagement für die Sache auch körperlich sichtbar. Man sieht Sie in Bewegung, man sieht Sie schwitzen usw. Ich glaube, das zeigt sehr schön, dass ein Vortrag wie ein Akt auf der Bühne ist, bei dem Sache und Person aneinander gebunden sind, weil sie beide zusammen auf dem Spiel stehen. Der Vortrag muss von den

Zuhörenden als Experiment wahrgenommen werden, das auch scheitern kann, und dazu gehören die Bewegungen, das Schwitzen und der Ruß auf dem weißen Kittel. In diesem Sinn muss der Lehrer ein Arbeiter oder ein Handwerker sein. Denn wie souverän man auch immer vortragen mag, das Publikum hat ein Recht darauf, den Kampf mit der Materie vorgeführt zu bekommen. Ein packender Vortrag reinszeniert das Zupacken beziehungsweise die Weise des Zugriffs auf einen Stoff, der einen nicht loslässt; oder anders gesagt, dem man durch alle Schwierigkeiten hindurch die Treue hält. Ich glaube, man sollte den Lehrvortrag viel mehr von den performativen Künsten her verstehen. Das »Wie« des Vortragens ist natürlich zentral, wie alle Rhetorik lehrt, aber es bleibt ohne Sinn, wenn es nicht auch das »Wie« der Auseinandersetzung mit dem Material ist, sondern nur das »Wie« einer perfekten Darstellung. Es handelt sich dabei um den feinen, aber wichtigen Unterschied zwischen Präsentieren und Präsentmachen. Jenes gehört in den Bereich der Technik, dieses in den Bereich der Kunst.

Roland Reichenbach: Weil Sie eben die Treue zum Gegenstand erwähnt haben – ich dachte eigentlich immer, dass ich mich für ganz viele verschiedene Dinge interessiere. Doch seit einiger Zeit wird mir zunehmend klar, dass ich immer wieder zu denselben Themen zurückkehre oder dass sich bei allem, was ich mache, dieselben Themen melden, nämlich jene, die mit mir zu tun haben, die ich – auf die eine oder andere Weise, sei es akademisch oder auch persönlich – selber zu lösen habe.

Rolf Bossart: Viele Leute, vor allem in der Schweiz, mögen Inszenierung höchstens im Theater und werfen außerhalb der professionellen Schauspielkunst der vortragenden Person gerne bloße Selbstdarstellung vor. Dahinter steht vielleicht die Auffassung, dass jeder, der etwas zeigen will und sich dabei selber in die Waagschale wirft, für andere eine potentielle Belästigung ist.

Roland Reichenbach: Eine wichtige Form, um diesem in unseren Breitengraden verbreiteten Vorwurf ein Stück weit zu entgehen, ist die Selbstironie oder die Ironie überhaupt. Man deutet zumindest zwischendurch an, dass man sich bei aller Leidenschaft für die Sache dann doch auch wieder nicht so sicher ist und dass man, wenn es sein muss, mit sich verhandeln lässt. Das ist wohl auch der Grund der Beliebtheit von Comedy-Formaten, wo nicht nur geblödelt wird, sondern ernsthafte Dinge auf eine witzige Art thematisiert werden. Das Lachen erlaubt andere, freiere, zuvor nicht bedachte Zugänge.

Rolf Bossart: Aber rechnen nicht die Pointen bei der Satire mit dem immer gleichen mimetischen Verhalten der Leute und führen dessen Lächerlichkeit vor Augen? Und häufig bestätigt das Lachen diesen Zwang zur Wiederholung nur, es befreit nicht davon. Hier sind wir vielleicht bei einem zentralen Punkt, dass nämlich das einzige Bewusstsein, das die Lächerlichkeit akzeptiert und sie doch nicht als Ausrede für die Unabänderlichkeit des eigenen Lebens missdeutet, ein politisches ist. Dass man sagen kann, okay, es ist lächerlich, was ich mache, aber es ist meine Entscheidung. Ich muss es nicht tun, aber ich wollte es tun, ich hätte es auch lassen können.

Roland Reichenbach: Mit meinem ehemaligen Chef und späteren Kollegen habe ich über zwanzig Jahre lang denselben mehrtätigen Kurs über die »Kunst des Verhandelns« durchgeführt. Ich muss schamlos beichten, größtenteils mit immer denselben Pointen und Fallbeispielen; selbst die didaktischen Fehler, die uns regelmäßig unterliefen und die wir zunehmend erkannten, blieben dieselben. Wir haben sie nur sehr selten korrigiert. Der Kurs kam gut an. Das heißt, wir zitierten uns dauernd selber und waren damit hoffnungslos selbstreferentiell. Aber wenn dieser Kurs trotzdem nicht zur Parodie verkam, dann hatte das vielleicht mit dem Sichtbarmachen dieses »Ich könnte auch noch anders« zu tun. Man präsentiert die Inhalte nicht mit der

Haltung: »Dieses ist absolut wichtig und jenes absolut falsch!« Sondern man weiß, es gäbe auch andere, ebenbürtige Inhalte, aber was wir hier darstellen oder einfordern, ist trotzdem für unsere Zwecke gut geeignet. Denn die Kursteilnehmer, oft Leute aus dem Management, wussten ja aus der Praxis, dass die Rezepte und Muster nie genauso zur Anwendung passen, sondern nur Modelle sind. Sie nahmen sie einfach als Inspirationsquelle. Sie wissen, dass man das Geländer in der Praxis loslassen muss. Das heißt, es hat keinen Sinn, diesen Leuten praktisches Wissen und Können vermitteln zu wollen, sondern es geht darum, mit ihnen die verschiedenen Grade des Nichtwissens auszuloten, um daran das Verstehen und Deuten zu üben. Unerfahrene und unsichere Personen brauchen Rezepte, die erfahrenen Personen haben sich manchmal aber »festgefahren«, sie brauchen daher keine Rezepte, sondern müssen sich von ihren Dogmen befreien.

Rolf Bossart: Wäre die Didaktik mit Konzepten wie dem »problemorientierten Unterricht« im Grunde nicht auf derselben Spur, wenn sie nicht daraus wieder ein festgefügtes Anwendungstool machen würde?

Roland Reichenbach: Zunächst ist zu bedauern, dass Didaktik zumindest in der Schweiz oft auf Methodik verkürzt wird, das heißt auf die Frage: »Wie macht man es?« Die Omnipräsenz dieser vermeintlich praktischen Frage offenbart eine Zugriffs- und Herstellungsmentalität, der man heute überall begegnet. Die Didaktik beschäftigt sich dagegen mit dem wichtigeren Problem der Auswahl der Bildungsinhalte und der Diskussion um den Bildungsgehalt dieser Inhalte. Die ganzen methodischen Moden in der Lehre, der interpersonalen Kommunikation und der Führung und Erziehung verweisen immer auf den Wunsch und den Versuch, genau das zu managen, was man eben nicht oder kaum »managen« kann. Doch es ist zu bezweifeln, dass die meisten Menschen an einem so erbärmlichen Ort im Leben stehen, dass sie mit Brüchen, Widerspruch und Nichtwissen nicht mehr umgehen könnten. Der frappierend starke Fokus auf die Methodik in der Ausbildung der Lehrpersonen macht diese zu Vermittlungsexpertinnen mit spärlichem Inhalt. Natürlich gibt es Lehrer, deren Vermittlungsfähigkeit schwer eingeschränkt ist. Eine Lehrerin aber versagt noch nicht wirklich, wenn sie beispielsweise einen regelrecht unpassenden Lektionseinstieg wählt, sondern erst wenn die Schülerinnen und Schüler merken, dass ihr der Inhalt letztlich egal ist.

Rolf Bossart: Nun generieren verschiedene kulturelle, raumzeitliche Kontexte ganz unterschiedliche Erwartungshaltungen. Während ich in meiner Schulzeit kaum einmal überlegt habe, wie und was der Lehrer vorbereitet hat, sondern der gebotene Unterricht mir immer als der einzig mögliche erschien, haben heute viele Schülerinnen und Schüler eine genaue Vorstellung davon, was guter Unterricht sei und fordern einen ebensolchen auch ein – was natürlich unter anderem eine Folge der vielen Evaluationen ist, die man mit ihnen durchführt. Das heißt, eine Unterrichtsform, die offensichtlich gegen die gerade aktuellen methodischen Moden und Standards verstößt, hat, bevor der Inhalt überhaupt wahrgenommen wird, zunächst einmal ein Legitimationsproblem. Eine zweite Schwierigkeit, die ich sehe, sind die teilweise durch frühen, dauerhaften Konsum von digitalen Medien veränderten Wahrnehmungsmodi. Es gibt einfach zunehmend Schüler, die macht das längere Zuhören ohne Bilder sichtlich nervös.

Roland Reichenbach: Das ist auch meine Erfahrung. Daher möchte ich, was ich vorhin gesagt habe, auch relativieren. Denn dass die Behandlung eines Gegenstandes sich nicht durch die Form, in der er dargestellt wird, legitimiert, ist zwar im Grundsatz richtig, aber längst nicht immer in jedem Fall. Nehmen wir eine Sendung wie den Literaturclub im Schweizer Fernsehen. Da sprechen Experten endlos über Bücher, die man selber nicht gelesen hat und höchstwahrscheinlich auch nicht lesen wird. Warum sollte man sich also dafür interessieren? Genau genommen wird da kaum etwas vermittelt, was man als konkreten Inhalt identifizieren könnte. Aber es wird intelligent gesprochen, man erfährt durch die Art und Weise des Sprechens und Antwortens viel über die Möglichkeiten der Sprache, des Nachdenkens und Urteilens, also über den Menschen und das Menschliche. Hier ist es das Format und weniger der Inhalt, der das Interesse weckt, wohl weil die meisten von uns Hobbyanthropologen sind. Menschen sind stark an Menschen interessiert. Und es ist das Format, das zulässt, dass die sprechenden Menschen sich als Menschen und nicht nur als Experten zeigen. Der zeigende Mensch, bei der Performerin genauso wie bei der Lehrperson, zeigt eben nicht nur auf einen Gegenstand, er zeigt auch sich selber und er zeigt das Zeigen.

Rolf Bossart: In welchem Maß muss dieses Interesse am Menschlichen in der Schule geweckt oder gelernt werden?

Roland Reichenbach: Ich würde sagen, dass das Menschliche überall dort geübt und hergestellt wird, wo Menschen zusammensitzen und ihre Aufmerksamkeit auf denselben Gegenstand richten, indem sie jemandem zuhören oder über etwas debattieren. Sie befinden sich hier, obwohl sie es meistens nicht merken, im Bereich des Imaginären. Diese Weltherstellungstätigkeit ist menschlich. Man könnte sagen, das Menschliche ist bestimmt durch solche kulturellen Ausdrucksformen. Denken wir nur an das Geschichtenerzählen in der Kindheit, an diese unglaubliche Bereitschaft des Kindes, zuzuhören. Das Humane drückt sich in jeder dieser Geschichten und Erzählsituationen wieder neu aus. Unter diesem Aspekt betrachtet kommen Bildungsprozesse fast überall zustande. Die Bedeutung von solchen Prozessen im informellen Bereich wird wohl insgesamt stark unterschätzt. Nehmen wir aber auch den Kindergarten. Weder die Eltern noch die Erzieher_innen selber würden wohl auf Nachfrage die tiefere Bedeutung dessen, was im Kindergarten stattfindet, angemessen beschreiben, möchte ich frech behaupten. Aber die Bildungstheorie sollte sich dafür interessieren. Bevor sie immer nach der Verbesserung von diesem und jenem fragt, sollte Pädagogik erstmal versuchen, die vielfältigen Praktiken der frühen allgemeinen Menschenbildung zu beschreiben und zu verstehen.

Rolf Bossart: Eine Möglichkeit, um den Fokus der Theorie von der Anwendung weg und hin zum Verstehen zu verschieben, scheint mir die Unterscheidung von Form und Format zu sein. Zum Beispiel hat sich im Theater der Diskurs in den letzten Jahrzehnten von der Ebene der Form auf jene des Formats verschoben. Das Publikum ist ansprechbar, wenn die Regie es verstanden hat, die zu bewältigenden Stoffe ins richtige Format zu zwingen. Und ich glaube, der Witz gerade Ihrer Auseinandersetzung mit der Schule ist es, das Thema ebenfalls von einer Formfrage in eine Formatfrage zu transformieren. Die erkenntnisleitenden Fragen heißen dann nicht: »Wie wird Unterricht vorbereitet?« und »Wie wird Lernerfolg gemessen?«, sondern: »Wodurch wird das Format der Volksschule gestützt?«, »Was ist die Faszinationskraft dieses Formats, das wir alle verinnerlicht haben?« und »Was passiert, wenn es durch kurzatmige Reformen seine Selbstverständlichkeit einbüßt?«

Roland Reichenbach: Das ist das, was mich mehr und mehr interessiert. Was wird tatsächlich gemacht und wie »funktioniert« es? Diese Schau oder Betrachtung ist die Aufgabe der Theorie. Und die fast ausschließliche Konzentration in der Lehrerbildung und Bildungsforschung auf die Verbesserung der Anwendungen führt nur dazu, dass diese Praxis, von der man meist im Modus einer Defizitdiagnose spricht, kaum verstanden wird. Erziehungswissenschaft und Bildungsforschung versuchen viel zu wenig, die Bedingungen des Funktionierens der

Praxis zu reflektieren; lieber betreiben sie normative Empirie, indem sie mit vorgegeben Konzepten auf die Schulwelt losgehen und dann Aussagen über dieselbe machen. Es fehlt die verstehende Beschreibung, der phänomenologische und hermeneutische Zugang.

Rolf Bossart: Die Schwierigkeit bei diesem Ansatz sehe ich darin, sich mit genug Offenheit ans Studium der Praxis zu machen. Der Wille zu verstehen erfordert doch ein »verstehendes Herz«, wie das Hannah Arendt einmal genannt hat. Ich fürchte, dass die aktuelle Forschungspraxis, die ja auch stark von der ökonomischen Logik der Forschungsanträge geprägt ist, weniger ein verstehendes Herz als vielmehr einen recht angepassten und deutlich gedämpften Verstand erfordert.

Roland Reichenbach: Die Wut des Beschreibens kann zu groß sein. Das ist in der Bildungsforschung in einem gewissen Sinn sogar sehr wahrscheinlich. Mir gefällt, was Wittgenstein über seinen *Tractatus* schreibt. Dass es sich dabei eigentlich um zwei Bücher handeln würde, eines, das da ist, und eines, das nicht da ist. Und dieses, das nicht da ist, sei das wichtige Buch. Das bedeutet, dass das Wesentliche weder einfach mir nichts, dir nichts beobachtbar noch einfach beschreibbar ist. Es ist »da«, aber wir sind ein Stück weit gezwungen, darüber zu spekulieren. Man hält sich kaum vor Augen, dass Lernen und Bildung nicht beobachtbar sind, auch nicht Erziehung. Wir können soziale und individuelle Verhaltensweisen und ihre möglichen Wirkungen immer nur im Nachgang rekonstruieren und als Erziehung oder Lernen identifizieren. Dies erfordert Sorgfalt, und das Resultat bleibt strittig.

Rolf Bossart: Aber wie kann eine solche Haltung im Forschungsdiskurs erhalten bleiben und nicht zugunsten von messbaren Kriterien herausfallen?

Roland Reichenbach: Die Wissenschaft könnte viel weniger positivistisch sein, als sie faktisch ist – und sie bliebe trotzdem Wissenschaft. Was außerhalb der Beschreibbarkeit ist, gehört doch wesentlich zur Wissenschaft dazu, zur Bedeutung und zur Einordnung des Sagbaren. Das Strittige und das zu Vermutende sind genauso zentrale Kategorien der Humanwissenschaften wie das Beweisbare. Sie wecken das besondere Interesse der Menschen, weil dieselben ja vor allem deutende Wesen sind, »self-interpreting animals«, wie es bei Charles Taylor heißt. Es ist vor allem die Unergründlichkeit des Immergleichen, es sind die ewig der Deutung bedürfenden Themen, wie sie in der Kunst präsent sind, die uns längerfristig zu faszinieren vermögen. Es ginge also darum, auch in der Wissenschaft einen Sinn zu entwickeln für das Nicht-Beschreibbare, oder wenigstens für das, was Blumenberg das »Unbegriffliche« nennt. Das meint auch, dass man über das Sagbare nur etwas wissen kann, wenn man seine Grenzen kennt. Doch da man diese nie auf genaue Weise bestimmen kann, geht es darum, eine Sensibilität zu entwickeln für diese Grenzen, ihre Erweiterung und ihre Engführungen.

Tabuisierung und Desinteresse

Die zwei Seiten der antiessentialistischen Medaille

Sogenannte ›Was ist…?‹-Fragen lassen sich nicht vermeiden. Sie führen häufig in Probleme. Sie sind oft fundamental, schnell gestellt und muten aus wissenschaftlicher Perspektive nicht selten naiv an. Die simple Frage eines sogenannten Laien – ›Was ist Erziehung?‹ – bringt Erziehungswissenschaftler_innen und Bildungsforscher_innen ziemlich in Bedrängnis. Das ist eigenartig.

Karl Popper hat bekanntlich jede ›Was ist…?‹-Frage als Essentialismus abgelehnt (vgl. Hansen 1994). Die Frage nach dem nicht-kontingenten Wesen der Dinge, der Phänomene und der Sachverhalte macht ihm zufolge nicht nur wissenschaftlich keinen Sinn, sondern ist vor allem ideologieverdächtig oder zumindest -anfällig. Die Laien möchten sie beantwortet wissen, die skrupulösen Expert_innen vermeiden es aber, klar Stellung zu beziehen. Wer nach dem Wesen der Erziehung oder Bildung fragt, erhält von der Expertin für Erziehungswissenschaft etwa die Antwort, dass sich solche Fragen ›natürlich nicht so einfach beantworten lassen‹. Vielleicht meint sie vor allem auch, dass man sie auch nicht beantworten dürfe, schon gar nicht ›endgültig‹, während der Experte für Bildungsforschung erklärt, es sei alles vor allem eine Frage der ›Operationalisierung‹ der ›relevanten Konstrukte‹, primär ein ›methodisches Problem‹ und daher eben eine ›komplexe‹ Angelegenheit (die der Laie ja kaum verstehen wird…). Für die einen sind definitorische Festlegungen tabu, während die anderen wenig Skrupel zeigen, (irgend-)eine unmittelbar einsichtige, mehr oder weniger brauchbare Definition abzugeben, obwohl sie wissen (könnten), wie wenig abgesichert die erkenntnistheoretischen Grundlagen dafür ist. In beiden Fällen wird die ›Was ist…?‹-Frage nicht beantwortet. Doch darin besteht meines Erachtens nicht das Problem. Problematisch erscheint viel eher, dass die Frage in beiden Fällen als Frage umgangen wird, sei es, dass sie implizit oder explizit als nicht legitim (im ersten Fall) oder aber (im zweiten Fall) als letztlich vernachlässigbar betrachtet wird.

Die Tabuisierung der ›Was ist…?‹-Frage ist heute mitunter einem politisch-korrekten Antiessentialismus geschuldet, während der Oberflächenrealismus bloßer Forschungspragmatik ebenso antiessentialistisch geprägt ist, denn auch hier interessiert man sich gar nicht mehr für die Frage, was Bildung und Erziehung ›eigentlich‹ sind. Zudem kann im deutschsprachigen Raum auch immer mit Adorno (1964) auf die Gefährlichkeit eines heideggerianischen Jargons der Eigentlichkeit verwiesen werden, um diesen Diskurs zu beenden.

Tabuisierung und Desinteresse können als die zwei Seiten der antiessentialistischen Medaille betrachtet werden. Es sei allerdings hinterfragt, ob sich darin ein mehr oder weniger tiefgründiges Denken zeigt oder ob es sich nicht vor allem um antiessentialistische Attitüden speziell in Erziehungswissenschaft und Bildungsforschung handelt. Was scheinbar so weit auseinander liegt, nämlich der kritische Diskurs auf der einen Seite und die empirische Mainstreamforschung auf der anderen, hat sich in einer Art antiessentialistischer Ökumene doch sehr befriedet. Tabuisierung und Desinteresse: Hier weiß jeder und jede auf seine/ihre Weise, dass die sogenannte ›Wirklichkeit‹ wissenschaftlich kaum oder überhaupt nicht beschrieben oder erfasst werden kann. Denn alle ›Kategorien‹, mit denen wir die Welt und den Menschen zu verstehen versuchen, sind ja bekanntlich ›kontingent‹, heißt es dann, freilich immer ›sozial konstruiert‹ und von performativen Diskursen hervorgebracht, die nicht nur Gutes tun, und letztlich, wenn überhaupt, höchstens historisch rekonstruierbar sind.

Doch was folgt aus diesen Universaleinsichten? Dass sich Erziehungs- und Bildungstheorie weitgehend in selbstreferentiellen bzw. intertextuellen Praktiken erschöpft oder gar zu beschränken hat und dass Bildungsforschung letztlich bloß ein methodisch sophistiziertes ›selfish system‹ darstellt? Die Ironie der wissenschaftlich durchaus edel motivierten Selbstbeschränkung, die vom Prinzip her hochzuhalten ist, besteht dann aber wiederum darin, dass sich die gesellschaftliche und vor allem institutionelle Legitimität bzw. Legitimation von Erziehungswissenschaft und Bildungsforschung aus der berechtigten ›Laienerwartung‹ speist, dass diese Zweige das ›tatsächliche‹ Wesen existierender Phänomene und Zusammenhänge im Bereich der Erziehung und Bildung aufzuklären vermögen und hierzu bedeutsame Einsichten vermitteln, die über rein akademisch interessierende Diskursanalysen und/oder methodisch versiert zustande gekommene korrelative Zusammenhänge deutlich hinausgehen.

Wie schlimm ist die Suche nach »letzten Erklärungen«?

Häufig wird das essentialistische Denken der aristotelischen Position zugeschrieben, wonach manchen (aber nicht allen) Dingen quasi unabhängig von unserer Beschreibung notwendige und kontingente Eigenschaften zukommen (Hägler 1994, S. 10). Die Wurzeln des Essentialismus sind jedoch älter und betreffen je nach Spielart Unterscheidungen wie jene zwischen Erscheinung und Wesen, zwischen dem sinnlich Wahrnehmbaren und dem Metaphysischen, dem Realen und Idealen oder auch dem Wirklichen und Wesentlichen. Die Suche nach unveränderlichen (bzw. notwendigen) Qualitäten hinter der Welt der Erscheinungen wird schnell als metaphysisch kritisiert, als ob ›Metaphysik‹ von vorneherein als ein Schimpfwort zu gelten hätte. Die Suche nach notwendigen Eigenschaften ist nicht gleichzusetzen mit dem Behaupten von endgültigen Erklärungen. Popper hatte in seiner Globalkritik am Essentialismus die »letzten Erklärungen« im Visier (Shearmur 1996, S. 447; Musgrave 1998, S. 96). Doch der Bestimmungsversuch des Wesens bzw. der Essenz und »letzte Erklärungen« sind nicht dasselbe. Und Ansprüche letzter Erklärungen sind auch aus fallibilistischer Perspektive akzeptierbar, sofern sie überprüfbar sind. Essentialismus als (philosophische) Suchbewegung oder Grundposition und der Glaube an letzte Erklärungen fallen nicht nur nicht zusammen, sondern diese Dimensionen des Denkens können als in einem orthogonalen Verhältnis zueinander verstanden werden, d.h. es ist durchaus möglich, dass der Anspruch auf letzte Erklärungen mit einer antiessentialistischen Position gemeinsam auftritt. Genau dies scheint der Fall zu sein bei einem politisch korrekten Antiessentialismus, wie er heute etwa in vielen universitären Disziplinen Verbreitung findet, der letztlich nur noch die Rede über den Menschen kritisch zu betrachten vermag, aber zum Menschen selber schweigen muss (oder konsequenterweise schweigen sollte), weil es die Beschreibung des Menschen – seines Wesens – in diesem politischen Erkenntniskorsett nicht geben darf. Während die existentialistische Position zumindest eines Jean-Paul Sartre einräumt(e), dass Essenz nachrangig zur Existenz durchaus in Kauf zu nehmen ist (während Essenz der Existenz im essentialistischen Denken vorausgeht), ist dies im Axiom der antiessentialistischen Diskurkritik nicht mehr als Möglichkeit vorgesehen: Hier interessiert allein das kritische Nachfragen nach der Berechtigung von Äußerungen qualitativer Aussagen zum Menschen. Wer ›adressiert‹ hier wen, wie und aus welcher Position? Die Konjunktur der Adressierungsmetaphorik ist Zeugnis des Erfolges antiessentialistischer Haltungen.

Auch wer sich – nahezu unabhängig vom präferierten Forschungsparadigma – mit reichlich kontingenten Festlegungen von ›hypothetischen Konstrukten‹ und entsprechenden, mehr oder weniger überzeugenden Operationalisierungen zufrieden gibt, praktiziert de facto eine Art Glauben an letzte Erklärungen bei gleichzeitig methodisch begründetem antiessentialistischem Desinteresse (der Primat der Methode).

Die politisch bzw. moralisch motivierte Generalkritik am Essentialismus nimmt sexistische, rassistische, nationalistische, ethnizistische und andere ideologische Festlegungen, Zentrierungen und Machtpraktiken zum Anlass, die Frage nach dem Wesen – insbesondere von Menschengruppen – als Essentialismus zu diskreditieren, der notwendigerweise Ausdruck von Machtmissbrauch und Unterdrückung darstellt. Abgesehen davon, dass diese Kritik meist inkonsequenterweise essentialistisch vorgeht oder wird, weil die Gruppe der Unterdrücker oder Machtmissbraucher qualitativ klar bestimmt wird (z.B. der weiße, eurozentrische Chauvinist), wird hier eine erkenntnistheoretische Position mit einer politischen verwechselt, d.h. Essentialismus wird – wie schon bei Karl Popper – mit letzter Erklärung bzw. definitorischer Festlegung gleichgesetzt. Dieser Politisierung insbesondere des akademischen Diskurses ist kaum mit einfachen Gegenargumenten beizukommen, zu selbstsicher ist sich die antiessentialistische Kritik, deren Anhänger_innen sich mitunter in wahre Diskurspolizist_innen transformieren, welche die epistemische Tugend der Selbstbefragung ihres Wissens und ihrer Gewissheiten offenbar nicht im Geringsten mehr nötig haben.

Doch die ›Was ist…?‹-Frage ist unvermeidbar. Sie zu tabuisieren bzw. moralisch als verwerflich zu diffamieren, ist keine sinnvolle Strategie; und sie in lockerer Manier zu übergehen, kann in wissenschaftlicher Hinsicht nicht überzeugen. Bedeutsame Fragen müssen und können aber nicht immer beantwortet werden, auch wenn sie sich weiterhin aufdrängen. Der damit verbundene, nach Kant »Skandal der Philosophie und allgemeinen Menschenvernunft« (Kant 1787 in Weischedel 1964, S. 38 / B XL, Anm. – in der »zweiten da und dort verbesserten Ausgabe« der *Kritik der reinen Vernunft*) genannte Sachverhalt besteht einfach darin, erkennen zu müssen, dass es ohne ›bloßen Glauben‹ dann meist doch nicht geht und die (Gegen-)›Beweisführung‹ letztlich nicht überzeugen wird. Skandalös ist aber tatsächlich weder die Frage nach dem Wesen der Dinge noch die Einsicht in die Begrenztheit überzeugender Antworten, skandalös ist eher die Abwertung der

Frage selbst wie auch ihre unhinterfragte Beantwortung sowie ihre Tabuisierung.

Hypothetische Konstrukte statt Metaphysik?

Von erziehungswissenschaftlicher Reflexion und Theorie ist zu erwarten, dass sie die Komplexität konkreter Erziehungspraxis zu problematisieren vermögen; und von empirischer Bildungsforschung – insbesondere der quantitativ ausgerichteten – darf erwartet werden, allgemeine Zusammenhänge korrelativer Natur zwischen bedeutsam erscheinenden Variablen (und dahinter liegenden ›Konstrukten‹) aufzudecken. Diese beiden Tätigkeitsfelder haben allerdings weniger miteinander zu tun, als man sich dies vielleicht erhofft (vgl. Reichenbach 2010). Von Erziehungs- und Bildungstheorie führen keine direkten (aber doch mitunter methodisch und theoretisch gut vermittelbare) Wege zur Bildungsforschung und keine von der Letzteren irgendwie gradlinig zurück. Die Beziehung der beiden Felder kann mit der Metapher der »zwei Einsamkeiten« (vgl. Reichenbach 2010) beschrieben werden. Als akademisch beschränkt sind ihre Vertreter_innen dann zu bezeichnen, wenn sie sich entweder nur für korrelative Zusammenhänge, aber nicht für begriffliche Herausforderungen, oder aber nur für diese, nicht jedoch für jene interessieren.

Beide Felder haben es mit nicht direkt beobachtbaren Phänomenen zu tun, die sich auch der experimentellen Manipulation bzw. Variation weitgehend entziehen. Daher ist die älteste aller ›Methoden‹ in diesen Bereichen virulent: die Spekulation. Spekulationen zu Fragen, die nicht durch wissenschaftliche Beobachtung oder mit Experimenten beantwortet werden können, dürfen immer noch »metaphysisch« genannt werden (Hancock 1967, S. 289), gleichgültig wie kontrovers die Kategorie der Metaphysik tatsächlich ist (vgl. schon Walsh 1967, S. 300). Doch sozialwissenschaftliche und psychologische Forschung wähnt sich heute lieber metaphysikfrei (vgl. Habermas 1992) – unter den Prämissen der genannten begrifflichen Position wirkt dies wie ein Selbstmissverständnis. Da ›Spekulation‹ und ›Behauptung‹ in der antiessentialistischen Atmosphäre von Theorie und Forschung nicht gerade attraktiv wirken, reden Erziehungswissenschaftler_innen und Bildungsforscher_innen lieber von ›hypothetischen Konstrukten‹, als ob damit etwas gewonnen wäre: ein solider Grund, ein schützendes Dach oder eine rationale Ausgangsbasis. Phänomene oder Daten werden dann aus der Perspektive von ›Konstrukten‹ betrachtet oder analysiert.

Diese Konstrukte sind meist Ausdruck der forschungstheoretischen Provenienz und/oder Präferenz derjenigen, die sie verwenden (für eine entsprechende Zugehörigkeit ist die Fähigkeit zur kritischen Selbstbetrachtung auch keine Vorbedingung). Die ›Konstrukte‹ heißen zum Beispiel ›Resilienz‹, ›Selbstwirksamkeit‹, ›Leistungsmotivation‹ (wenn sie eher pädagogisch-psychologisch geprägt sind) oder etwa ›Bildsamkeit‹, ›Takt‹, ›Weltverhältnis‹ (wenn sie eher allgemein-pädagogisch geprägt sind) oder ›Kindheit‹, ›Partizipation‹, ›Milieu‹ (wenn sie eher sozialpädagogisch geprägt sind). Die Rede von ›hypothetischen Konstrukten‹ und ›hypothetischen Modellen‹, in welchen die ›Zusammenhänge‹ von ›Konstrukten‹ behauptet werden, mutet quasi-theoretisch an. Doch hat diese Rede mit Theorie zunächst wenig zu tun, vielmehr hat man den Eindruck, dass es sich in der zeitgenössischen Diskussion und Forschung vor allem um voluntaristische Setzungen handelt, die in den Forschungsbinnengemeinschaften gerade *en vogue* sind. Diese Moden würden allerdings allzu nobel kritisiert, würde man sie als ›alten Wein in neuen Schläuchen‹ bezeichnen. Schön wäre es, wenn diese Metaphorik zuträfe, doch in der antiessentialistischen Stimmung interessiert man sich, so scheint es, vor allem noch für die Schläuche und dabei insbesondere für deren Neuheit: Das sind z.B. Referenzautor_innen, die gerade hip sind, raffinierte Verfahren für Mehrebenenanalysen oder auch einfach alle Forschungsthemen (gerne auch ohne konkrete Fragestellung), die bildungspolitisch gerade virulent sind und für die Forschungsgelder in naher Zukunft leichter fließen werden als zu anderen Themen. Diese vielen intertextuellen und forschungsmethodischen Konstrukt-Blasen in Erziehungswissenschaft und Bildungsforschung sind weniger theoretischer Überbau als vielmehr schlicht Ausdruck davon, wie kontingent, d.h. hier vor allem beliebig und schnelllebig die damit verbundenen Tätigkeiten geworden sind.

Mit ›Konstrukten‹ wird jedoch nichts erklärt, nichts beschrieben und auch nichts verstanden. Das macht sie natürlich nicht überflüssig, denn Konstrukte sind und bleiben wichtige Hilfsmittel des Denkens und/oder Forschens. Erziehungswissenschaftliche Theorien und Bildungsforschung aber haben die Funktion und die Aufgabe, das *Beschreiben*, *Verstehen* und/oder *Erklären* von Phänomenen und Zusammenhängen menschlichen Verhaltens und sozialer Praktiken im Bereich von Erziehung und Bildung voranzubringen. Antiessentialistisch sind Theorien – in diesem Sinne verstanden – in der Regel gerade nicht, vielmehr kann die grassierende Theorielosigkeit als ein Zeichen für den erfolgreichen Antiessentialismus in den zunehmend zu ›selfish systems‹ gewordenen Bereichen von Bildungsdiskurs und Bildungsforschung betrachtet werden.

Theorien sind Grundlage und Gegenstand des einschlägigen wissenschaftlichen Austausches; werden sie nicht kultiviert, fällt auch der Austausch mehr oder weniger in sich zusammen. Austausch macht nur Sinn in einem Feld, in dem es etwas auszutauschen gibt; Theorien sind Entitäten, die sprachlich ausformuliert sein müssen und verfeinert werden, sie müssen eine Form aufweisen, die intersubjektiv nachvollziehbar ist. Die Bemühung um Transparenz ist nur dann einigermaßen vollständig oder zufriedenstellend, wenn die ontologischen, epistemologischen und methodologischen (Vor-)Annahmen, Zugänge und Fragestellungen (sowie damit verbundene Probleme) verständlich thematisiert werden. Wo aber nur noch von ›Konstrukten‹ und ›hypothetischen Modellen‹ die Rede ist, während ihre theoretischen und praktischen Entstehungsbedingungen nicht mehr zu interessieren scheinen, müssen auch keine ontologischen, epistemologischen oder methodologischen Überlegungen angestellt oder entsprechende Positionen gerechtfertigt werden. Die scheinbare ›Nähe‹ zum Phänomen, die mit dem Konstrukt-Denken suggeriert wird, und die scheinbare ›Phänomenferne‹, die der Preis von Theorie zu sein scheint, machen allzu leicht vergessen, dass das Interesse an der Welt und der Blick auf sie zwar immer nur unmittelbar sein können, aber Theorie diese Vermittlung überhaupt erst in einem qualifizierten Sinn ermöglicht (zumindest im ursprünglichen Sinn von *theorein*, welches bekanntlich anschauen, beobachten bzw. betrachten heißt).

Auf die theoretische Einbettung und Diskussion der Bedeutung konkreter Forschungsbemühungen kann heute im Bereich der empirischen Bildungsforschung aber offenbar weitgehend verzichtet werden; es reicht, einen (politisch, moralisch, zeitgenössisch) mehr oder weniger anerkannten Gegenstand zu untersuchen und dabei auf bewährte Methoden und vielbenutzte Konstrukte und Operationalisierungen zurückzugreifen. Damit wird eine wenig reflexive und wenig innovative Forschung unterstützt, die keineswegs zumindest solide aufeinander aufbauende Ergebnisse und Einsichten garantiert, was u.a. mit dem Problem der mangelnden Replizierbarkeit (vieler Untersuchungsergebnisse) und der fehlenden Replikationsstudien (vgl. z.B. Schmidt 2009; Yong 2013) zusammenhängt.

Doch warum interessieren elementare theoretische Fragen ontologischer, epistemologischer sowie methodologischer Art in Erziehungswissenschaft und Bildungsforschung kaum noch? Vielleicht liegt ein Grund darin, dass die Behandlung dieser Fragen für die Akzeptanz des konkreten Forschungsprojekts und seiner Ergebnisse innerhalb der Scientific Community wenig oder sogar gar nichts bringt. Vielleicht liegt ein anderer Grund darin, dass mit der Behandlung dieser Fragen allzu offensichtlich wird, wie wenig ›nach-metaphysisch‹ die Forschung in Erziehung und Bildung letztlich ist (und auch sein kann). Mit ernsthaften Versuchen, ontologisch, epistemologisch und methodologisch zu verstehen und zu verorten, was und wie genau untersucht wird, von welchen stillschweigenden Vorannahmen dabei ausgegangen wird, handeln sich der normal interessierte Erziehungswissenschaftler bzw. die robust handwerklich tätige Bildungsforscherin nur Probleme ein! Sie werden erkennen, dass sie vom Verständnis des ›Wesens‹ der Dinge und Sachverhalte, die sie vermeintlich untersuchen, weit weg sind. Das könnte ihr professionelles Selbstverständnis irritieren.

Schlussbemerkungen

Antiessentialismus sowohl in Form der Tabuisierung (eher die erziehungswissenschaftliche Diskussion betreffend) als auch jener des Desinteresses (eher die empirische Bildungsforschung betreffend) können als Immunisierungsstrategien gegen solche Irritation diskutiert werden. Diskurspolizeilich und auf Methoden reduziert ist man und frau unangreifbar geworden und gleichzeitig wird vom kräftigen Tool des Antiessentialismus profitiert, mit welchem man/frau die Unaufgeklärtheit und/oder wissenschaftliche Naivität der anderen – sei es im Gewand von Kolleg_innen – kritisieren kann.

Denn wer antiessentialistische Haltungen kritisch betrachtet, vertritt keineswegs notwendigerweise selber eine essentialistische Position (dieser Schluss ist logisch fehlerhaft), auch ist, wer an Antworten von ›Was ist…?‹-Fragen Interesse zeigt, ebenso wenig automatisch Essentialist. Das meinte nur Popper.

Literatur

Adorno, T.W. (1964): *Jargon der Eigentlichkeit. Zur deutschen Ideologie*, Frankfurt/M.

Habermas, J. (1992): *Nachmetaphysisches Denken. Philosophische Aufsätze*, Frankfurt/M.

Hägler, R.-P. (1994): *Kritik des neuen Essentialismus*, Paderborn.

Hancock, R. (1967): »History of Metaphysics«, in: P. Edwards (Hrsg.): *The Encyclopedia of Philosophy*, Vol. V, New York/London, S. 289–300.

Hansen, T.E. (1994): *Karl Popper. Die beiden Grundprobleme der Erkenntnistheorie* (2. Aufl.), Tübingen.

Kant, I. (1787/1964): *Kritik der reinen Vernunft. Werkausgabe in 12 Bänden*, hrsg. von Wilhelm Weischedel, Bd. III/IV, Frankfurt/M.

Musgrave, A. E. (1998): »Explanation, Description and Scientific Realism«, in: H. Keuth (Hrsg.): *Logik der Forschung*, Berlin, S. 83–102.

Reichenbach, R. (2010): »Two Solitudes: Educational Research and the Pedagogical Realm«, in: *European Educational Research Journal*, 9(2), S. 138–146.

Schmidt, S. (2009): »Shall We Really Do it Again? The Powerful Concept of Replication Is Neglected in the Social Sciences«, in: *Review of General Psychology*, 13(2), S. 90–100.

Shearmur, J. (1996): *The Political Thought of Karl Popper*, New York.

Walsh, W.H. (1967): »Nature of Metaphysics«, in: P. Edwards (Hrsg.): *The Encyclopedia of Philosophy*, Vol. V, New York/London, S. 300–307.

Yong, E. (2013). »Jede Menge Murks. Viele wissenschaftliche Studien lassen sich nicht reproduzieren«, in: *Spektrum der Wissenschaft*, Februar 2013, S. 58–63.

Über Antiessentialismus in der Wissenschaft

Gespräch mit Rolf Bossart

Rolf Bossart: Wissenschaftlichkeit steht in der Tradition der Aufklärung für eine schonungslose Sicht auf das, was der Fall ist. Trotzdem kommt es in den wissenschaftlichen Diskursen immer wieder zu Tabuisierungen von Fragestellungen und Themen. Auch in der Pädagogik ist dies festzustellen. Sie haben diesen Umstand schon oft kritisiert. Vielleicht können Sie ein Beispiel geben, worum es bei solchen Tabuisierungsprozessen geht.

Roland Reichenbach: Nehmen wir den Streit zwischen Essentialismus und Antiessentialismus. Beide Positionen, für die es gute Gründe gibt, sind in ihrer konkreten »Anwendung« nicht sauber voneinander zu trennen. Wenn man den Essentialisten kritisiert, dem es um die Fragen nach dem »Wesen« der Dinge geht, ist das nicht gleichbedeutend damit, dass man eine antiessentialistische Position vertritt, und umgekehrt gilt, dass die Kritik am Antiessentialismus nicht eine essentialistische Position impliziert. Denn die Frage »Was ist?« bleibt ja unterschwellig immer bestehen, sie steckt sozusagen in der Existenz. Tabuisierungen helfen wenig. Ein Beispiel: Empirische Bildungsforscher, die dem quantitativen Paradigma folgen, mögen sich teilweise schon fast demonstrativ nicht für die Frage interessieren, was das Wesen eines sozialen Phänomens tatsächlich – »in Wahrheit« – ist; sie operieren mit ihren Konstrukten und interessieren sich für deren quantifizierbare Korrelationen. Wenn über die Bedeutung der Selbstwirksamkeit geforscht wird, dann gilt als Selbstwirksamkeit eben das, was sich mit einer entsprechenden Skala, die sich in vorausgegangenen Studien bewährt hat, erfassen lässt. Nicht mehr und nicht weniger. Und das ist auch völlig ok, gewissermaßen wissenschaftlich sauber. Aber dabei sollte nicht vergessen werden, insbesondere in der Interpretation der Befunde, dass Konstrukte Artefakte sind und dass zwischen der Beschreibung von Wirklichkeit und dieser Wirklichkeit selbst eine Lücke klafft, die klein, aber auch sehr groß sein kann.

Rolf Bossart: Ein dezidierter Antiessentialist war Karl Popper, der jede Frage nach dem, was ist, als Beginn des Weges in den Dogmatismus und in totalitäre Systeme zurückwies. Man spürt diese Ablehnung zum Beispiel in seiner emphatischen Rezeption des Vorsokratikers Parmenides. Dieser hatte ja die Erörterung der Frage, was genau zum Sein dazugehört – ob etwa das Nichtsein auch sein kann oder ob man bei der Frage nach dem »was ist und was nicht ist« auch schwanken könne – folgenreich für die westliche Philosophiegeschichte tabuisiert. Auch der »trügerischen« Sinneserfahrung hat er im Bestreben nach gesicherter Erkenntnis eine Abfuhr erteilt: »Lass dich nicht zwingen durch die Gewohnheit und ihr vieles Erfahren, nicht durch das Walten der ziellosen Augen, des brausenden Gehörs und der Zunge.« Am Anfang der westlichen Philosophie steht also ein Frageverbot.

Roland Reichenbach: Bei allem Verständnis für die Beweggründe Poppers und anderer für dieses Tabu ist die Frage nach dem Wesen bedeutsam und nicht hintergehbar. Der philosophisch interessierte Mensch weiß natürlich, dass die Antwort, nach der er sucht und die er vielleicht findet, kaum Anspruch auf allgemeine oder gar endgültige Wahrheit erheben kann. Trotzdem muss er fragen und weiterfragen.

Rolf Bossart: Ist das nun nicht etwas zu vorsichtig ausgedrückt? Bleibt dann nicht die ganze Emphase bei der Frage hängen? Es gibt ja heute eine Tendenz zur Stilisierung der Frage zum alleinigen Sinnträger überhaupt. Zum Beispiel in den Begründungen für das Philosophieren mit Kindern, das im neuen Schweizer Lehrplan zu Recht einen wichtigen Platz bekommen hat. Man hat da immer den Eindruck, es reicht schon, die Fragen zu stellen und irgendwie darüber zu sprechen. Die möglichen Antworten sollen »spielerisch« sein, »experimentell«, reine »Versuchsanordnungen«. Es wird gar nicht in Erwägung gezogen, dass die Antworten irgendeinen Geltungsanspruch haben könnten. Wie aber bleibt dann die Frage relevant, wenn es die Antworten nicht sind? Ich glaube nicht, dass die Frage alleine existieren kann ohne Antwort. Fragen ergeben sich nur aus Antworten, denn jede Antwort – zumindest über existentielle Fragen – wird, weil sie zwangsläufig unbefriedigend bleibt, irgendwann zu einem Skandal und führt zur In-Fragestellung dessen, was ist. Und diesen Weg sollte man Kindern nicht ersparen, außer man bringt ihnen bei, dass Antworten irrelevant sind und damit auch das Fragen selbst.

Roland Reichenbach: Ohne die vielleicht fromme Hoffnung auf eine Antwort geht es vielleicht tatsächlich nicht. Aber auch das Wissen um Unbeantwortbarkeit schafft die Frage nicht aus der Welt. Der konstruktivistische Forscher »löst« das Problem auf flotte Manier, indem er sagt, alle empirisch gefundenen »Antworten« stecken in den Daten, in den Zahlen, d.h. der Quantität, während den Worten nur die Bedeutung zukommt, diese Zahlen zu beschreiben. Wird die Validität des Konstrukts hinterfragt, sind entsprechend gefundene Zahlen mit Worten nicht mehr zu retten. Daher: »Warum Konstrukte – als Axiome der empirischen Forschung – ernsthaft hinterfragen?« Das schwächt die eigene Position. Der theorieaffine Bildungswissenschaftler hält dagegen immer ein gewisses Kontingenzbewusstsein aufrecht, er weiß, dass prinzipiell alles einer Historizität unterliegt, einer Gewordenheit, von sozialen Machtverhältnissen imprägniert ist etc. und mag sich nicht auf Antworten festlegen. In beiden Fällen ist also eine antiessentialistische Praxis zu erkennen, die von den Akteuren als solche vielleicht nicht erkannt oder einfach nicht weiter reflektiert wird. Während dieser Antiessentialismus im Falle des Bildungstheoretikers vielleicht einem epistemischen Unbehagen entspringt, ist er im Falle des empirischen Forschers eher durch eine Art von wissenschaftlichem Skrupel motiviert, eine Angst, einfach »irgendetwas« zu sagen, was sich mit Daten nicht belegen, sich nicht klar umreißen und abgrenzen lässt. In beiden Fällten kommt eine Haltung zum Ausdruck, die ja eigentlich sympathisch ist.

Rolf Bossart: Doch diese Abgrenzungen können auch umschlagen in eine Überbetonung der Differenzen, wo die Ähnlichkeiten nicht mehr relevant erscheinen für konstruktive Vergleiche. Das eine hat plötzlich nichts mehr mit dem anderen zu tun und erscheint daher als etwas völlig Neues. Die Wissenschaft wäre damit ihrer Aufgabe der Synthetisierung und Vermittlung des Unterschiedlichen und Ungleichzeitigen enthoben. Zurück blieben isolierte, beinahe aseptische und letztlich völlig kontingente Begriffe, mit denen man alles anstellen und in die man alles hineinprojizieren kann. Dafür anfällig scheinen mir vor allem die politische Philosophie und die Pädagogik zu sein.

Roland Reichenbach: Oder auch die Psychologie, überall da, wo sie beispielsweise Typologien entwirft und mit einer spezifischen Diagnostik suggeriert, dass man die Menschen sauber einteilen kann. Hier kehren jenseits des Streits zwischen Essentialismus und Antiessentialismus naturalistische Begierden und Motive wieder. Das scheint die meisten nicht weiter zu stören, während gleichzeitig beispielsweise entsprechende »Einteilungen« hinsichtlich der Geschlechter als höchst problematisch erscheinen. Daran ist zu erkennen, dass unterschiedliche zugrunde liegende Interessen eben auch unterschiedliche wissenschaftliche Diskurse produzieren. Typologien sind aktuell meines Erachtens vor allem als »ökonomische Kategorien« gefragt, weil man damit wirksam und erfolgreich im wissenschaftsnahen Raum operieren kann. Geschlecht oder Sexualität werden momentan stark als politisch relevante Kategorien betrachtet, weil wir Gleichheit zurzeit vor allem als Gleichberechtigung von Differenzen definieren und sie nicht im Rahmen gleicher Teilnahme an etwas Größerem verstehen. Aber in einem sehr praktischen Sinn kommt es meines Erachtens mit dieser wissenschaftlichen (und akademisch noblen) Abgrenzungslogik zu einem gravierenden Problem im Bereich der Bildung und Erziehung: Denn wer heute – sei es als »Laie« oder nicht – an konkreten Erziehungsfragen interessiert ist, kann – ich übertreibe ein wenig – die Hoffnung begraben, aus der Bildungswissenschaft bzw. Bildungsforschung etwas zu erfahren, was seiner Praxis helfen könnte.

Rolf Bossart: Vielleicht ist das der Grund, weshalb, wenn es um Menschen geht, Wissenschaft häufig langweilt. Wenn es keine Erzählung im Hintergrund gibt, kann man den Zahlen zu wenig entnehmen und die Inspirationskraft von bloßen Begriffsunterscheidungen ist beschränkt. Eine Geisteswissenschaft, die nicht erzählen darf, trocknet langsam aus. Um aber auf den Antiessentialismus zurückzukommen: Ich denke, der Trick antiessentialistischer Wissenschaft und Forschung besteht darin, die Erzählung, ohne die niemand auskommt, einfach als Antierzählung einzuführen. Man sagt nicht mehr wie der trockene Wissenschaftler, ich kann im Moment keine klaren Aussagen machen oder ich kann nur um den Preis der Komplexitätsreduktion klare Aussagen machen, man sagt auch nicht wie die Essentialisten, dass es sich so oder so verhält, oder jenes gar nicht anders sein kann, als es ist, sondern man sagt, dass das, was ist, immer schon im Unrecht ist, weil es immer eine Geschichte des Ausschlusses von anderen Möglichkeiten hinter sich hat bzw. impliziert und weil diese Ausschluss-Geschichte immer von den Mächtigen und ihren partikularen Interessen ausgegangen ist. Man fragt nicht, was ist heute das Proletariat? Wie wird es handlungsfähig? Ist es noch relevant? Sondern man will bloß wissen, wie es zur Konstruktion des Proletariats gekommen ist. Ebenso fragt man nicht, was macht einen guten Lehrer aus, wie muss eine gute Lehrerbildung aussehen? Sondern man will bloß wissen, wie es zur Konstruktion des aktuellen Lehrerbilds gekommen ist. Oder man fragt, wie kam es zur Familie, zu Geschlechtern, zu Institutionen usw.? Und man zeigt damit nur, dass das alles kontingent ist, weil es weder immer so war noch alternativlos so sein muss. Aber man zeigt nicht, warum es genauso geworden ist und sich so lange gehalten hat und welche erwünschten und unerwünschten Effekte seine Dekonstruktion haben kann usw. Es geht mir nicht darum, die Konstruktionsfrage und die Wesensfrage gegeneinander auszuspielen, sondern ich möchte nur darauf hinweisen, dass die eine Art des Fragens die andere nicht einfach ersetzen kann. Denn das ist das Verführerische an der Dekonstruktion: Man ist immer kritisch, ohne eine Position für etwas Bestehendes beziehen zu müssen, man ist immer mit den Schwachen, ohne noch mit ihnen sein zu müssen, wenn sie erstarkt sind, man ist immer für das Neue, ohne seine Alterung akzeptieren zu müssen usw.

Roland Reichenbach: Ich glaube nicht, dass »die« Antiessentialisten bewusst keine Aussagen über die Welt machen wollen, sondern ich vermute dahinter eigentlich ein anti-sentimentalisches Motiv – womit ich zugegebenermaßen eine Art Hobbypsychoanalyse der Wissenschaft betreibe. Was ich meine: Man möchte sich nicht eingestehen oder nicht zeigen, dass man doch für etwas einsteht. Die einen ziehen sich zurück auf Befunde und Korrelationen, scheinbar ganz ohne eine Bewertung vorzunehmen, die anderen verweisen unablässig auf die bloßen Beschreibungsformen unterschiedlicher Diskurse und Ideen. Darin kommt vielleicht weniger eine Gleichgültigkeit gegenüber der Wahrheit zum Ausdruck als vielmehr eine Angst gegenüber Geltungsansprüchen von Wahrheit und Richtigkeit.

Rolf Bossart: Ist der Grund dafür eine Art Scham vor der Banalität der Wahrheit, eine Art Selbstschutz, um sich nicht der Zurückweisung der vertretenen Positionen von anderen aussetzen zu müssen?

Roland Reichenbach: Ich weiß natürlich nicht, ob die Scham im Zentrum steht, oder wenigstens eine Hemmung, in dem Sinn, dass man zwar wüsste, was gut und richtig ist, aber es nicht so zu äußern wagt. Aber ich glaube, es ist komplexer. Wir stecken einfach oft auf sehr unreflektierte Weise in einem normativen Programm fest. Es scheint mir in den theoretischen wie empirischen Forschungsmilieus manchmal eine Art stillschweigende Normativität zu geben, mit der man sich nicht auseinandersetzen möchte. In der Erziehungswissenschaft sind es momentan ja meist bedeutsame, allgemeine psychologische Vokabeln wie »Selbstorganisiertes Lernen« oder »Selbstwirksamkeit« oder »Resilienz«, auf die man sich scheinbar geeinigt hat, ohne zu bedenken, dass damit immer bereits wichtige Vorentscheidungen gefällt werden. Zum Beispiel schwingt in den meisten demokratischen Bildungsdiskursen mit, dass »Kooperation« oder das »Soziale« überhaupt etwas Positives sein soll. Aber es wird nicht explizit gesagt und auch nicht hinterfragt, denn täte man es, würde man schnell erkennen, wie dürftigmickrig die Grundlagen dieser stillschweigenden Normativität, tatsächlich sind. Auch die Nazis haben bekanntlich großartig kooperiert bei ihrem Vernichtungswerk, auch der Gewaltverbrecher braucht soziale Kompetenzen, um sein niederträchtiges Vorhaben auf wirkungsvolle Weise zu verwirklichen.

Rolf Bossart: Diese angesichts der Zweideutigkeit mancher Befunde taktische Zurückhaltung des Wissenschaftlers, sich in Wertungsfragen zu äußern, ist sehr verständlich. Nur führt das offensichtlich seltener zu einer Reflexion der Zweideutigkeit selbst, als vielmehr zu einer unreflektierten Verstärkung der normativen Setzungen, die gesellschaftlich gegeben sind und den öffentlichen »Diskurs« prägen. Wo, wie und vom wem müsste denn eine bewusste Reflexion darüber stattfinden?

Roland Reichenbach: Auf jeden Fall ist nötig, dass diese Reflexion stattfindet und in ihrer Bedeutung anerkannt wird. Gleichzeitig frage ich mich, welches Gewicht ein solches Nachdenken überhaupt in einer liberalen Gesellschaft besitzen kann, in der wir ja leben. Sind nicht die liberale Wissenschaftsorientierung einerseits, verbunden mit dem großartigen Postulat, sich ohne dogmatische Setzungen über die Phänomene in unserer Welt zu unterhalten, und der Antisentimentalismus oder Antimoralismus, andererseits, nur die zwei Seiten derselben Medaille? Einen moralisch reflektierten Standpunkt einzunehmen impliziert zu wissen, was einem wichtig ist, welche Bindungen man hat – d.h. es geht im Kern um eine rein affektive Qualität, und diese ist im abendländischen, insbesondere cartesianisch geprägten Wissenschaftsverständnis ausgeschlossen.

Rolf Bossart: Die Folge wäre, dass die Reflexion, das aber heißt auch die Bewertung der Wissenschaften und ihrer Prämissen oder Ergebnisse, selber nur noch außerhalb des Rahmens der Wissenschaftlichkeit erfolgen könnte, als bloße Äußerung subjektiver oder kollektiver Ansichten, als unverbindliche Meinung. Andererseits ist auch – im sogenannten Glauben an das Wissen der Experten – das Gegenteil zu beobachten: Dass man nämlich das Moralisieren eines Wissenschaftlers, dort wo es trotzdem unbewusst oder bewusst auftritt, nicht als solches erkennen will, sondern es für eine wissenschaftliche Haltung hält, weil man der Meinung des Experten Glauben schenken möchte.

Roland Reichenbach: Das scheint auf ein Bedürfnis zu verweisen, dass beide, Empirie und Reflexion, wieder besser zusammenkommen.

Rolf Bossart: Sind wir nicht immer beeindruckt vom Physiker, der auch Philosoph ist, von der Filmemacherin, die einen naturwissenschaftlichen Uniabschluss hat? Sind wir nicht berührt von Wissenschaftlern, die ihren eigenen existentiellen Fragen nachgehen? Sind wir nicht begeistert von Forschern, die ihre Ergebnisse auch in gute Erzählungen fassen, oder fiebern wir nicht mit jenen mit, die, erschrocken über die unerwünschten Folgen ihrer Theorien, diese lautstark kritisieren? Und doch finden sich im herrschenden Wissenschaftsbetrieb kaum Anwendungen für solche spannungsreichen Konstellationen.

Roland Reichenbach: Theorie heißt etwas betrachten, etwas beschreiben, staunen über die Phänomene. Mit empirischen Methoden allein kommt man natürlich nicht in diesen Modus. Die »sauberen« empirischen Forscherinnen und Forscher benennen nur, was sie gefunden haben. Sie geben meistens keine Auskunft darüber, was unauffindbar erscheint, möglicherweise nie nachweisbar sein wird, oder anderes gesagt, sie artikulieren kein Nichtwissen. Im schlimmsten Fall sind sie Unwissende, als solche mit ihrem Nichtwissen nicht in Kontakt, also schlichte Ignoranten. Es besteht meines Erachtens kein Zweifel daran, dass man manche solche Leute in Universitäten und in Forschungsinstituten antrifft. Weniger schlimm sind jene, die ihr Nichtwissen nicht bekunden, weil es ihnen aus strategischen oder anderen Gründen als nicht erfolgsbringend erscheint oder sogar dysfunktional. Am Schluss eines Experiments, einer Untersuchung steht die Bestätigung der Hypothese oder deren Verwerfung. Ergebnisse, die nicht in den unmittelbaren Geltungsbereich der Hypothese eingeordnet werden können, werden zwar mitunter erwähnt, aber meistens wird damit nicht gearbeitet, wohl weil sich hier der Raum des Nichtwissens eröffnet, für den es in der Empirie im Grunde nur eine negative Sprache gibt. Doch genau hier, in dem was kontraintuitiv zu Tage tritt, wird es interessant.

Rolf Bossart: Können Sie ein Beispiel geben?

Roland Reichenbach: Ein Beispiel für ein kontraintuitives Forschungsergebnis der letzten Jahre ist die Nicht-Korrelation von politischem Lernen mit sozialem Lernen wie etwa dem Üben von kooperativem und kompromissbereitem Verhalten. Das heißt, wider Erwarten zeigen die empirischen Befunde, dass sich die zwei Lernformen und -inhalte, anders als meist behauptet wird, kaum überschneiden, vielmehr sogar leicht negativ korrelieren. Das muss dahingehend interpretiert werden, dass soziale Kompetenzen nicht die Grundlage der politischen Kompetenzen im Sinn von »je mehr vom ersten, desto besser für das zweite« darstellen. Kooperieren, sich einigen, sich verstehen ist aufgrund der Befunde, die bisher vorliegen, nicht die Basis des politischen Lernens. Oder anders formuliert: Harmonie und Ausgleich ist kein so wichtiges Lernfeld für politisches Lernen, wie normalerweise vermutet wird. Vielmehr geht es im Bereich des Politischen um Ringen und Kämpfen, um das Entwickeln von Strategien, um das Überzeugen oder Überreden von Mehrheiten, um flexible Machtkonzepte, um die Fähigkeit, Dissens auszuhalten. An diesem Beispiel kann die stillschweigende Normativität, die wir vorher kurz angesprochen haben, gut illustriert werden: Meine Erfahrung ist, das viele in der Politischen Bildung Tätigen solche Resultate rundheraus leugnen, denn sie wollen einfach – wenigstens für die Schülerinnen und Schüler, dass die Politik ein Miteinander ist. Sie ist aber im Kern und zuvorderst ein Gegeneinander. Das agonale Element aller Politik wird abgemildert. Als ob man primär miteinander argumentieren würde! Man spricht zwar miteinander, aber argumentieren tut man gegeneinander. Man versucht, die eigene Position mit Argumenten zu stärken und die Gegenposition mit Argumenten zu schwächen. »Dis-currieren« heißt auseinanderlaufen, weil man aneinandergeraten ist, und trotzdem wird der Diskurs in der politischen Bildung von vielen Vertreterinnen und Vertretern primär als ein soziales Miteinander verstanden, das dem Verständnis und dem Konsens dienen soll. Doch das war noch nie das »Wesen« der Politik.

Rolf Bossart: Bei Popper heißt es: Misstraue deinen Sinnen, sie zeigen nur das unsichere Besondere, nicht das sichere Allgemeine. Ihr Begriff des Kontraintuitiven scheint das umzukehren: Misstraue deiner Intuition, sie führt dich nur zum Allgemeinen, nämlich zu dem, was alle denken, und übergeht das Besondere. Im Zeitalter der großen Rechner zeigt sich das Besondere des Menschlichen immer mehr in einem virtuosen Umgang mit diesem Nichtwissen, von dem wir vorhin gesprochen haben. Nichtwissen produktiv zu bearbeiten, gar mit Sinn zu füllen ist etwas, was Computer bisher offenbar nicht können. Sie rechnen, aber sie rechnen nicht mit dem, was nicht da ist. Die Traditionen der Religionen liefern uns zwei fundamentale Praktiken im Umgang mit dem, was fehlt: Erstens das Füllen der Lücken durch die Vorstellungskraft und das Hinzuerzählen von Zusatzgeschichten. Zweitens das Aushalten, dass alles, selbst Gott, sich als gut und böse zeigen und jede Aussage über das Wesen der Dinge auch immer ins Gegenteil umschlagen kann – also das Aushalten der Ambiguität von fast allem auf der Welt.

Roland Reichenbach: In der Pädagogik der letzten Jahrzehnte begegnet man einer ganzen Reihe von Gegensatzpaaren, in denen Begriffe gegeneinander ausgespielt werden, die im Grunde weniger Gegensätzliches als vielmehr einfach Unterschiedliches und oft Komplementäres meinen: Theorie und Praxis, Autonomie und Heteronomie, Partizipation und Hierarchie, Essentialismus und Antiessentialismus oder auch Behaviorismus und Konstruktivismus. Wenn wir Letzteres betrachten, so finden wir, dass beide Konzepte für ganz unterschiedliche Bereiche zuständig sind und daher kaum verglichen oder gegeneinandergestellt werden sollten. Der Behaviorismus untersucht, wie sich Verhalten verändern lässt, und dem Konstruktivismus geht es darum zu beschreiben, wie etwas aufgebaut, wie Einzelnes miteinander verbunden wird. Der plakative Gegensatz zwischen »construction« und »instruction«, den man aufgebaut hat, suggeriert dagegen eine Entscheidung, als sollte man das eine einfach zugunsten des anderen weglassen. Wenn wir an die Bildungsstufen bei Kant denken – erstens die Fürsorge oder »Wartung« des Babys, zweitens die Disziplinierung, das Stillsitzen und Zuhören lernen usw. –, dann sind diese »Stufen« mit dem Instrumentarium des Konstruktivismus kaum beschreibbar. Aber in der Erforschung der Erziehung und Bildung auf die behavioristische Perspektive (oder ein adäquates Komplement) aus anthropologisch oder politisch dogmatischen Gründen zu verzichten, macht meines Erachtens auch überhaupt keinen Sinn. Genauso wenig ist es überzeugend, mit einer behavioristischen Brille beispielsweise offenen Projektunterricht zu bekämpfen. Obwohl diese Basics von niemandem im Feld bestritten werden, laufen die Diskussionen in der Lern- und Unterrichtsforschung erstaunlich penetrant auf ein Entweder-Oder beziehungsweise einen Gestern-Heute-Modus hinaus, im Sinne von »Früher war Behaviorismus und Instruktion, heute ist Konstruktivismus und selbsttätiges Lernen«. Diese Diskurse sind erstaunlich primitiv und wirkungsvoll. An solchen Beispielen erkennt man, wie stark die Erziehungswissenschaft heute unterschwellig oder ganz offensichtlich politisiert ist. Diese Diskurse und die entsprechenden Forschungssemantiken spielen sich in einem bildungspolitischen Raum ab, in dem gewisse Redeweisen akzeptiert sind und forschungsstrategischen Erfolg versprechen, andere aber nicht.

Rolf Bossart: Eine antagonistische Sicht auf die Realität hat ja die freundliche Eigenschaft, das Eigene von aller Zweideutigkeit und Widersprüchlichkeit zu erlösen, indem sie das Böse dem Gegner zuweist. Einem Theologen fällt es nicht schwer, das daraus folgende Szenario vorauszuahnen. Denn ist einmal nur noch die eine gereinigte Sache übrig, kehrt das Böse mangels anderer Repräsentationsmöglichkeiten bald wieder: Der geheiligte Begriff wird zuerst schillernd und dann zum Container, der alles mühsam Ausgelagerte wieder aufnehmen muss und damit so unrein, profan und mehrdeutig wird wie alles je zuvor. So geschieht es mit dem Göttlichen, sobald seine Monstrosität in den Teufel abgeschoben wird. Ich denke, ein ähnliches Schicksal droht beispielsweise dem »selbstorganisierten Lernen«, das am Ende auch den Zwang und die Langeweile des verteufelten Trichterlernens tragen muss, oder etwa dem »Kompetenzbegriff«, dem plötzlich das vermaledeite nicht anwendungsorientierte Wissen auf den Schultern hockt.

Roland Reichenbach: Ihre theologische Perspektive überzeugt mich sehr. Auch führt sie zu erfreulich frechen Schlüssen, die für den pädagogischen und bildungspolitischen Mainstream natürlich unhaltbar sind. Fritz Osterwalder hatte wohl nicht ganz unrecht mit seinen vielen Hinweisen auf die Pädagogik als einer »säkularisierten Theologie«, die aufzeigen, in welch bedenklichen Zustand die Erziehungswissenschaft gerät, wenn sie kein Instrumentarium mehr hat, um die starken, wichtigen, aber einfach unterschiedlichen Paradigmen vernünftig zu systematisieren und im Rahmen einer »kritischen Theorie« zu ordnen und stattdessen sich nur über Ausschlussdiskurse und Dichotomien vorwärtsbewegen will. Die fixe Idee, pädagogische Innovation und Fortschritt der Bildungsinstitutionen allein über ein »neues Paradigma« oder eine »neue Methodik« zu ermöglichen, ist dermaßen unbescheiden und ignorant gegenüber der Komplexität der Materie und einschlägigen früheren Konzepten, dass man sich, hätte man nur mehr Empörungskapazität, täglich aufregen könnte; als ob richtig nur sein kann, was heute gesagt wird.

Rolf Bossart: Wenn ich mich frage, warum diese Diskursform insbesondere in der Pädagogik so wuchtig auftritt, dieses Wechselspiel von Verteufeln und Heiligen, so kommen mir die immer wiederkehrenden drastischen Schilderungen von

Schlüsselerlebnissen in den Sinn, in denen Kinder mit einer falschen Methode drangsaliert wurden, besondere Begabungen durch falsche Interventionen der Lehrperson verkümmert sind oder eine motivierte Kinderschar innert kurzer Zeit passiv wurde. Ich glaube, am Anfang eines neuen Paradigmas steht immer auch die tiefe Empörung über das Ungenügen der Bildungsprozesse und das Leiden der Schüler_innen in der Schule. So sehr ich das nachvollziehen kann, wünschte ich mir für die Erziehungswissenschaft in Zukunft sozusagen wieder etwas weniger Empathie für den offenbar stets lernwilligen Schüler und ein wenig mehr Aufmerksamkeit für das, was Freud das »Unbehagen in der Kultur« genannt hat, gepaart mit emphatischer Analyse der herrschenden Verhältnisse.

Roland Reichenbach: Kollisionen von gleichberechtigten Ansprüchen sind unvermeidlich im Feld der Bildung und Erziehung, ebenso ist kaum reduzierbare Komplexität unvermeidlich, auch Erfahrungen des Scheiterns sind unvermeidlich, quälende oder unterdrückte Fragen der Normativität sind unvermeidlich, kurz, die Grenzen des Machbaren sind zu akzeptieren. Stattdessen begegnen wir überall einer Herstellungs- und Zugriffsmentalität, einem Aktivismus, der die Erfolgsbedingungen systematisch ignoriert. Pädagogik wird erst dann eine realistische Wissenschaft werden, wenn sie sich für die Unzulänglichkeiten in Bildung und Erziehung interessiert und ihren Möglichkeiten gemäß an der Vermittlung der Widrigkeiten arbeitet.

Der Staat und die Bildung

Von Platons antiliberalen Vorstellungen bis zur »pädagogischen Panik« in der aktuellen Bildungspolitik

Ideen sind erfolgreich, wenn sie sich ihr Überleben gegen jede Erfahrung sichern können. Die platonische Idee, dass mit Bildung der gerechte Staat zu verwirklichen sei, ist eine erfolgreiche Idee. Dreimal ist Platon beim Versuch kläglich gescheitert, seine Utopie zu verwirklichen. Macht nichts. Heute gilt Platons Staat zum Glück nur noch als Utopie. Würde man meinen. Das wäre beruhigend. Man kann von ihr dennoch viel lernen, aber edel motivierte Heilsideen in der Bildung radikal umzusetzen, davon sollte man lieber die Finger lassen. Isaiah Berlin (1909–1997) schrieb im Epilog zu seinen *Persönlichen Eindrücken* (2001): »Mein Interesse an Ideen, mein Glaube an ihre gewaltige und manchmal unheilvolle Macht, meine Überzeugung, dass der Mensch, wenn er diese Ideen nicht richtig begreift, von ihnen viel stärker bedroht wird als von den unkontrollierten Naturgewalten oder auch seinen eigenen Institutionen – all das wird von den Vorgängen in der Welt tagtäglich neu bestärkt.« (Berlin 2001, S. 372f.)

Wer noble Bildungsideen (heute die Kompetenzorientierung) konsequent umsetzen will, staatlich gesteuert und kontrolliert, lässt die gute Liberalität hinter sich, die in der Bildung immer auch kulturelle Nischen, Lücken und Brache zulässt. Die heutigen Bildungsutopien sind vor allem umfassend-administrativer Art. Ihre Umsetzer treten grundlos selbstsicher auf. Sie scheinen genau zu wissen, was gut ist, welche Aufgabe der Staat in der Bildung hat und wie die Gesellschaft gerechter wird. Dieser Geist ist vielleicht unaufgeklärt, aber sicher platonischer, als uns allen lieb sein kann.

»Staatsaufgabe Bildung«

Bildung ist eine der »Aufgaben«, die dem Staat zugeschrieben werden. Sie ist nicht als unabhängig von anderen elementaren Staatsaufgaben zu betrachten, wie dem Schutz der Freiheit, der Förderung der Wohlfahrt und der Chancengleichheit der Bürgerinnen und Bürger, der Erhaltung der natürlichen Lebensgrundlagen und des Einsatzes für eine friedliche und gerechte (auch internationale) Ordnung (vgl. Art. 2 & 6 der Bundesverfassung der Schweizerischen Eidgenossenschaft); vielmehr durchdringt Bildung zu einem gewissen Grad diese Aufgaben, indem sie zu deren Ermöglichungsbedingungen gehört. Bilden können sich Menschen allerdings nur selber. Die »Staatsaufgabe Bildung« kann sich nicht auf individuelle Bildungsprozesse beziehen, sondern »bloß« auf die Sicherung der Existenz schulischer Institutionen und Praktiken. Die Verantwortung hierfür obliegt in der Schweiz primär den Kantonen. Soweit scheint alles klar zu sein.

Der »Rest« ist strittig. Mehr oder weniger. Das ist liberal. Doch dieser Rest ist groß. Der Streit (*polemos*) ist der Vater aller Dinge und die Demokratie jene Staats- und Lebensform, welche den Streit (mit Worten) ausdrücklich zulässt und befürwortet. Demokratie ist die pragmatische Antwort auf die Erfahrung, dass Konsens auf argumentativem Wege nicht gefunden wird. »Mehrheit statt Wahrheit« (Hermann Lübbe) ist die Losung. Hat ein muslimischer Schüler des Recht, seiner Lehrerin den Handschlag zu verweigern? Ist die Einforderung des Handschüttelns eine Staatsaufgabe? Dürfen Schülerinnen und Schüler in Jogginghosen zum Unterricht erscheinen? Oder wird mit Jogginghosen der Unterricht sabotiert? Gehört es zum sogenannten »Erziehungsauftrag« der Schule, sich um Umgangsregeln und Kleidervorschriften zu kümmern? Wer gab eigentlich wann und wem genau diesen »Auftrag«? Solche Fragen sind strittig, und es gibt meist gute Argumente für gegenteilige Antworten. Das ist liberal. Offene Gesellschaften zeichnen sich nicht dadurch aus, dass es in ihnen keine Konventionen gibt, keine Regeln des Umgangs, keinen Anstand oder Gemeinsinn, sondern dadurch, dass Konventionen letztlich verhandelbar sind, einen Spielraum lassen, immer wieder Erwägungen der Angemessenheit erfordern. »Es gibt Dinge, über die man sich einigen kann, und wichtige Dinge«, meinte Max Planck. Frühenglisch: ja oder nein? Zweite Fremdsprache für alle auf der obligatorischen Stufe: ja oder nein? Promotionsrecht für die Fachhochschulen: ja oder nein? Nie wird eine Einigung im Bildungsbereich aufgrund von Argumenten, wissenschaftlichen Befunden oder Einsichten in die Bedeutung der *res publica* erzielt. Das ist eben liberal. Und alle wissen es besser. Das ist lästig und macht die Bildungspolitik mitunter zu einem so mühsamen Geschäft. Noch weniger als in anderen gesellschaftlichen Teilsystemen kann man es in der Bildung allen recht machen. Das ist normal. Es allen recht machen zu wollen, ist sowieso unpolitisch. Daher könnte es richtig sein, dass der Staat die Aufgabe der Bildung nur in formaler Hinsicht, gewissermaßen minimalistisch wahrnimmt. Streiten soll man sich lieber auf subsidiärer Ebene.

Doch stimmt das? Ist der Staat so enthaltsam in Fragen der Bildung und Ausbildung, wie es zunächst den Anschein haben könnte? Das soll hier mit einigen ideengeschichtlichen Verweisen klar bestritten werden. Die immer größere Regulationsdichte, die auffälligen Kontrollbestrebungen und die wenig überzeugenden Machbarkeitsvorstellungen im Bereich der Bildung sind Indizien, dass heute auch der Staat von einer Art »pädagogischen Panik« (Basil Bernstein) ergriffen worden ist. Diese ist nicht mit dem ostasiatischen »Bildungsfieber« zu verwechseln, welches eher als ein Zeichen für Zukunftsoptimismus zu deuten ist, der uns irgendwie abhanden gekommen zu sein scheint. Wer so viel regulieren, kontrollieren und verändern will, hat offensichtlich ein Problem, sicher aber eine gewisse Zuversicht verloren, etwa in die positive Wirkung der mehr oder weniger freien Kräfte in den Bildungsinstitutionen und Bildungsprozessen der Kinder, Jugendlichen und Erwachsenen.

Ist diese fehlende Unterstellungshaltung liberal? Kaum. Es fehlt hier offenbar das typisch liberale Vertrauen in die (mehr oder weniger) vernünftige Freiheitspraxis der Bürgerinnen und Bürger! Doch da ist nichts Neues unter der Sonne. Die Frage nach der Rolle des Staates hinsichtlich der Bildung seiner Bürgerinnen und Bürger ist alt und immer auch von stillschweigenden oder explizit artikulierten anthropologischen Annahmen geprägt: Was kann dem Individuum und dem Gemeinwesen in punkto Freiheitspraxis und Bildungsmöglichkeit zugemutet werden? Dies sei anhand von klassischen Positionen zur Thematik erläutert und dabei die These verfolgt, dass das heutige Verständnis des Verhältnisses von Bildung und Staat »platonischer« ist, als einer liberalen Gesellschaft angemessen ist.

Platons Erziehungsstaat

Platons Utopie sieht bekanntlich drei Stände vor: 1. Bauern/ Handwerker, 2. Krieger/Wächter und 3. – vergleichsweise wenige – Philosophen. Die letzteren sollen politische Macht auf moralisch vertretbare Weise umsetzen. Dafür entwirft Platon im Staat das »ideale« Erziehungs- bzw. Bildungsprogramm. Alle Kinder (auch die Mädchen) sollen zunächst in den Genuss zumindest einer elementaren und staatlich verantworteten Erziehung kommen, die bis ins 20. Lebensjahr reicht und »curricular« vor allem auf musische Bildung und gymnastische Ertüchtigung ausgerichtet ist. Nach Abschluss dieser Bildungsstufe erfolgt die (finale) Zuteilung in die drei Stände nach quasi psychodiagnostischen Kriterien, namentlich der individuellen Beschaffenheit der »Seelenanteile«, welche mit den drei Ständen korrespondieren.

Wem diese »Zuteilungsprozedur« heute aufstößt, der kann daran erinnert werden, dass heutzutage relativ locker und in naturalistischer Manier von »Begabung« und »Eignung« gesprochen wird. Die platonische Staats- und Bildungsutopie wirkt nur wie ein Vorläufer der wenig hinterfragten Idee der Möglichkeit einer Passung von individuellen Merkmalen und dem Funktionieren eines sozial erwünschten Gemeinschafts- und Staatswesens. Wenn alle »ihren« angemessenen Platz in der Gesellschaft finden, so die Idee, kommt es gut und ist die Gerechtigkeit verwirklicht. Dieses heilsarmeehafte, harmonische Verständnis hofft auch heute auf eine (insgeheim) kosmische Ordnung, die keine sozialen Kämpfe mehr nötig macht oder zulässt.

Zu den vehementen Kritikern Platons gehört Karl Popper, der in *Die offene Gesellschaft und ihre Feinde* vor dem »Zauber Platons« eindringlich warnt und diese Gesellschaftsutopie als totalitär ablehnt (Popper 2003). Platons Staat ist antiliberal. Die Crux seiner Anthropologie besteht ja gerade in der Ansicht, dass der »normale« Mensch seine Freiheit nicht so praktizieren könne, dass er sich selbst oder den anderen nicht kurz- oder längerfristig schadet. Es verwundert wenig, dass Platon von den Aktionen seiner demokratischen Zeitgenossen wenig gehalten hat; dies hat nicht nur mit dem 27 Jahre dauernden peloponnesischen Krieg zu tun, den er miterleben musste und den die Bürger Athens recht sinnlos vorangetrieben hatten, sondern auch mit der Hinrichtung seines Lehrers Sokrates (Carr und Hartnett 1996, S. 30). Platons Demokratiekritik gilt weniger der demokratischen Staatsform selbst als der mit ihr verbundenen Gefahr eines Umschlags in Tyrannei. Der unersättliche Wunsch nach Freiheit führt zu Ungehorsam gegenüber Autoritäten, zur Missachtung der Gesetze und schließlich dazu, dass keine Herrschaft mehr geduldet wird (Platon 1992, 563d). In dieser Extremform blühen partikuläre Interessenbefriedigung und Korruption, die Reichen und Mächtigen übernehmen die Führungsrolle im Demos, sind aber im Grunde nur noch an sich selbst interessiert (565a). Im daraus entstehenden »Klassenkampf« akzeptiert der Demos eine starke Hand, einen neuen Führer, der martialisch gegen die Umstände ankämpft und dabei immer mehr zum Tyrannen wird (man fühlt sich gerade eher an das heutige Ankara als das alte Athen erinnert…). Fazit:

Demokratie schadet am Ende dem Volk selbst. Platons Staat steht für die Notwendigkeit einer politischen und moralischen Elite, ohne welche das Gemeinwesen nicht gerecht geführt werden kann. Nur wenigen Menschen ist viel zuzumuten, vielen kann nur wenig zugemutet werden. Platonischer Realismus. Basta.

Humboldt für die Lyrik, Hegel für den Anspruch

Ein Sprung in die Zeit der deutschen Aufklärung bzw. in die klassisch-idealistische Epoche! Die Rolle des Staates wird bei Humboldt und Hegel in Fragen der Bildung ganz unterschiedlich beurteilt; beide Antworten sind Folgen des Bildungsverständnisses dieser Denker. In den Ideen zu einem Versuch, die Grenzen der Wirksamkeit des Staates zu bestimmen (1792 bzw. 1851) wendet sich Wilhelm von Humboldt (1767–1835) gegen eine umfassende Staatsmacht. Seine Kritik ist nicht etwa gegen Platons Utopie, sondern gegen den »Policey- und Wohlfahrtsstaat« im »aufgeklärten Absolutismus« Preußens (Lischewski 2014, S. 175) gerichtet. Humboldt argumentiert für einen liberalen Rechtsstaat, dessen primäre Aufgabe in der Garantie der individuellen Freiheitsrechte bestehe und der sich in die »Bildung des Menschen« nicht einzumischen habe. Staatliche Eingriffe in das Erziehungs- und Unterrichtswesen seien nur im Notfall legitim. Diese Position ist der Idee des »wahren Zweks des Menschen« geschuldet, der in der »höchsten und proportionirlichsten« Bildung seiner Kräfte zu einem Ganzen besteht. Die »Kräfte« des Ich sind spontan, der Mensch von Anfang an selbsttätig: das Ich bemächtigt sich der Welt, um sich damit zu stärken und der Welt sein Gepräge aufzudrücken. In den »Schulplänen« für Königsberg und Litauen (1809 bzw. 1810) formuliert Humboldt die beiden Hauptziele institutionalisierter Bildung: individuelle Kräfteübung und allgemeine Menschenbildung.

Problematisch ist die Rolle des Staates: Einerseits ist Bildung als der wahre Zweck des Menschen für die liberale Ordnung unabdingbar, andererseits soll es dem Staat aber versagt bleiben, »Bildung durch den Aufbau, die Regulierung und Finanzierung eines öffentlichen Schulsystems zu fördern« (Giesinger 2016, S. 30). Ohne staatliche Regulierung stellt sich – so Giesinger – die Frage, ob nicht soziale Gruppen von Bildung ausgeschlossen würden, und darüber hinaus sei auch nicht sichergestellt, dass sich das Bildungsideal Humboldts so auch wirklich durchsetzen könne.

Auch Georg Wilhelm Friedrich Hegels (1770–1831) Auffassung des Staates folgt aus seinem Verständnis über die Bildung des Menschen, doch in der Konsequenz steht Hegel Humboldt diametral entgegen. Bildung wird in der Phänomenologie des Geistes (1986/1807) als »Entfremdung«, »Entäußerung« und »Aufheben des natürlichen Selbst« verstanden. Sie ist das Bemühen, die ungeformte, »natürliche« Subjektivität zu überwinden. Damit sind Formen der Eitelkeit, der Willkür und der Begierde gemeint, welche erst durch den (Bildungs-) Prozess des »Hinaufhebens« in die Allgemeinheit des »objektiven Geistes« transzendiert werde (vgl. Lischewski, S 194). Man könnte zeitgenössischer formulieren: Bildung ist die (subjektive) Aneignung objektivierter Kultur, welche die Bereitschaft des Selbst einfordert, sich den symbolischen Ordnungen (der Sprache, Grammatik, Logik, des Fachwissens etc.) zu unterwerfen, und die ihm dadurch in der sittlichen Gemeinschaft als Person eine reflektierte Stellung ermöglicht. Die Aufgabe der Schule besteht darin, zwischen der Familie und dem Gemeinwesen zu vermitteln. Der Unterricht ist am Sachwissen orientiert, welches das Kind aus seiner emotionalen und unmittelbaren Bindung an die Familie loslösen hilft. Unterrichtspraktiken und Wissensaneignung, welche von oben und außen verordnet sind, führen zu einer »bildenden Entfremdung«, doch mit der zunehmenden Aneignung der kulturellen Bestände kommt es schließlich zu einer Versöhnung zwischen Selbst und Gemeinwesen, zwischen subjektivem und objektivem Geist auf einem höheren Niveau.

Der Staat hat diesen Prozess zu unterstützen, denn er verkörpert für Hegel das »an und für sich Vernünftige« ja gerade selber. Dies brachte Hegel die Kritik der Staatsverherrlichung und naiven Bejahung des Faktischen ein. Aber man kann es sich mit Hegel zu einfach machen: Erstens ist die Dialektik des Bildungsprozesses – Entfremdung und Versöhnung – heute zwar semantisch anders eingebettet, aber als bildungstheoretischer Topos zu betrachten. Zweitens sieht Hegel die Entwicklung und Stärkung seines reflektierten Selbstbewusstseins als ein Recht aller Menschen an, das drittens deswegen durch den Staat gesichert werden soll, namentlich – und viertens – durch ein Curriculum, das sich an Kultur und Wissenschaft zu orientieren hat und nicht an partikulären Präferenzen irgendwelcher Gruppen oder Machthaber.

Auch wenn man die »Staatsnähe« der Geschichtswissenschaft kritisch betrachten will, so kommt dem Geschichtsunterricht (nicht nur) in demokratischen Gesellschaften eine elementare Bedeutung zu. In ihm werden idealiter die Bedingungen der nicht nur individuellen, sondern kollektiven »Gewordenheit« thematisiert bzw. analysiert, wenn auch dies immer nur in bescheidenem Ausmaß möglich ist. Ob es sinnvoll ist, die jüngsten Schüler mit Pfahlbauern und Neandertalern zu konfrontieren, die zehnjährigen mit römischen Aquädukten und die 14-jährigen mit Adolf Hitler, sei dahingestellt. Die Chronologie der Geschichte wird ja zum Glück auch nicht mehr unbedingt auf die Chronologie der Schulstufen übertragen. Denn so verpasst man curricular etwa die kulturelle Bedeutung des römischen Rechts (dafür weiß man etwas über Abwasserkanäle, auch interessant), überhaupt des Rechts (was meines Erachtens problematisch ist). Es will einem vorkommen, als ob die zeitgenössische aufdringliche Bildungslyrik des selbstorganisierten Lernens, des kreativen Konstruierens und des unternehmerischen Selbst ganz humboldtianisch imprägniert ist, während die Totalität des Anspruchs, die damit einhergeht, und vor allem auch die staatlich und institutionell abgesicherte Alternativlosigkeit dieses Denkens ganz hegelianisch anmutet! In beiden Perspektiven scheint die (platonische) Idee auf, dass Bildung am Ende das Gute und Gerechte verwirklichen hilft.

Starker Staat der Bildung, schwacher Staat der Ökonomie

In die Gegenwart! Bildung soll es heute in jeder Angelegenheit richten – da scheinen sich alle einig zu sein – und der Staat soll das Bildungssystem und damit die formale Bildung regulieren, zertifizieren und kontrollieren (»Monitoring« genannt). Dabei fungiert der ökonomisch gerahmte Kompetenzdiskurs als Rechtfertigungsbasis. In einem OECD-Dokument ist an prominenter Stelle zu lesen: »Kompetenzen haben wesentliche Auswirkungen auf die Lebenschancen jedes Einzelnen: Kompetenzen können Leben verändern, Wohlstand schaffen und die soziale Inklusion fördern. Ohne die richtigen Kompetenzen werden Menschen an den Rand der Gesellschaft gedrängt, kann sich technischer Fortschritt nicht in Wirtschaftswachstum niederschlagen und können Unternehmen und Staaten in der heutigen weltweit vernetzten und zunehmend komplexen Welt nicht mehr im Wettbewerb mithalten. [...] Voraussetzung sind [...] Politikmaßnahmen, mit denen sichergestellt wird, dass Kompetenzen wirkungsvoll eingesetzt werden, um bessere Arbeitsplätze zu schaffen, damit sich die Lebensbedingungen insgesamt verbessern. Um diese Ziele zu unterstützen, hat die OECD begonnen, die Kompetenzen der Erwachsenenbevölkerung zu messen...« Jetzt kommen also die Erwachsenen dran – Platon hätte vielleicht seine Freude gehabt.

Basil Bernstein (1924–2000) war einer der ersten soliden Kritiker des umfassenden Kompetenzdiskurses. Die virulent gewordene Transformation des Bildungsverständnisses kann, wie Richard Münch es tut, als eine Verschiebung des Fokus oder Ideals der Bildung als Kulturgut und Fachwissen zum Leitbild der Bildung als Kompetenz und Humankapital verstanden werden (Münch 2009). Die tiefere Ursache dieser Bewegung sieht Münch in der Verschiebung der symbolischen Macht weg von »nationalen Bildungseliten» hin zu »transnational organisierten Wissenseliten«. Die »Pädagogik ist invasionsartig in alle Lebensbereiche eingedrungen, auch in die intimeren […], und es gibt kein Entkommen vor dieser allgemeinen Pädagogisierung in modernen Gesellschaften«, meinte Bernstein (Bernstein 2000, S. 365; übers. v. Sertl 2004, S. 20) und konstatierte am Ende des letzten Jahrhunderts eine »total pädagogisierte Gesellschaft« (TPG): »Die Arbeitswelt transformiert sich pädagogisch zum lebenslangen Lernen, und das liefert sowohl den Schlüssel als auch die Legitimation der TPG. Es ist nicht schwer zu verstehen, wie das Management der Kurzfristigkeit, wo Fertigkeiten, Aufgaben, ja ganze Arbeitsbereiche sich ständig wandeln, verschwinden oder durch neue ersetzt werden, wo den Lebenserfahrungen die Basis von stabilen Zukunftserwartungen fehlt und die entsprechenden Verankerungen, wie also dieses Management der Kurzfristigkeit sich in eine Sozialisation für die TPG, via Lebenslanges Lernen übersetzt« (ebd.).

Interessant ist die Verschiebung der gesellschaftlichen und staatlichen Verantwortlichkeiten in der Bildung, also die Frage, wie Staat und Management in der pädagogisierten Gesellschaft zu sehen sind. Die (neue) Schwäche des Staats in der globalen Ökonomie wird durch einen starken Staat im Feld der Bildung kompensiert (Bonal und Rambla 2003, S. 180). Nun setzen gerade liberale Gesellschaften auf staatliche und zentrale Steuerung in der Bildung. Dieser unfreiwillige Platonismus ist ironisch: Während der Markt seinen eigenen Gesetzen folgt, ersetzen komplexe Regulierungssysteme im Bildungsbereich eine verlorengegangene Kosmologie. Wie wenig Selbstvertrauen muss eine wirtschaftlich und kulturell so erfolgreiche Nation wie die Schweiz haben, dass sie sich so bereitwillig möglichst allen Regulierungsvorgaben und -ideen meist im vorauseilenden Gehorsam unterwirft? Zu den politischen Kardinaltugenden, die Platon im Staat auch diskutiert, gehören Besonnenheit und Mut. Davon wäre Gebrauch zu machen.

Literatur

Berlin, I. (2001): *Persönliche Eindrücke*, Berlin.

Bernstein, B. (2000): *Pedagogy, Symbolic Control and Identity*, New York.

Bonal, X., Rambla, X. (2003): »Captured By the Totally Pedagogised Society: Teachers and Teaching in the Knowledge Economy«, in: *Globalisation, Societies, Education*, 1(2).

Carr, W., Hartnett, A. (1996): *Education and the Struggle for Democracy. The Politics of Educational Ideas*, Philadelphia.

Giesinger, J. (2016): »Bildung im liberalen Staat. Von Humboldt zu Rawls«, in: R. Casale u.a. (Hrsg.): *Das Pädagogische und das Politische*, Paderborn.

Hegel, G.W.F. (1986): *Phänomenologie des Geistes*, *Werke*, Bd. 3, Frankfurt/M.

Lischewski, A. (2014): *Meilensteine der Pädagogik. Geschichte der Pädagogik nach Personen, Werk und Wirkung*, Stuttgart.

Münch, R. (2009): *Globale Eliten – Lokale Autoritäten. Politik unter dem Regime von PISA, McKinsey & Co*, Frankfurt/M.

Platon (1992): *Politeia. Sämtliche Werke*, Bd. 3, hrsg. von W. F. Otto u.a., Reinbek.

Popper, K.F. (2003): *Die offene Gesellschaft und ihre Feinde*, Tübingen.

Sertl, M. (2004): »A Totally Pedagogised Society. Basil Bernstein zum Thema«, in: E. Ribolitis u.a. (Hrsg.): *Pädagogisierung. Schulheft* 116/2004, S. 17–29.

Demokratische Apathie?

Der gute Ruf der Demokratie ist jung. Erst nach dem Zweiten Weltkrieg konnte sie sich einen so guten Namen machen, dass man sie nicht nur moralisch positiv bewertete, sondern in der Folge auch jegliche Kritik an der Demokratie suspekt wurde. (vgl. Sartori 1992; Schmidt 1995). Während es in der Vorkriegs- und Zwischenkriegszeit im Europa des 20. Jahrhunderts noch ohne weiteres möglich gewesen ist, die demokratische Dimension des Zusammenlebens und Entscheidens in elitärer Manier zu kritisieren, etwa als »Kult der Inkompetenten« (Faguet 1911), der eine egalitäre Kultur von Dilettanten hervorbringe und »wahre Bildung« zunehmend verdränge (Kassner 1910), wurde Demokratie im Anschluss an die Schrecken der politischen Tyrannei zur Hoffnungsträgerin auch im Erziehungs- und Bildungsdenken (Dewey 1916).

Dass »gute« Erziehung demokratisch zu sein habe, ist allerdings eine politisierte Wendung des pädagogischen Denkens, die alles andere als selbstverständlich ist. Warum sollte das Attribut »volksherrschaftlich« auch als Qualitätsmerkmal von Erziehungsprozessen fungieren? Hannah Arendt etwa lehnte die Idee einer Erziehung als Demokratie, aber auch für die Demokratie entschieden ab. In der Politik müsse immer von bereits Erzogenen ausgegangen werden, und wer »erwachsene Menschen erziehen will, will sie in Wahrheit bevormunden und daran hindern, politisch zu handeln« (Arendt 1994, S. 258). Die psychische Entwicklung erleide Schäden, wenn Kinder zu früh dem grellen »Licht der Öffentlichkeit« ausgesetzt werden, glaubte sie. Was zunächst wie ein romantisches Argument anmutet, ist tatsächlich die Einsicht in die Bedeutung einer klaren Trennung zwischen pädagogischem und politischem Denken: »Kinder zu behandeln, als ob sie Erwachsene wären«, sei genauso unpolitisch wie Erwachsene erziehen zu wollen (vgl. ebd., S. 276).

Der gute Ruf der Demokratie schränkt mitunter die Fähigkeit ein, sich der Voraussetzungen, der Kosten sowie der Ambivalenz dieser Staats- und Lebensform ernsthaft zu vergewissern. Aus dieser Skepsis nährte sich die alte Demokratiekritik, die diese Herrschaftsform letztlich nur aus Ermangelung einer besseren Alternative gutgeheißen hat (Aristoteles 1981). Die hohen Anforderungen und Erwartungen an »die« Demokratie beziehungsweise das demokratische Leben schlagen sich heute in den Konzeptionen von staatsbürgerlicher, politischer und demokratischer Bildung und Erziehung nieder. Der mündige, sich für das Gesamtwohl einsetzende und am öffentlichen Leben teilnehmende Citoyen (im Unterschied zum bloßen Bourgeois) beziehungsweise der sich aus ethisch-moralischen Gründen einschaltende politische Mensch als ein moralisches Subjekt soll das Ziel von Erziehung und Bildung darstellen.

Aller Evidenz und allen Bedenken zum Trotz ist die Vokabel der »aktiven Partizipation« in der politischen Bildung vor allem positiv konnotiert (vgl. Steutel & Spiecker 2002). Partizipation ist politisch und moralisch gut, scheint man hier zu wissen, und sie muss daher auch eine Aufgabe der öffentlichen Schule sein. Die entsprechende Pädagogik läuft unter dem Motto: »Getting the students involved«. Das »aktive Mitmachen« ist so wichtig, dass Fragen nach den Zielen und den Mitteln des Aktivseins nur nachrangig interessieren. Partizipiert und aktiv »mitgemacht« wurde aber auch in der Hitlerjugend, dem Bund Deutscher Mädel (Lessau 1979) oder später in der Freien Deutschen Jugend. Im Gegensatz dazu sind (politische) Partizipationsrechte bei gleichzeitigen Distanzierungsrechten in modernen Gesellschaften sicher hochzuhalten (Reichenbach 2001, S. 166–171).

Das pädagogische Partizipationscredo war und ist im deutschsprachigen Raum und in den Vereinigten Staaten verbreitet (vgl. Edelstein & Fauser 2001; Himmelmann 2005). So konnte sich »Politik« in Deutschland als Schulfach etablieren. Eine wichtige historische Voraussetzung ist in der »Re-Education« der damals jungen Bundesrepublik zu verorten, der Bestrebung also, »mit der die westlichen Alliierten nach 1945 eine demokratische Neuorientierung des Erziehungswesens in Deutschland durchsetzen wollten«. (Sander 2005, S. 16) Dass politische Bildung überhaupt ein Anliegen der öffentlichen Schule sein soll, stellt in anderen europäischen Ländern oder Ländergruppen keineswegs einen Konsens dar. Wo dies aufgrund von krisenhaften geschichtlichen Umwälzungen der Fall ist – etwa in der Bundesrepublik Deutschland, in Frankreich, Spanien oder Griechenland (vgl. Mickel 2005, S. 650) –, wird politische Bildung begrifflich auch sehr weit gefasst, letztlich nicht »nur« als staatsbürgerliche, sondern auch als »soziale« beziehungsweise »moralische« Bildung. Schule hat dann auch die Aufgabe, die Voraussetzungen der individuellen Fähigkeiten für zivilgesellschaftliche Partizipation zu fördern – und dies wird mit politischer Bildung gleichgesetzt.

Ein Gang zur Toilette

Ein so weites Verständnis von »Politik« verliert seinen politischen Charakter, wiewohl es pädagogisch attraktiv erscheinen mag. Reduziert man die drei wesentlichen Paradigmen moderner Demokratietheorie – Liberalismus, Republikanismus und Deliberation – auf je einen zentralen Mechanismus der Sicherung des politischen Gemeinwesens, so kann behauptet werden, dass liberalistische Positionen vor allem auf den Nutzen von politischen und rechtlichen Institutionen verweisen; republikanische Positionen verweisen auf die Bedeutung der Tugendhaftigkeit der Bürgerinnen und Bürger, die sich als Gemeinschaft verstehen und des Mitgefühls fähig sind, und deliberative Positionen schließlich auf Prozeduren, die letztlich im Dienst (des Ideals) eines argumentativen Konsenses stehen (vgl. Schaal & Heidenreich 2006, S. 192). Dies sind Akzentuierungen: Institutionen, Tugenden und diskursive Verfahren schließen einander natürlich weder begrifflich noch faktisch aus.

Im Unterschied zu liberalen Perspektiven heben republikanische und deliberative Positionen die Bedeutung demokratischer Partizipationsformen hervor (vgl. Gerhart 2007). Unter politischer Partizipation kann die Teilnahme, Herstellung und Aufrechterhaltung einer öffentlichen Sphäre verstanden werden. Ihr Komplement oder Gegensatz ist der Rückzug in die Sphäre des Privaten oder Intimen. Spätestens mit Habermas' *Strukturwandel der Öffentlichkeit* (1962) oder auch Richard Sennetts *The Fall of Public Man* (1977) wurde das Verschwimmen der Grenzen zwischen diesen beiden Sphären diagnostiziert und insbesondere die »Privatisierung der politischen Sphäre« kritisiert.

Beispielsweise hat Benjamin Barber in seiner Kritik des geheimen Wahlrechts den Gang in die Wahlkabine mit dem Gang zur Toilette verglichen: »unser primärer Wahlakt, das Wählen selbst, gleicht […] der Benutzung der Toilette: Wir warten mit anderen in einer Schlange, um uns dann ganz für uns in einem kleinen Abteil zu erleichtern; wir drücken einen Hebel und gehen dann still nach Hause. Da unsere Stimme geheim – ›privat‹ – ist, müssen wir uns niemandem auf eine Weise erklären (nicht einmal uns selbst), die uns aufforderte, öffentlich oder politisch darüber nachzudenken.« (Barber 2003, S. 188; eigene Übersetzung)

Der Gang zur Toilette steht für eine privatistische Demokratieauffassung und eine Art demokratische Gewissenlosigkeit. Am Ort der politischen Entscheidung gibt es keinen Rechenschaftszwang, jeder mag hier dem Gemeinwohl nach Möglichkeit schaden. Die öffentliche Angelegenheit transformiert sich im Augenblick der Entscheidung in einen privaten Akt, der oft mehr von Erwägungen der individuellen Nutzenmaximierung als vom Gemeinsinn geprägt ist.

Lüge und Täuschung

Eine allein am Gemeinwohl ausgerichtete politische Bildung besitzt, wiewohl nobel motiviert, unter anderem das Problem, der Bedeutung von Machtpraktiken und Machtstrategien zu wenig und/oder zu einseitig nur negatives Gewicht beizumessen. Doch die Verfolgung partikulärer Interessen ist das zentrale Motiv, das zu politischem Handeln führt, auch wenn man sich im Diskurs über gemeinsame Interessen Klarheit zu verschaffen sucht (oder versuchen sollte). Zum Wesen der Verfolgung partikulärer Interessen gehört, dass diese meist nicht offengelegt werden. Lüge und Täuschung gehören zu den Ingredienzien der Politik. Für die Gemeinschaftstheoretiker des Politischen scheinen politische Partizipation ohne Lüge und Täuschung sowie kollektives Entscheiden ohne Strategie und Hinterhältigkeit nicht nur geboten, sondern auch möglich zu sein (vgl. Meyer 1994).

Hannah Arendts Einschätzungen liegen dazu quer. In *Wahrheit und Politik* schreibt sie: »Niemand hat je bezweifelt, dass es um die Wahrheit in der Politik schlecht bestellt ist, niemand hat je die Wahrhaftigkeit zu den politischen Tugenden gerechnet.« (Arendt 2006, S. 9) Dennoch ist und bleibt natürlich die Frage virulent, wie es denn um die Wahrheit überhaupt stehen könne, wenn sie sich gerade in der öffentlichen Welt als so ohnmächtig erweist. Im politischen Diskurs geht es um Tatsachen und Meinungen – über Meinungen kann man diskutieren, über Tatsachen nicht, würde man meinen.

Neben mathematischen, wissenschaftlichen und philosophischen Wahrheiten weist Arendt auf die politisch bedeutsamen und unterschätzten Tatsachenwahrheiten hin, ohne deren Kenntnis und Anerkennung die Zusicherung der sogenannten Meinungsfreiheit eine Farce sei (ebd., S. 23). Die Tatsacheninformationen inspirieren das politische Denken und halten es in Grenzen. So ist für den politischen Diskurs zentral, ob beispielsweise als Tatsache gilt, dass es einen armenischen

Völkermord gegeben hat, oder ob man genauso gut sagen kann und darf, die Armenier hätten die Osttürkei überfallen. Da Tatsachen (idealiter) nicht verhandelbar sind, »stehen sie außerhalb aller Übereinkunft und aller freiwilligen Zustimmung«, und so trägt der Meinungsaustausch über sie »zu ihrer Etablierung nicht das Geringste« (ebd., S. 27) bei. Während man sich mit unwillkommenen Meinungen auseinandersetzen, sie verwerfen oder Kompromisse mit ihnen schließen kann, sind nach Arendt gerade die »unwillkommenen Tatbestände [...] von einer unbeweglichen Hartnäckigkeit, die durch nichts außer der glatten Lüge erschüttert werden« können. Die »postfaktische Politik« und Donald Trumps Wortschöpfung der »alternative facts« zeugen von einem Verlust der Realitätsanerkennung, der hoffentlich auch eingefleischten Konstruktivisten nicht mehr geheuer ist.

Die politisch Apathischen

Unter den Vorgaben eines idealisierten und moralisch aufgeladenen Politikverständnisses wirkt politische Apathie generell beklagenswert. Apathie, also Teilnahmslosigkeit und Gleichgültigkeit, stellt in einer Welt, die von aktivistischem Interventionismus geprägt ist, natürlich keine schmeichelhafte Diagnose dar. Doch es handelt sich um eine moralisierende Suggestivdiagnose: als ob politisch inaktive Menschen generell inaktiv wären und als ob politische Aktivität generell begrüßenswert sei. Als ob es, das sei wiederholt, nicht vor allem darauf ankäme, wer mit welchen Zielen und welchen Mitteln politisch aktiv wird.

Politische Apathie ist im Unterschied zu anderen »Apathien« ein Bildungsmakel: Wer sich nicht für Sport interessiert oder für die Bildenden Künste oder die Natur, den würde man kaum als »apathisch« bezeichnen. Doch der Bereich der Apathie stellt ein Universum dar, während es sich bei der Aktivität und

Wohlinformiertheit immer nur um relativ kleine Bereiche des menschlichen Einzellebens handeln kann.

Politische Apathie in modernen Demokratien ernsthaft zu beklagen, kann – von wichtigen Ausnahmen abgesehen – im Grunde nur, wer zwischen politischem Gebildetsein und demokratiekompatiblem und demokratietauglichem Verhalten, also auch zwischen politischer Bildung und demokratischer Erziehung im weitesten Sinne nicht unterscheidet. Die mit diesem Differenzierungsmangel zusammenhängende Klage, in den Schulen werde viel zu wenig für die politische Bildung getan, mag im strikten Sinn berechtigt sein, doch sie ist zu dramatisch, da die meisten Schulen des westeuropäischen Typus in vielerlei Hinsicht schon lange als »demokratisch« zu bezeichnen sind: In ihnen werden Verhaltensweisen und Kompetenzen gefordert, gefördert und eingeübt, ohne die das demokratische Ethos nur schwer bestehen könnte. Ganz abgesehen davon, dass der Wissenschaftsorientierung der Lehrinhalte ein antiindoktrinäres Moment innewohnt. Dass aber Schulen nie nur demokratisch sein können (und auch nicht sein sollen), ist ein Moment, in dem sich die Begrenztheit aller politischen Schulbildung andeutet.

Gebildete Zuschauer

Wichtiger als die Frage, wie viele Bürgerinnen und Bürger sich – generell – politisch aktiv engagieren, scheint die Frage zu sein, ob in der Gesamtheit der Gesellschaft Verhaltensweisen vorwiegen, die das demokratische Ethos stützen oder zumindest kompatibel mit ihm sind. Es ist zu vermuten, dass dieses Ethos gerade auch von der sogenannten apathischen Mehrheit mitgetragen wird, von »normalen« Menschen also, die ein halbwegs sinnvolles und würdiges Leben und Zusammenleben anstreben und vielleicht auch verwirklichen.

Aus dieser Sicht ist es natürlich immer noch bedeutsam, ob eine politische Kultur existiert, die diesen Namen verdient. Fundamentaler geht es darum, ob die »passive« Mehrheit in ihren lebensweltlichen Bezügen kulturell-argumentative Strategien in jenen Belangen pflegt, die auch mit den unpolitischsten aller Kommunikationsformen »gelöst« werden könnten, nämlich mit Anweisung, Androhung und Befehl (vgl. Meyer 1994). Dies könnte als demokratisches Ethos bezeichnet werden.

Im Unterschied dazu ist politische Bildung ebenso wie etwa ästhetische Bildung oder naturwissenschaftliche Bildung in entwickelter Form und Ausprägung nicht von der Mehrheit zu erwarten. Was die politische Bildung im engeren und schulischen Sinne betrifft, so ist unter begriffskritischer Perspektive letztlich der Primat des Wissensaspekts zu behaupten – das passt zwar nicht in die neue Bildungswelt, bleibt aber letztlich überzeugender. Hierbei geht es um Wissen über erstens politische Institutionen, ihr Funktionieren und ihre demokratische Bedeutung, zweitens politische Prozeduren, Prozesse und Strategien, drittens politische Traditionen, Ideen und Utopien, viertens politische Akteure, Parteien und Persönlichkeiten, fünftens allgemeine und konkrete politische Auseinandersetzungen, das heißt politische Themen, und schließlich sechstens um Wissen über die Differenzen zu anderen Verstandesformen und Praktiken (welches vielleicht die »höchste« Form des politischen Wissens genannt werden darf).

Während Kinder und Jugendliche sich ein demokratisches Ethos in den vorwiegend lebensweltlichen Arenen aneignen (sollten), nämlich durch die Art und Weise, wie die Erwachsenen untereinander und mit ihnen kommunizieren, wie sie Probleme lösen und Konflikte bewältigen, Konsens anstreben, aber dann mit Dissens leben müssen, bilden sie sich damit keineswegs automatisch auch im politischen Sinne. Politisches Interesse lebt durchaus häufig und gut mit politischer Inaktivität zusammen, namentlich in den Millionen von »Zuschauern«, die auf ihren Beobachtungsposten große Zuschauerräume bilden und die verhältnismäßig kleine Schar von politischen »Gladiatoren« in der Zahl freilich hundertfach, tausendfach und zehntausendfach überragen, aber in der Regel kaum über Chancen zur unmittelbaren und allseitigen Partizipation in den Arenen verfügen[1]. Gemeinsam ist diesen Zuschauern, dass sie sich – dies im Unterschied zu den Gladiatoren – die Hände nicht schmutzig machen (müssen) und meist besser wissen, was gut und recht ist.

Wer im Unterschied dazu als Gladiator mitten in der *vita activa* steckt, der kann letztlich nicht wissen, was er tut oder bewirkt, er hat keinen Überblick, ihm fehlen die Pausen ruhigen Nachdenkens, er wird von einer Entscheidungssituation in die andere geworfen, und immer muss er so tun, als ob er genau wüsste, was er tut (vgl. Arendt 1996). Diskurse sind lang, das Leben aber ist kurz – um es in Anlehnung an Odo Marquard (1981) zu formulieren –, und wer im Leben selber – als *man or woman of action* – bestehen will, der oder die muss immer wieder auf mickrigen Grundlagen Stellung beziehen, während sich der Zuschauer in seinen vielleicht treffenden, wenn auch meist gänzlich wirkungslosen Kommentaren gefallen mag, selbst hingegen nichts riskiert und dafür auch nichts gewinnt, sich die Hände nicht schmutzig macht, dafür aber auch keine Hände hat.

Die Zuschauer sind, wenn alles gut geht, die politisch gebildeten Bürgerinnen und Bürger. Es ist nicht primär bedeutsam, ob sie sich aktiv engagieren. Bedeutsam ist, dass sie weiterhin observieren und kommentieren. »Aktiv sein« heißt in Bezug auf politische Bildung oder gar Gebildetsein gar nichts, auch gefährliche Dummköpfe können aktiv sein. Werden die ungebildeten Köpfe aktiv, wird das demokratische Ethos teilweise dramatisch auf seine Tauglichkeit geprüft. Es wäre also insgesamt

1 Lester Milbrath (1977) unterschied – was die *politische* Partizipation von Bürgerinnen und Bürger angeht – zwischen *Gladiatoren*, *Zuschauern* und *Apathischen*.

besser, wenn jene, die nichts von Politik verstehen, sich auch nicht zu heftig um sie kümmern.

Wo es nur noch Gladiatoren gäbe und keine Zuschauer, auch keine Apathischen, wo sich also die aktivistische Utopie verwirklicht hätte, wäre das Chaos perfekt: Es gäbe kaum Korrekturen (beispielsweise Abwahlen), keine Übersicht, kaum intelligente Kommentare, die nur in der *vita contemplativa* zustande kommen können. Kurz: Dass das demokratische Ethos auch in der politischen Arena überhaupt verwirklicht werden kann, ist vor allem den Zuschauern zu verdanken.

Es ist nicht die politische Schulbildung, die zur Frage »Auf welcher Seite stehst du?« motiviert. Aber natürlich kann politische Schulbildung helfen, den Sinn der Frage zu verstehen, die Notwendigkeit ihrer Beantwortung zu erkennen und sie schließlich zu beantworten.

Literatur

Arendt, H. (1994): »Die Krise in der Erziehung«, in: dies., *Zwischen Vergangenheit und Zukunft. Übungen im politischen Denken I*, München & Zürich, S. 255–276 (Original: »Between Past and Future« 1968).

Arendt, H. (1996): *Vita Activa oder Vom tätigen Leben*, München & Zürich (Original: »The Human Condition« 1958).

Arendt, H. (2006): *Wahrheit und Politik*, hrsg. von P. Nanz, Berlin (Original 1967).

Aristoteles (1981): *Politik*, übers. und mit erklärenden Anmerkungen versehen von Eugen Rolfes. Mit einer Einleitung von Günther Bien, Hamburg.

Barber, B. R. (2003): *Strong Democracy: Participatory Politics for a New Age*, Berkeley a.o. (Original 1984).

Dewey, J. (1993): *Demokratie und Erziehung. Eine Einleitung in die philosophische Pädagogik*, Nachdruck der 3. Aufl., übers. von E. Hylla, hrsg. von J. Oelkers, Weinheim & Basel (Original 1916).

Edelstein, W. & Fauser, P. (2001): *Gutachten zum BLK-Programm »Demokratie lernen und leben«*, Bonn.

Faguet, E. (1911): The Cult of the Incompetent, übers. v. B. Barstow, London.

Flessau, K.-I. (1979): Schule und Diktatur. Lehrpläne und Schulbücher des Nationalsozialismus, Frankfurt/M.

Gerhart, V. (2006): *Partizipation. Das Prinzip der Politik*, München.

Habermas, J. (1990): *Strukturwandel der Öffentlichkeit. Untersuchungen zu einer Kategorie der bürgerlichen Gesellschaft*, Frankfurt/M. (Original 1962).

Himmelmann, G. (2005): *Was ist Demokratiekompetenz? Ein Vergleich von Kompetenzmodellen unter Berücksichtigung internationaler Ansätze*. Beiträge zur Demokratiepädagogik. Eine Schriftenreihe des BLK-Programms »Demokratie lernen & leben«, herausgegeben von. W. Edelstein & P. Fauser, Bonn.

Kassner, R. (1910): *Der Dilettantismus*, Frankfurt a. M.

Krüger, H.-H., Reinhardt, S., Kötters-König, C., Pfaff, N., Schmidt, R., Krappidel, A. & Tillmann, F. (2002): *Jugend und Demokratie – Politische Bildung auf dem Prüfstand. Eine quantitative und qualitative Studie aus Sachsen-Anhalt*, Opladen.

Marquard, O. (1981): *Abschied vom Prinzipiellen*, Stuttgart.

Meyer, T. (1994): *Die Transformation des Politischen*, Frankfurt a. M.

Mickel, W. W. (2005): »Politische Bildung in der Europäischen Union«, in: W. Sander (Hrsg.), *Handbuch politische Bildung*, Schwalbach/ Ts, 3. Aufl., Tübingen, S. 635–651.

Milbrath, L. (1977[2]): Political Participation. Why people get involved in politics, Chicago.

Pateman, C. (1970): *Participation and Democratic Theory*, Cambridge, GB.

Reichenbach, R. (2001): *Demokratisches Selbst und dilettantisches Subjekt. Demokratischer Bildung und Erziehung in der Spätmoderne*, Münster.

Reichenbach, R. & Breit, H. Hrsg., (2005): *Skandal und Politische Bildung*, Berlin.

Sander, W. (2005): »Theorie der politischen Bildung: Geschichte – didaktische Konzeptionen – aktuelle Tendenzen und Probleme«, in: Ders. (Hrsg.), *Handbuch Politische Bildung*, Bonn, S. 13–47.

Sartori, G. (1992): *Demokratietheorie*, Darmstadt (Original: »The Theory of Democracy Revisited«, 1987).

Schaal, G. S. & Heidenreich, F. (2006): *Einführung in die Politischen Theorien der Moderne*, Opladen & Farmington Hills.

Schmidt, M. (1995): *Demokratietheorien. Eine Einführung*, Opladen.

Sennett, R. (1986): *Verfall und Ende des öffentlichen Lebens. Die Tyrannei der Intimität*, Frankfurt a. M. (Original: »The Fall of Public Man«, 1974).

Steutel, J., & Spiecker, B. (2002): »The Aims of Civic Education«, in: M. Leicester, C. Modgil & S. Modgil (Eds.), *Education, Culture and Values, Vol. VI., Politics, Education and Citizenship*, London & New York, S. 243–252.

Das sogenannte träge Wissen und die Kultur der Bildung

»Alle Menschen streben von Natur aus nach Wissen«:
»Alle Menschen möchten sehen und gesehen haben [d.h. wissen]«
Hannah Arendts wörtliche Übersetzung eines Zitates
aus der *Metaphysik* des Aristoteles

Vorbemerkungen

»Träges Wissen«, im Unterricht erworben und in der Unterrichtssituation noch abrufbar, steht den Lernenden in sogenannten Anwendungssituationen nicht »zur Verfügung«. Das Unverfügbare ist freilich der Feind der Allmacht und zugleich widerspricht es der Sehnsucht nach Nutzen und Nützlichkeit. Doch wie gravierend ist es »eigentlich«, Wissen nicht »anwenden« zu können? Und wie sinnvoll ist es, die Qualität der Wissensvermittlung vor allem hinsichtlich des Kriteriums der Anwendbarkeit zu beurteilen? Diese Fragen werden im Folgenden nicht beantwortet werden, denn der (zweifelhafte) Wunsch nach Praxisrelevanz des Lernens in Schule und Hochschule ist prinzipiell unstillbar. Die Praxis lernt man immer nur in der Praxis selbst, Schwimmen etwa im Wasser und nicht in Schwimmseminaren, und Skifahren allein durch Skifahren und nicht in Vorlesungen zur Geschichte des Wintersports. Im Folgenden seien diese (implizit ja immer wieder bestrittenen) Selbstverständlichkeiten nicht weiter thematisiert, sondern in vier Abschnitten zur Thematik ›Bildung und Wissen‹ präsentiert. Im ersten Teil wird an die Negativität des Wissens im Bildungsprozess erinnert und dabei zwischen Unwissen und Nichtwissen unterschieden, im zweiten Teil die behauptete Bedeutungslosigkeit des trägen Wissens hinterfragt und im dritten Teil komplementär dazu die Bedeutung des Orientierungswissens betont, welches zwar kein »träges« Wissen darstellt, aber im Vergleich zum vor allem schulisch interessierenden Verfügungswissen eher stiefmütterlich behandelt wird. Der vierte Teil ist der intrinsischen Verbindung von Wissen und Wissensweitergabe sowie damit verbundenen Problemen gewidmet. In den kurzen Schlussbemerkungen werden daran anschließende Gedanken zur Kultur – und Gegenkultur? – der Bildung gewagt.

Meinungen ausräumen: Vom Unwissen zum Nichtwissen

Die Begrifflichkeit des sogenannten »trägen« Wissens (vgl. z.B. Gruber, Mandl & Renkl 1999) verrät eine zeitgenössisch dominante Einstellung zum Wissen und dem damit verbundenen problematischen Bildungs- oder – wenn man so will – Unbildungsgedanken. Schule und Hochschule werden kritisiert für die Weitergabe von Wissen, welchem ein »Transferproblem« attestiert wird. Ein Aufsatz von Alexander Renkl lautet »Träges Wissen: Wenn Erlerntes nicht genutzt wird« (1996). Der Titel erinnert dramaturgisch an Robin Norwoods »Wenn Frauen zu sehr lieben«, jedenfalls erwartet der geneigte Leser nach diesem »Wenn« früher oder später ein Komma, gefolgt von einem »dann [passiert] X«. Also etwa: »Wenn das Wissen in den Hochschulen und Schulen weiterhin so wenig anwendungsbezogen, so abstrakt und rigide systematisiert vermittelt wird, dann [X1] bricht die Verbindung zwischen Bildung und Beschäftigung vollends ab!« Oder: »dann [X2] können und sollen nur noch durch langjährige Praxis geprüfte Personen feste Anstellungen erhalten!« Oder: »dann [X3] können noch mehr Menschen recht unqualifiziert z.B. über das sogenannte konstruktivistische Paradigma und das gute vielzitierte situierte Lernen sprechen«. In gewisser Weise hat Bildung mit der (Entwicklung der) Bereitschaft zu tun, mit dem Bereich des Nichtwissens in dauerhaften Kontakt zu treten. Jedenfalls verdanken wir diese Sicht dem ältesten abendländischen Bildungsdenken, der sokratisch-platonischen Perspektive im Besonderen sowie der Idee der Paideia im Allgemeinen (vgl. Jaeger 1989, Mügerau 2006). Allerdings ist der Bereich des Nichtwissens weniger ein in seinen Dimensionen gut überschaubares oder klar eingrenzbares Gebiet als vielmehr ein expandierendes Universum, angesichts dessen der Einzelmensch mit seinem Wissen, mag es auch vergleichsweise beachtlich sein und mag er es sich noch so eifrig, konstant und gewissenhaft ein Leben lang angeeignet haben, in Demut oder Ehrfurcht zu versinken hätte. Mit Paideia ist, mit anderen Worten, seit jeher nicht nur die Anhäufung von Wissen, sondern auch die damit verbundene Ausformung von bestimmten Haltungen bzw. Tugenden gemeint.

Vieles, was der Einzelmensch oder auch Kollektive vermeintlich zu wissen meinen, erweist sich später als »bloßes« Meinen. Diese Erfahrung ist grundlegend für Bildung oder fällt sogar mit ihr zusammen. Man meint viel und meint dabei leider oft, es handele sich um Wissen. Doch ohne diese in der Lebenspraxis inkarnierten (›impliziten‹, ›stillschweigenden‹, ›unhinterfragten‹, ›selbstverständlichen‹...) und in Gewohnheiten aufgehenden Gewissheiten, welche die Struktur von Vorurteilen aufweisen, ist kaum zu verstehen möglich, wie die vielfältigen kleinen, aber auch größeren Lebensaufgaben zu bewältigen wären. Man kann die Gewohnheiten des Denkens, Empfindens, Handelns und Wünschens, welche mit dem »Hammer der unablässigen Repetition« geschmiedet werden (vgl. Schmid 1998, S. 326) und den Menschen beruhigen, ihm Sicherheit geben und ihn von Wahlen entlasten, ja sehr leicht kritisieren. Man kann entsprechend mit John Dewey formulieren, dass das Denken in den »Zwischenräumen der Gewohnheiten versteckt« sei (1996, S. 137). Doch es entspräche einem Vorurteil zweiter Stufe, d.h. einem Vorurteil gegenüber dem Vorteil, Vorurteile insgesamt und von vorne herein negativ zu bewerten. Denn die Vorstellung, (s)ein Leben ohne Vorurteile führen zu können, ist wohl eine grandiose Selbsttäuschung. Und Bildung hat eben damit zu tun, diese Selbsttäuschung zu entlarven. Insofern ist sie ein auch ›enttäuschendes‹ und ›entlarvendes‹ und nicht nur ein ›entdeckendes‹ Unterfangen. Dieser Aspekt wird in den zeitgenössischen Diskursen um Bildung freilich kaum beachtet, möglicherweise weil er nicht in die anti-tragisch zuversichtliche Vorwärtsstrategie passt, welche den Ton vieler bildungspolitisch forcierter Reformen maßgeblich zu bestimmen scheint. Der desillusionierende und mitunter schwer zu ertragende Aspekt von Bildungsprozessen ist aber ein Topos schon der griechischen Antike, wird auch im christlichen Schöpfungsmythos deutlich artikuliert und ist später für das Aufklärungsdenken prägend. Dennoch ist es nicht selbstverständlich, Illusionen aufzugeben, da sie mitunter von großer produktiver Kraft und Bedeutung allein schon für die Ontogenese sind (vgl. Taylor & Brown 1988).

Als leidenschaftlichster Vernichter von Illusionen und allgemeiner Meinungszertrümmerer darf oder muss wohl Sokrates gelten. Bekanntlich wollte Sokrates als Geburtshelfer und Entbindungskünstler verstanden werden. Ins Pädagogische übertragen stellt sich die Frage, ob die sogenannte Mäeutik, die »Hebammenkunst«, eher Entbindung des Guten und der Wahrheit oder aber das Ausräumen des Unwahren, Unbedachten und bloßen Meinens meint. Hannah Arendt erklärte, dass die Hebamme Sokrates die Meinungen der Leute auszutreiben und sie vom Schlechten zu befreien suchte, ohne sie deshalb schon gut zu machen. Weil »er selbst unfruchtbar sei«, so Arendt den platonischen Dialog *Sophistes* paraphrasierend, wisse Sokrates »andere von ihren Gedanken zu entbinden, außerdem besitze er dank seiner Unfruchtbarkeit die Fachkenntnisse einer Hebamme und könne entscheiden, ob es sich um ein richtiges Kind oder ein bloßes Windei handele, das auszuräumen sei« (Arendt 1998, S. 172). Es scheint einiges dafür zu sprechen, sich den historischen Sokrates vor allem als »Ausräumkünstler« vor Augen zu halten, als jemand, der in den Gesprächspartnern

Leerstellen hinterlässt, in welchen sich noch bis kurz zuvor wenig begründete Meinungen eingenistet hatten, an deren Stelle bislang nichts hat treten können (vgl. Fischer 2004). Diese Interpretation der nicht selten ins bloß Nette herabgewürdigten »sokratischen Methode« bzw. der (entsprechenden) platonischen Dialoge ist schon für die Antike nachweisbar. So ist bei Sextus Empiricus zu lesen: »Von Platon haben die einen behauptet, er sei Dogmatiker, die anderen, er sei Aporetiker, die dritten, er sei teils Aporetiker, teils Dogmatiker. In den Übungsschriften nämlich, dort wo Sokrates eingeführt wird, wie er entweder mit den Leuten witzelt oder sich mit Sophisten misst, soll Platon einen übenden und aporetischen Charakter haben, einen dogmatischen aber dort, wo er sich im Ernst äußert entweder durch Sokrates oder Timaios oder ähnliche Leute« (Sextus Empiricus 1999, S. 146). Es ist also sicher nicht korrekt, Sokrates' Hebammenkunst pädagogisch nur aufbauend, positiv und affirmativ zu interpretieren (um so mehr, wie Arendt aufzeigt, als Sokrates nicht nur »Hebamme«, sondern auch »Stechfliege« und »Zitterrochen« genannt wird). Die sokratische Hebammenkunst hilft also nicht in erster Linie das Gute zu gebären, sondern vielmehr von den falschen Meinungen zu entbinden, sie ist eine Ausräumkunst. Das Ausräumen ungeprüfter Meinungen, Werte, Doktrinen, Theorien und Überzeugungen ist für Arendt von politischer Bedeutung: »Denn die Zerstörung wirkt befreiend auf ein anderes Vermögen, das Vermögen der Urteilskraft, das man mit einiger Berechtigung das politischste der geistigen Vermögen des Menschen nennen kann« (Arendt 1998, S. 191).

Die diskursiven Prozesse der Bildung bzw. die durch den Diskurs stimulierten Bildungsprozesse stören die Gedankenlosigkeit und die Gewissheit, so dass der »Wind des Denkens« seine diskursiven Turbulenzen zu entfachen beginnt. Sehr schön paraphrasiert Arendt Sokrates mit den Worten: »Wenn dich der Wind des Denkens, den ich jetzt in dir erwecken werde, aus dem Schlaf geweckt und völlig wach und lebendig gemacht hat, dann wirst du erkennen, dass du nichts in der Hand hast als Ratlosigkeit, und das Beste ist immer noch, sie zu unserer gemeinsamen Sache zu machen« (Arendt, 1998, S. 174f.). Daher ist es, so Arendt mit Kant, allein »das Negative, welches die eigentliche Aufklärung ausmacht« (Arendt, 1998a, S. 47).

Fliegen ohne ornithologische Kenntnisse

Vögel benötigen zum Fliegen bekanntlich keine ornithologischen Kenntnisse. Spätestens seit Polanyis Veröffentlichungen zur Bedeutung des impliziten Wissens (1985 bzw. 1966) ist dieses Bonmot höchstens noch unterhaltsam, aber inhaltlich nicht mehr erhellend. Das auf Diltheys Begriff der Einfühlung beruhende Konzept des impliziten Wissens umschreibt in der Regel ein nicht artikulierbares oder (noch) nicht artikulationsfähiges Können (vgl. Neuweg 2006), für welches im Französischen für manche Bereiche – etwa den guten sozialen Umgang – die schöne Wortwendung *savoir-faire* benutzt wird. Es ist keine neue Ein- und Ansicht, dass Bildung nicht bloß im Zusammenhang mit expliziten und objektiven bzw. objektivierten Wissensbeständen und -fragmenten gedacht werden kann und soll, also bekanntlich kein »Arsenal«, sondern vielmehr »Horizont« ist (Blumenberg 1998, S. 25).[1] Die Pointe dieser griffigen Formel besteht allerdings nicht darin, dass Unwissen einfach hinzunehmen oder sogar bildungswirksam sei, sondern vielmehr darin, dass es auf die vielen Einzelaspekte des Wissens paradoxerweise gerade auch dann nicht ankommt, wenn das Wissen, das man sich vielleicht zunächst mühsam angeeignet hat, vergessen, verloren und vielleicht ganz vernichtet worden ist. Das Vergessene – so die nun ins Positive gewendete Deutung – sei

---

1 Blumenberg nimmt an gleicher Stelle (S. 24) die vielzitierte Wendung des französischen Ministerpräsidenten Herriot auf, wonach Bildung sei, »was übrigbleibt, wenn man alles vergessen hat«.

nicht umsonst gelernt worden! Auch heute stößt man immer wieder auf eine Variante dieser Sicht, nämlich dann, wenn im Sinne einer formalen Bildungstheorie bzw. auch des neuhumanistischen Gedankens der Kräftebildung betont wird, es komme vor allem auf den Prozess der Aneignung und nicht darauf an, ob das Angeeignete auch längerfristig erinnert werden könne. Damit meint man, die (nicht nur) tendenzielle Sinnkrise insbesondere des schulischen Lernens möglicherweise abmildern zu können. Als Bildungsprodukt, heißt es dann, bleibe nicht Wissen, sondern Fähigkeit (bzw. Kompetenz) übrig. Das wäre die optimistische Einschätzung des schulischen Lernens hinsichtlich des »trägen« Wissens. Der Bildungssoziologe Abbott formulierte an die Erstsemester der University of Chicago im Jahre 2002, seine und die Forschungsresultate zusammenfassend, hingegen etwas weniger zuversichtlich: »Everyone over thirty knows that, as far as content is concerned, you forget the vast majority of what you learned in college in five years or so. But, so the argument goes, the skills endure. They may be difficult to measure and their effect hard to demonstrate. But they are the core of what you take from college [...]. But the evidence that college learning per se actually produces these skills is pretty flimsy. While we do know that people acquire these skills over the four years they are in college, we are not at all clear that it is the experience of college instruction that produces them« (Abbott 2002, S. 8). Wirkung wird offenbar erzielt, doch wer oder was für sie verantwortlich ist oder verantwortlich gemacht werden kann bzw. will, mag strittig bleiben. Freilich bleibt – einmal vom radikalen Wissensverlust abgesehen, dieser im Grunde maßlosen Vernichtung des millionenfach Gelernten – ja doch erstaunlich viel in Erinnerung. Dennoch stellt das Erinnerte wohl nur einen Bruchteil des Schulwissens dar, welches als »träges« Wissen diffamiert und im Grunde als Bildungsschrott verstanden wird. Während nun Vögel, wären sie so ausgestattet, dass sie gleich Schülern unbrauchbares Wissen aufnehmen könnten, damit wahrscheinlich ihre Flugfähigkeit verlören (denn wäre dann nicht der Kopf zu schwer?), kann der Mensch dieselbe weder durch träges noch ornithologisches Wissen erlangen, und man ist erstaunt, wie viele Ornithologen und wie noch viel mehr Hobby-Ornithologen es doch gibt, wo doch der individuelle Nutzen, in ornithologischen Fragen extrem gut informiert zu sein, für die meisten Menschen relativ gering ist. Der von trägem Wissen beseelte Hobby-Ornithologe widmet sich den diversen Vogelarten – rund 10.000 Arten sollen es sein, ein weites Feld also, das umfassend kaum zu beackern ist – interesselos, d.h. er will mit diesem Wissen nicht unbedingt etwas »anfangen«, er will es nicht verkaufen, vielleicht nicht einmal vor Kollegen aufschneiden, welche der gleichen Leidenschaft frönen, und will damit auch nicht die Welt verändern oder verbessern. Die Aneignung dieses unnützen Wissens ist aber doch von einem Willen zur Erkenntnis geprägt, genauso wie wenn ein Kind oder eine Schülerin alles über Dinosaurier, Habsburger oder Filmstars wissen will. Der Dominanz des Verfügungswissens im Diskurs über schulische Bildung scheinen Schülerinnen und Schüler in ihrer Freizeit glücklicherweise weniger unterworfen zu sein.

Sich orientieren können

Im Unterschied zum Verfügungswissen[2] sind Reflexionswissen und vor allem Orientierungswissen in den letzten Jahrzehnten im Bildungsdiskurs offenbar in den Hintergrund getreten. Dabei handelt es sich um Wissensformen, welche u.a. die Befähigung

2 Mit Verfügungswissen sei in Anlehnung an Jürgen Mittelstraß sozusagen »klassisches« Anwendungswissen gemeint. Dieses wird heute vor allem kompetenztheoretisch gefasst; erinnert sei an die zahlreichen *Kompetenzen* der Praxisgestaltung, welche für pädagogische Berufe als zur Profession gehörend erachtet werden (vgl. z.B. Bauer 1997) oder auch die sogenannten *Standards*, die in unterschiedlicher Vielzahl vorgetragen worden sind (vgl. z.B. Oser & Oelkers 2001; Terhart 2002).

zur Beurteilung von Berechtigungsgründen des Tuns zu fördern scheinen. Dennoch kann man guten Grundes die Auffassung vertreten, wonach für Bildung – in einem normativen Sinn – die Gleichberechtigung und Verbundenheit von jeweiligem Sachwissen, technisch-methodischem Verfügungswissen und ethisch-kulturellem Orientierungswissen entscheidend ist. So ist für menschliches Handeln konstitutiv, dass es vor einem Werthorizont realisiert wird (und verstanden werden kann), welcher durch starke qualitative Unterscheidungen geprägt ist (Taylor 1996). Die Raummetapher »Orientierung« steht – wenn auch nicht ausschließlich – für den moralisch-ethischen »Raum«, in welchem das Konzept der Identität überhaupt erst Sinn macht. Daher überraschen die für den Identitätsdiskurs typischerweise raummetaphorisch strukturierten Fragen wie »Wo stehe ich?« oder »Wo will sie hin in ihrem Leben?« wenig.

Als handelnde Personen können wir uns in räumlicher Hinsicht auf zwei verschiedene Arten orientieren bzw. auch auf zweierlei Arten verloren bzw. orientierungslos sein, wie Taylor ausführte: »Zum einen kann es sein, dass mir die Lage der Umgebung völlig unbekannt ist. In diesem Fall weiß ich nicht, welche wichtigen Örtlichkeiten diese Umgebung bilden und in welchem Verhältnis sie zueinander liegen« (Taylor 1996, S. 84). In einem solchen Fall ist uns mit einer Landkarte geholfen. Außer – und das ist die zweite Form von Orientierungslosigkeit – »wenn ich nicht weiß, welches mein Ort auf dieser Karte ist« (ebd.). Dann weiß ich zwar, in welchem Verhältnis bestimmte Örtlichkeiten zueinander stehen, aber das hilft mir nicht viel, weil ich nicht weiß, in welchem Verhältnis ich zu diesen stehe. Man braucht, um sich orientieren zu können, also nicht nur eine Karte, sondern muss auch wissen, wo man sich darauf etwa befindet. Insofern kann das Telos der Bildung – oder wer sich mit dem teleologischen Denken gar nicht anfreunden kann: das »Nebenprodukt« der Bildung –, nämlich die Bildung der Person, gar nicht ohne die epistemische Komponente bzw. die Wissensdimension verstanden werden. Dass die »Verknüpfung unsres Ichs mit der Welt […] auf den ersten Anblick nicht nur ein unverständlicher Ausdruck, sondern auch ein überspannter Gedanke« sei, wusste und formulierte freilich schon Wilhelm von Humboldt (1793/1903, S. 284). Gemeint ist damit (»bloß«), dass Selbstbildung die Folge der Auseinandersetzung mit (der) Welt ist, wobei »Welt« bei Humboldt für alles steht, was Nicht-Ich ist.[3]

Nun ist allerdings die Frage, wo wir uns im Raum der Werte und Wertungen befinden im Unterschied zur Frage nach der räumlichen Orientierung nicht neutral. Wir können uns ihr gegenüber nicht gleichgültig verhalten in dem Sinne, dass wir jede Antwort, sofern sie uns nur »zu einer wirksamen Orientierung verhilft, als befriedigend gelten lassen, egal, in welcher Entfernung vom Guten sie uns platziert« (Taylor 1996, S. 84). Vielmehr ist das, was wir wollen, eine Nähe zu dem, was wir als gut, richtig und wichtig empfinden. Insofern wir qualitative Unterscheidungen treffen, heißt dies, dass es für uns von Bedeutung ist, welchen Standort wir im Verhältnis zu unseren Unterscheidungen einnehmen. Die rückhaltlose oder tiefschürfende Reflexion darüber führt hingegen eher zu Irritationen. Der Alltag erlaubt es aber oft nicht, Zweifel an der Güte der Gründe des eigenen Tuns anzubringen. Darüber hinaus: Warum sollte man dies überhaupt tun, selbst wenn man Zeit und Muße dazu hätte? Und nochmals: Worin besteht der Gewinn, über sich – oder auch über die Welt – sehr gut »informiert«[4] zu sein? Die Fiktion völliger Selbstdurchsichtigkeit, permanenter rationaler

---

3 Das »konstruktivistische« Moment aller Bildung, welches für Jean Piaget bedeutsam werden sollte, ist freilich schon im Humboldt'schen Verständnis enthalten (zu den Auswüchsen des konstruktivistischen Paradigmas im erziehungswissenschaftlichen Diskurs vgl. hingegen Denis Phillips [1995]).

4 Im Wort ›Information‹ ist ›forma‹ enthalten, womit auf die ontologische, epistemologische und pädagogische Relevanz und Verwendung des Begriffes im Mittelalter verwiesen wird (vgl. Capurro 1978): Information hat also ursprünglich mit Selbstgestaltung und der Ausformung des Denkens zu tun, d.h. mit Bildung.

Motiviertheit und heroischer Autonomie bzw. Moral jenseits sozialer Vermittlung ist kaum ein begrüßenswertes oder auch anzustrebendes Bildungsideal, wiewohl es als regulatives Ideal in der modernen Situation seine Bedeutung hat. Von »normalen« Menschen – dazu zählen im vorliegenden Zusammenhang Menschen ohne supererogatorische Aspirationen – wird nicht die Verwirklichung der eben genannten Bildungschimäre erwartet, sondern die Ausbildung und Verwendung des »gesunden Menschenverstandes«. Dabei handelt es sich vor allem um die Bereitschaft(en) und Fähigkeiten, im Gemeinwesen – und nicht völlig unabhängig von ihm – einen eigenen Standpunkt vertreten zu können. Kant nennt in der *Kritik der Urteilskraft* drei Momente bzw. grundlegende Maximen des »gesunden Menschenverstandes«, nämlich 1. »Selbstdenken«, 2. »An der Stelle jedes andern denken« und 3. »Jederzeit mit sich selbst einstimmig denken«. Die erste ist die Maxime der vorurteilfreien (bzw. die Maxime der Aufklärung), die zweite der erweiterten, die dritte der konsequenten Denkungsart (Kant 1790/1991, S. 214f.). Maximen sind hier als Empfehlungen oder Anweisungen zu verstehen, wie die Person ihr Wissen über die Situation, in der sie handeln will oder muss, zu überprüfen hat. Bildungspraxis ist daher vor allem Meinungs- und Wissensprüfung. Die dahinterliegende Idee oder das Ziel des so verstandenen »gesunden« Gebrauchs des Menschverstandes ist – und darin liegt im weitesten Sinne auch seine politische Bedeutung – die Ausbildung des Gemeinsinns (*sensus communis*). Und so hat auch institutionalisierter Unterricht idealerweise einem Lernen zu dienen, welches etwas anderes darstellen müsste als die »bloße« Aneignung von »trägem« Wissen, nämlich »bildendes« Lernen.

Wissen als Weitergabe

Während Sozialisationsprozesse in vielerlei Hinsicht darin bestehen, implizites Wissen – auf implizite Weise – weiterzugeben (vgl. Nonaka & Takeuchi 1997), interessiert bildungstheoretisch vor allem der Wandel von implizitem zu explizitem Wissen. Der Prozess der Externalisierung des Wissens beruht in der einen oder anderen Form meist auf der Bildung von Analogien, Metaphern bzw. mentalen Modellen, welche einen verständigungsorientierten Sinn, zumindest ein verständigungsorientiertes Potential aufweisen, ohne welche die Externalisierung des Wissens im Grunde ihren sozialen Sinn verlöre. Mit anderen Worten, Wissen und die Weitergabe des Wissens sind intrinsisch verbunden. »Es gibt«, so Steiner, »keine Gemeinschaft, Religion, keine Disziplin und auch kein Handwerk ohne Meister und Jünger, ohne Lehrer und Lehrlinge, Wissen ist Weitergabe. Im Fortschritt, in der Innovation, wie einschneidend sie auch sein mögen, ist die Vergangenheit gegenwärtig« (Steiner, 2008, S. 167). Doch die Kreation und Weitergabe des Wissens ist auch in den Wissenschaften nicht nur vom Generationswechsel, sondern mitunter auch von Generationenkonflikten geprägt (vgl. Hoffmann 2002). »Meister haben ihre Jünger sowohl psychisch als auch, seltener, physisch zerstört. Sie haben ihren Geist gebrochen, ihre Hoffnungen vernichtet, ihre Abhängigkeit und Individualität ausgebeutet. […] Umgekehrt haben Jünger, Schüler, Lehrlinge ihre Meister gestürzt, verraten und zugrunde gerichtet. Auch dieses Drama hat sowohl psychische als auch physische Aspekte« (Steiner 2009, S. 10). Väter und Mütter, die ihre Söhne und Töchter wenigstens im übertragenen Sinn ermorden, sind natürlich so leidenschaftlich, selbstsüchtig und faszinierend wie die Söhne und Töchter, die sich nur durch Mord und Totschlag von ihrem Vater oder ihrer Mutter, ihrem Doktorvater oder ihrer Doktormutter emanzipieren können. Natürlich wäre aber der rege Austausch zwischen den Generationen, die dadurch auch noch voneinander lernen und sich weiterentwickeln würden, das politisch korrektere Modell. Und prompt schreibt Steiner deshalb: »Die dritte Kategorie ist der Austausch, ein Eros von wechselseitigem Vertrauen und sogar Liebe […]. Auf dem Wege einer Interaktion, einer Osmose lernt der Meister von seinem Jünger, während er ihn unterrichtet« (ebd.). Doch solche Harmonie ist kitschverdächtig. Dieses Ideal des voneinander Lernens, des Lernens durch Lehren bzw. Lehrens durch Lernen wirkt denn auch nicht ganz aufrichtig. Natürlich heißt beispielsweise das französische »apprendre« sowohl lehren (*apprendre quelqu'un à faire quelque chose*) als auch lernen (*apprendre quelque chose*), doch beim Lehren lehrt der Lehrende zumindest mehr, als er lernt, und beim Lernen lernt der Lernende mehr, als er lehrt!

»Diskurse sind lang, das Leben kurz«, sei hier in Abwandlung an Odo Marquards »Das Prinzipielle ist lang, das Leben kurz« (Marquard 1981, S. 18) formuliert: Aus diesem Grund hat Bildung letztlich sehr viel mit der Übernahme von Fremderfahrung zu tun. Dieses Übernehmen kann man zwar immer noch konstruktivistisch interpretieren bzw. verklären, wenn es denn unbedingt sein muss, denn Pädagoginnen und Pädagogen, aber längst nicht nur sie reden gerne und lieber vom ›eigenständigen‹ Lernen, ›selbsttätigen‹ Lernen, ›offenen‹ und ›eigenaktiven‹ Lernen. Dass diese Begrifflichkeiten wenig bedeuten, sondern vielmehr wirkungsvolle Überredungsvokabeln sind (vgl. Reichenbach 2004), sei hier nicht weiter beleuchtet, sondern auf den Tatbestand hingewiesen, wonach Lernen nur zu einem geringen Teil darin besteht, dass Menschen sogenannte »eigene« Erfahrungen machen. Vielmehr geht es wesentlich auch darum, Fremderfahrungen, insbesondere natürlich die Erfahrungen der früheren Generationen in Form von Kulturgütern – (implizites und explizites) Wissen – zu übernehmen. Diese »Übernahme ist auch Erfahrung«. In diesem Sinne scheint einiges für die evolutionstheoretische Interpretation zu sprechen, wonach sich die Fähigkeit, von der älteren Generation zu lernen, nur unter der Voraussetzung hat entwickeln können, dass die ältere Generation bereit und in der Lage war, Wissen weiterzugeben, und die nachwachsende Generation ebenso bereit und in der Lage war, Traditionsgut zu übernehmen (Liedtke 1989). Auf Seiten der jüngeren Generation gehört hierzu ein gewisser Vertrauensvorschuss. Weil wichtige Lernerfahrungen der älteren Generationen von der jüngeren kurzfristig oder längerfristig genutzt werden konnten, d.h. sich in der einen oder andern Form als sinnvoll gezeigt haben, haben sich wohl überhaupt Traditionen herausbilden können. Längerfristig ist Traditionsbildung hingegen nur dann von Vorteil, wenn sie nicht nur Wissen (Tatsachenwissen, Verfügungswissen, Orientierungswissen, Reflexionswissen) bewahrt und schützt, sondern genügend flexibel für individuelle Lernprozesse ist, also für Eigenerfahrung. Die Übernahme von Fremderfahrung hat demzufolge auch kritisch erfolgen zu können: Das ist (oder war) der Sinn des Generationenkonflikts.

Die für Bildungsprozesse immer wieder nötig erscheinende Anerkennung einer Autorität im intellektuellen Bereich bzw. im Bereich des Wissens heißt Glauben, Anerkennung einer Autorität im voluntativen Bereich heißt Gehorsam. Schule und Hochschule haben lange Zeit davon profitiert, dass der professionellen Autonomie, d.h. der Verantwortung, Kompetenz und damit Autorität von Lehrerinnen und Lehrern, Professorinnen und Professoren vertraut worden ist (vgl. Münch 2009, S. 75).[5] Die Expertenautonomie von Hochschullehrern war unhinterfragt. Heute stehen an ihrer Stelle nicht nur Steuerungsphantasien, sondern konkrete Steuerungsmodelle, welche, wie Richard Münch richtig sagt, das Vertrauen ersetzen durch ein »grundsätzliches Misstrauen, bürokratische Regelungen seien ineffektiv und die Expertenautonomie würde missbraucht« (ebd., S. 75). Damit verlieren »Professoren an Universitäten und Lehrer an Schulen [...] ihre alte professionelle Identität und Autorität und werden in einfachster Weise nach dem Modell der operanten Konditionierung auf die Erfüllung von vorgegebenen Parametern getrimmt« (ebd., S. 77).

---

5 Auch heute täte sie aus empirischer Sicht gut daran, dies weiterhin zu tun. Zur empirisch unbestreitbaren Rolle der Lehrpersonen vgl. die größte Meta-Analyse im Bereich der Schulforschung durch Hattie (2008).

Vielleicht sind dazu folgende zusätzlichen Bemerkungen erlaubt. Im Zeichen der Reform der Hochschule, Wissenschaft und Forschung findet momentan ein Generationswechsel statt, der ganz unterschiedlich beurteilt oder auch verurteilt werden kann. Während die »Ablösung der Generationen einen wichtigen potentiellen Katalysator für Veränderungen innerhalb der Wissenschaft« darstellen kann (Bönker 2002, S. 61), u.a. weil junge Wissenschaftler_innen »möglicherweise alters- und anreizbedingt produktiver als ihre älteren Kollegen sind« (ebd.), kann auch das Umgekehrte zutreffen, so dass die Auswirkungen des Generationswechsels auf die Wissenschaftsentwicklung im Grunde nur von Fall zu Fall, »von Disziplin zu Disziplin, Generation zu Generation, Land zu Land« (ebd.) diskutiert und analysiert werden können. Entscheidend für die momentane Transformation von Hochschule und Wissenschaft scheint weniger der Generationswechsel zu sein und auch kein Generationenkonflikt, als vielmehr das, was allen Wissenschaftlern und Hochschullehrer_innen momentan geschieht – gleichgültig welcher Generation sie angehören: »Die Bildung wird den nationalen Eliten (also den Lehrerverbänden, den Bildungspolitikern der Parteien und den Ministerialbeamten) von einer transnationalen Koalition aus Forschern, Managern und Unternehmensberatern aus der Hand gerissen« (Münch 2009, S. 30). Zu dieser Koalition gehören auch Wissenschaftlerinnen und Wissenschaftler, die – wie alle anderen Menschen – einer Gesetzmäßigkeit zu unterliegen scheinen, die besagt: Wer Macht besitzt, wird sie missbrauchen, die Frage ist bloß wann und in welchem Maß.

Schlussbemerkungen

In Zeiten, in denen die »alte archimedische Maschine der klassischen Behavioristen« durch eine »neuronale Maschine« ersetzt worden ist, »die sich durch Input-Output-Mechanismen in Gang hält, wobei in den meisten Fällen der Input aus den Systemen selbst kommt« (Meyer-Drawe 2008, S. 31), wird die kulturelle Dimension von Wissen und Bildung schon fast systematisch vernachlässigt. Die Autorität und Aufdringlichkeit der kulturellen Güter und des tradierten Wissens lassen sich ableugnen und tendenziell aberkennen, doch der gegenwartszentristische und instrumentalistische Zugang zu Wissen und Bildung, den wir momentan erfahren, entpuppt sich längerfristig als Irrtum. Wer genau zu wissen meint, was Bildung und was Wissen sei, welches Wissen welchen Zweck habe und wie Bildungsprozesse genau zu fördern seien, versteht wahrscheinlich nicht viel von Wissen und Bildung. Dass die Wissensaneignung bzw. das Wissend-Werden, also Lernen, in pädagogischer Perspektive eine Erfahrung ist, Erfahrungen aber nur begrenzt Ausdruck menschlicher Souveränität und Aktivität sein können, weil sie immer auch einen passiven Anteil und manchmal sogar die Dimension des Erleidens aufweisen, scheint dem Mainstream des Bildungsdiskurses derzeit völlig zu entgehen. Es muss – diese normativen Betrachtungen seien zum Schluss erlaubt – einer Kultur bzw. Gegenkultur der Bildung heute wieder vermehrt darum gehen, Bildung als »Horizont« zu verstehen und nicht als »Arsenal«, um nochmals diese Metaphern Blumenbergs zu bemühen. Ein Horizont ist einem aber nicht verfügbar, steckt auch nicht – im Sinne eines Kompetenzmodells – in der Person, sondern situiert und orientiert dieselbe, so wie er die Welt für die Person in eine Perspektive rückt und erweitert. Bildung ermöglicht Personen, auf bewusste und wenn immer möglich auch selbstbestimmte Weise an der Kultur zu partizipieren – doch die kulturellen Güter selbst hat sie sich ungefragt anzueignen. Die subjektive Aneignung des Objektivierten transformiert Kultur hingegen nicht im Geringsten zu etwas Subjektivem. Denn Kultur ist nicht nur das Anzueignende, sondern auch das Hinzunehmende.

Literatur

Abbott, A. (2002): »Welcome to the University of Chicago«, Ansprache für die Erstsemester der Universität Chicago, im Originaltext aufgelegt als Beilage von *Forschung & Lehre* 08/2007.

Arendt, H. (1998): *Vom Leben des Geistes. Das Denken – Das Wollen*, München & Zürich (Original 1971).

Arendt, H. (1998a): *Das Urteilen. Texte zu Kants politischer Philosophie*, München & Zürich (Original 1982, entspricht der Kant-Vorlesung im Jahre 1970 an der New School for Social Research in New York City).

Bauer, K.-O. (1997): *Professionelles Handeln in pädagogischen Feldern*, Weinheim.

Blumenberg, H. (1998): *Begriffe in Geschichten*, Frankfurt/M.

Bönker, F. (2002): »Generationswechsel und wissenschaftlicher Wandel in Politikwissenschaft und Volkswirtschaftslehre Ende der 60er Jahre und heute«, in: A. Kinder (Hrsg.): *Generationswechsel in der Wissenschaft*, Bern u.a., S. 61–71.

Capurro, R. (1978): *Information. Ein Beitrag zur etymologischen und ideengeschichtlichen Begründung des Informationsbegriffs*, München, New York, London, Paris.

Dewey, J. (1996): *Die Öffentlichkeit und ihre Probleme*, Darmstadt (amerikanisches Original 1927).

Giesecke, H. (1952): *Pädagogik als Beruf. Grundformen pädagogischen Handelns*, Weinheim.

Gruber, H., Mandl, H., Renkl, A. (1999): *Was lernen wir in Schule und Hochschule: Träges Wissen?* (Forschungsbericht Nr. 101), München: Ludwig-Maximilians-Universität, Lehrstuhl für Empirische Pädagogik und Pädagogische Psychologie.

Hattie, J. (2008): *Visible Learning. A Synthesis of over 800 Meta-Analyses relating to Achievement*, London.

Hoffmann, N. (2002): »Zum Zusammenhang von Generationswechsel und Innovation in der Wissenschaft – ein fiktives Interview mit Ludwik Fleck«, in: A. Kinder (Hrsg.), *Generationswechsel in der Wissenschaft*, Bern u.a., S. 15–29.

Humboldt, W., von (1903): »Theorie der Bildung des Menschen. Bruchstück«, in: *Wilhelm von Humboldts Werke*, Bd. 1, hrsg. von A. Leitzmann, Berlin, S. 282–287 (Original 1793).

Jaeger, W. (1989): *Paideia. Die Formung des griechischen Menschen*, Berlin/New York.

Liedtke, M. (1989): »Der Generationenkonflikt als pädagogische Konstante und die Funktion von Klage und Protest«, in: Hierdeis, H. und Rosenbusch, H.S. (Hrsg.): *Artikulation der Wirklichkeit*, Frankfurt/M., S. 117–130.

Marquard, O. (2003): »Inkompetenzkompensationskompetenz? Über Kompetenz und Inkompetenz der Philosophie«, in: Ders.: *Zukunft braucht Herkunft. Philosophische Essays*, Stuttgart, S. 30–45 (Original 1974).

Marquard, O. (2003a): »Skepsis als Philosophie der Endlichkeit«, in: Ders.: *Zukunft braucht Herkunft. Philosophische Essays*, Stuttgart, S. 281–290 (Original 2002).

Meyer-Drawe, K. (2008): *Diskurse des Lernens*, München.

Mügerau, R. (2006): *Wider das Vergessen des sokratischen Nichtwissens. Der Bildungsbeitrag Platons und seine Marginalisierung*, 2 Bände, Marburg.

Münch, R. (2009): *Globale Eliten, lokale Autoritäten. Bildung und Wissenschaft unter dem Regime von PISA, McKinsey & Co*, Frankfurt/M.

Neuweg, G.H. (2006): *Könnerschaft und implizites Wissen: Zur lehr-lerntheoretischen Bedeutung der Erkenntnis- und Wissenstheorie Michael Polanyis*, Münster.

Nonaka, I. & Takeuchi, H. (1997): *Die Organisation des Wissens*, Frankfurt/M. (Original 1995).

Oser, F. & Oelkers, J. (Hrsg.) (2001): *Die Wirksamkeit der Lehrerbildungssysteme. Von der Allrounderbildung zur Ausbildung professioneller Standards*, Chur & Zürich.

Phillips, D. (1995): »The Good, the Bad, and the Ugly: The Many Faces of Constructivism«, in: *Educational Researcher*, 24(7), S. 5–12.

Polanyi, M. (1985): *Implizites Wissen*, Frankfurt/M. (Original 1966).

Reichenbach, R. (2004): »›Aktiv, offen und ganzheitlich‹: Überredungsbegriffe – treue Partner des pädagogischen Besserwissens«, in: *Para-*

pluie: Kulturen – Künste – Literaturen, Nr. 19 (Juli 2004), http://parapluie.de/archiv/worte/paedagogik/

Renkl, A. (1996): »Träges Wissen: Wenn Erlerntes nicht genutzt wird«, in: *Psychologische Rundschau*, 47(2), S. 78–92.

Schmid, W. (1998): *Philosophie der Lebenskunst. Eine Grundlegung*, Frankfurt/M.

Sextus Empiricus (1999), *Grundriss der pyrrhonischen Skepsis*, eingeleitet und übers. von M. Hossenfelder, Frankfurt/M.

Steiner, G. (2009): *Der Meister und seine Schüler*, München (Original 2003).

Taylor, Ch. (1996): *Quellen des Selbst. Die Entstehung der neuzeitlichen Identität*, Frankfurt/M. (Original 1989).

Taylor, S.E., & Brown, J. (1988): »Illusion and Well-Being: A Social Psychological Perspective on Mental Health«, in: *Psychological Bulletin*, 103, S. 193–210.

Terhart, E. (2002): »Standards für die Lehrerbildung. Eine Expertise für die Kultusministerkonferenz«, Universität Münster, Zentrale Koordination Lehrerbildung, ZKL, Nr. 24.

Der Mensch – ein dilettantisches Subjekt

Ein inkompetenztheoretischer Blick auf das vermeintlich eigene Leben

Am liebsten wäre ich ich selber,
aber das ist natürlich unmöglich.
Hans Magnus Enzensberger

Alles arme Schweine, die Menschen.
So verzweifelt. Da denken sie,
sie könnten über ihr Leben bestimmen.
Das kann doch keiner.
Sibylle Berg

Ja, mach nur einen Plan
sei nur ein großes Licht
und mach dann noch 'nen zweiten Plan
gehen tun sie beide nicht.
Bertolt Brecht

Erste kurze Vorbemerkungen

Eine instinktgeleitete Lebensweise ist dem Menschen insgesamt verwehrt. Er befindet sich in Raum- und Zeitverhältnissen, in Selbst- und Sozialverhältnissen und es wird von ihm erwartet, dass er sich zu diesen Verhältnissen selbst noch verhält. Dies muss aber nicht wirklich von ihm »erwartet« (im Sinne von »verlangt«) werden, da es ihm sowieso sehr schwer fällt, sich nicht zu diesen Verhältnissen in ein jeweils mehr oder weniger reflektiertes Verhältnis zu setzen (vgl. Kugler/Kurt 2007). Jedenfalls ist ein solches Unterfangen als dauerhafter Lebensstil wenn nicht unmöglich, so doch sehr unwahrscheinlich. Die fehlende Instinktleitung kann aber – zumindest zeitweilig und in bedeutsamen Entscheidungssituationen – nur »dilettantisch« oder »stümperhaft« kompensiert werden. Den immer deutlicher werdenden und aufdringlicher erscheinenden Optimierungszumutungen unserer Zeit – die auch als Dilettantismusüberwindungsaufforderungen gedeutet werden können – gilt es, die nicht-optimierbaren Seiten des Menschen und Grenzen des menschlichen Optimierungswillens entgegenzuhalten, wohl hoffend, in diesen Grenzen gerade die Grundlage der Freiheitspraxis »dilettantischer« Subjekte sehen zu können.

Der folgende Beitrag sucht den Dilettantismus als Remedium gegen das zeitgenössische Optimierungsfieber herauszustellen. Nach weiteren Vorbemerkungen folgen drei Teile, wobei im ersten Teil die stets peinliche Figur des Dilettanten dargestellt wird, im zweiten Teil Erläuterungen zur psychologischen Struktur des Dilettantismus folgen und im dritten auf die moralische Situation des dilettantischen Menschen eingegangen wird. Insgesamt soll gezeigt werden, dass der dilettantische Mensch zwar eine peinliche und insofern ärgerliche Figur ist, die in ihren vielfältigen Weltbezügen und -interessen sozusagen konstitutiv auf Versagen angelegt und moralisch besonders in der modernen Situation permanent überfordert ist. Aber in diesem Unvermögen, also dem nicht-souveränen und amateurhaften Leben, scheint sich die Möglichkeit der Freiheit gerade besonders auszudrücken, was für demokratische Lebens- und Regierungsformen von Bedeutung sein könnte.

Noch einige – etwas zu lange – Vorbemerkungen

Zu wissen, wer man ist, bedeutet, zu wissen, was man will. Nicht zu wissen, was man will und was man nicht will, heißt, nicht zu wissen, wer man ist. Das Wissen über sich selbst fällt also im Grunde zusammen – das ist die hier mit Charles Taylor

(1996) vertretene Behauptung – mit dem Wissen über meine Bindungen an bestimmte Werte und meine Aversion gegen bestimmte Unwerte. Identitätsdiffusion meint letztlich, diese Bindungen nicht mehr zu kennen oder zu fühlen.

»Fühlen« heißt nach Agnes Heller, in etwas involviert sein, und dieses »etwas« kann »alles sein, also z.B.: ein anderer Mensch, eine Idee, ich selbst, ein Vorgang, ein Problem, eine Situation, ein anderes Gefühl. Dass ich in etwas involviert bin, heißt bei weitem nicht, dass dieses ›etwas‹ ein konkret-bestimmtes Objekt ist.« (Heller 1980, S. 19)

Manchmal legt sich aber ein »Nebel« über die Dinge, die einem wichtig waren (und vielleicht noch wichtig sind oder sein sollten), so dass sie nicht mehr erkannt werden können. Nur: Woher kommt denn dieser Nebel? Wann und wie ist er aufgetaucht? Wir wissen es meist nicht. Wie eine unschöne Stimmung, die unvermittelt entsteht, und wir wissen nicht, wodurch und woraus. In diesem Nebel mag das Leben seicht und fad und vielleicht sogar sinnlos erscheinen. Dasselbe könnte aber auch zutreffen für ein Leben im gnadenlosen Licht, wo jeder Schatten und Nebel fehlt.

Manchmal weiß man zwar noch, was wichtig ist, aber nur noch theoretisch und hülsenhaft, dann mag man seine Sicht gar nicht mehr leidenschaftlich verteidigen, es stört sogar kaum noch, wenn diese Werte oder Güter, von denen wir meinten, sie seien die unsrigen, von anderen angegriffen werden. Das vergleichgültigte Leben strahlt eine gewisse Ruhe aus, es ist zumindest demokratietauglich, denn es ist antifundamentalistisch, so fällt das vielfältige Koexistieren leicht, und man fragt sich, wie es überhaupt möglich war, sich je einmal über dieses oder jenes aufgeregt zu haben.

Stellen Indifferenz und die allgemeine wechselseitige Nicht-Beachtung möglicherweise die höchste Form aller realistischen Formen von massengesellschaftlichem Zusammenleben dar? Doch was ist der Preis für die Leidenschaftslosigkeit? Und vor allem: Wie werden wir wieder leidenschaftlich, wenn wir es nicht mehr sind? Das ist wahrscheinlich wieder eine von diesen Fragen, die nicht wirklich zu beantworten sind.

Wenn die Bindungskraft fehlt, bilden die vermeintlich wichtigen Dinge zwar immer noch einen Horizont, vor welchem man sich interpretiert und vor welchem man die kleinen und größeren Alltagsdinge erledigt und manchmal – allerdings selten – auch wirklich handelt und sich nicht immer nur bloß verhält, so wie meistens. Wenn die Leidenschaften ruhen und wir das Leben vor allem »absolvieren«, die Zeit ohne großes Aufheben hinter uns bringen, lernen wir die Lauheit vielleicht sogar noch als Tugend schätzen, so suggeriert es zumindest Garnier (2001). Doch wahrscheinlich packt einen im allzu lauen Leben das plötzliche Unbehagen, die sogenannte »German Angst«, und der ganze Alltagsnihilismus wird zu einem riesigen, so sinnlosen wie wortlosen, so vernunftlosen wie grundlosen Vakuum, und es braucht jetzt sehr viel stoische Ruhe (das ist die Variante für die Liebhaber_innen des Klassisch-Antiken) oder sehr viel Vergleichgültigungsanstrengung (für die Amateuri_nnen der Postmoderne) oder ganz dringend autogenes Training und progressive Muskelrelaxation (für die vielen Anhängeri_nnen der Psychotechnik), damit man jetzt nicht ausflippt, implo- oder explodiert.

Aber ohne diese energetische Voraussetzung, ohne dieses Empörungspotential können Identitätsfragen weder interessieren noch beunruhigen. Deshalb ist es vielleicht sinnvoll und funktional, das eigene Leben zumindest zeitweilig als eine einzige Verfehlung zu begreifen; vielleicht gilt: je später im Einzelleben dieses Gefühl (möglich wird), umso schlimmer. Deshalb die nun folgende pädagogische Empfehlung: Früh und wohldosiert die Empörungskapazität in Bezug auf die wichtigen Dinge kultivieren, damit sowohl die häufigen »Sklerosen der Selbstverständigungshermeneutik« (eine Begrifflichkeit von Arnold Schäfer) als auch die hysterischen, permanent-nervösen Selbstfraglichkeitsbereitschaften vermieden werden. Ein Zuviel an Selbstfraglichkeit nennen wir am besten »Neurose«, das Zuwenig »Charakterneurose«. Will heißen: Menschen, die sich nicht auch Rätsel sein können, sind uns – wenn wir ehrlich sind – doch einfach unerträglich, und ihre durchsichtige Selbstverständlichkeit raubt einem noch die letzte Hoffnung und Sehnsucht auf ein besseres Leben. Von diesen Zeitgenossen muss man sich fernhalten, denn sie rauben einem noch das Beste, was man hat. Mit Baudrillard (1995) sei hier an aggressive Jogger_innen erinnert (liebe Jogger_innen: das ist nur eine Metapher), mit denen man an der Ampel steht und die dabei unablässig, selbstbewusst und als ob sie eine Mission hätten, vor Ort hüpfen, selbst dann noch, wenn sie einen nach dem Weg fragen. Diese Hüpferei hat etwas Alibihaftes, sie strahlt den Versuch einer absoluten Existenzberechtigung aus. Solche Jogger_innen können sich ihre Missetaten sogar noch selber verzeihen, sie brauchen einen nicht, sie würden auch allein durchs All joggen. Kurz: Was hier gesagt werden wollte, Joggen erscheint – wie andere Aktivitäten auch – mitunter als Ausdruck des Versuches, eine bodenlose Verzweiflung zu kaschieren.

Doch Menschen, die sich – umgekehrt – immer und immer nur Rätsel sind, ganz unabhängig davon, ob sie dieses Sich-Rätselsein selbstverliebt oder auf alarmierte Weise pflegen, vergehen sich im Grunde ebenfalls an humanen Bildungsidealen, so scheint es wenigstens: diese Selbstbeschäftigung, die nie erwachsen werden will, dieser Selbstbeobachtungszwang und Gefühlssolipsismus, der nichts außer sich erkennen und anerkennen will, diese luxuriöse und parasitäre Form der Selbst- und Seelsorgerei.

Natürlich: Vielleicht kommen diese Extremtypen realiter nur selten vor, vielleicht findet das normale und gewöhnliche Leben wieder einmal zwischen zwei mehr oder weniger extremen Polen statt, vielleicht sollte man sich wieder einmal auf den sogenannten goldenen Mittelweg zubewegen, und vielleicht ist dies ja auch das implizite Ziel aller Erziehung und Bildung: das eigene Leben als Kompromiss zu begreifen. Für diese

Sicht gibt es gute, aber auch unattraktive Gründe, wie so oft in der Erziehung. Doch dann wieder: Warum sollten die guten Gründe auch attraktiv sein, oder wenigstens schwer verständlich oder doch von Schönheit? Das gewöhnliche Leben, eine halbwegs normale Lebenstauglichkeit, ein bisschen das tun, was zu tun ist, ein bisschen Glück auch erfahren, das Leben mit seinen Aufs und Abs akzeptieren lernen etc., solches ist den Theoretiker_innen der Bildung schon immer zu wenig gewesen; jedenfalls hat der moderne Bildungsdiskurs immer mehr versprochen. Ein eigenes Leben zu führen kann modern sowohl als ein Versprechen als auch eine Aufgabe und eine Zumutung begriffen werden.

Ich möchte mit den folgenden, nun etwas systematischeren Überlegungen und mit Bezug auf die Metapher des Dilettantismus und einer Affinität zur Kompetenzkritik dafür plädieren, dass dieses Bildungsversprechen, nämlich ein eigenes Leben zu führen und sich in einem starken Sinne Ich-Identität zu erarbeiten, sowohl als notwendig als auch als nicht einlösbar zu verstehen ist. Dinge tun zu müssen, die wir nicht beherrschen und nie beherrschen werden, und die wir dennoch dennoch so tun oder tun müssen, als ob sie beherrschbar wären und wir sie zunehmend beherrschen würden, gehört wahrscheinlich zur Grundstruktur des modernen Lebens. Mehr noch: Es zeigt sich meines Erachtens sogar, dass die Selbsttäuschung gerade über solche Fähigkeiten, die wir entwickelt haben müssten, eine ganz besondere Fähigkeit darstellt, auf die wir sozusagen nicht verzichten können.

Die peinliche Figur des Dilettanten

Da das Universum der Inkompetenz prinzipiell viel größer ist als jenes der Kompetenz, um es mit Marquard (1981) zu sagen, da also auch der Einzelmensch zeit seines Lebens – und mag er sich noch so viele Kompetenzen auf verschiedensten

Gebieten aneignen – zur Inkompetenz verdammt ist, scheint es gerechtfertigt, dieses Faktum auch in der bildungs-, identitäts- und subjekttheoretischen Diskussion zu berücksichtigen und es nicht nur als Störvariable bzw. das zu Überwindende anzusehen.

In Anlehnung an eine Anthropologie, die mit Helmuth Plessner oder Eugen Fink, aber auch Hannah Arendt illustriert werden könnte und die das Spezifikum des Menschen weniger mit einem bestimmten, herausragenden Können verbindet als vielmehr mit einer spezifischen Lebenssituation, die letztlich darin besteht, die eigene Existenzform als problematisch zu erkennen – zwar auch ein Können, welches sich aber negativ definiert, nämlich als Erkennen des eigenen Unvermögens –, soll hier versucht werden, die Seite der Inkompetenz des Menschen für das Subjekt stark zu machen. Kurz: Es gibt Schwächen des starken Subjekts (die überzeugend analysiert und kritisiert worden sind) – es gilt aber auch, die Stärken des schwachen Subjekts (d.h. eines schwachen Subjektbegriffs) ins Auge zu fassen. Damit soll behauptet werden, dass die prinzipielle Inkompetenz des Menschen und – damit verbunden – sein Dilettantismus als Ermöglichungsbedingung von Freiheit fungieren bzw. dass – zumindest in einem zu erläuternden Sinne – nur Dilettanten frei sein können. Daher benötigen Dilettanten gegen Übergriffe des Optimierungswillens einen gewissen Schutz.

Synonyme für »Dilettant« sind beispielsweise Anfänger, Nichtskönner, Unkundiger, Nichtfachmann, Laie, aber auch Pfuscher, Ignorant, Besserwisser, Banause etc., also in der Regel durchaus keine schmeichelhaften Worte.[1] Unter Dilettantismus kann – allgemein und neutral formuliert – die Betäti-

---

1 Zur Herkunft des Wortes schreibt Best: »Der Ausdruck ›Dilettant‹ wurde bezeichnenderweise um 1770, d.h. zur Zeit beginnender Trivialisierung und Subjektivierung der Literatur aus dem Italienischen entlehnt, wo er ›Sich Ergötzender‹, also Liebhaber, bedeutet« (Best 1985, S. 68).

gung in einem Feld verstanden werden, welches die betreffende Person nicht beherrscht, in welchem sie keine Souveränität besitzt. Sich als Dilettant betätigen heißt also, sich versuchen.

Dilettantismus scheint allerdings nie rein oder wirklich unschuldig zu sein, er zeigt nicht nur bloßes Unvermögen an, sondern wird auch mit einem moralisierenden Unterton beurteilt. Dilettantismus deutet auf eine Schwäche hin, die unter anderem darin besteht, sich in einem Feld mit einer Attitüde zu betätigen, welche ein entsprechendes Können vorgibt oder vorzugeben scheint, wobei aber offensichtlich wird, dass die gezeigte Performanz eher Inkompetenz als Kompetenz illustriert. Dies scheint dem dilettantischen Akteur mitunter nicht ganz klar oder aber gleichgültig zu sein. Dilettantismus ist so nicht immer frei von Peinlichkeit. Wenn es also geht, wendet man sich vom entlarvten Dilettanten ab. Man hat ein ungutes Gefühl in seiner Nähe: Er ist bisweilen nicht nur eine lächerliche Figur, sondern auch ein Ärgernis.[2]

Es gab Epochen, in denen die Frage nach dem Wesen des Dilettantismus mehr interessierte als heute. Der Begriff des Dilettantismus wird im 18. und 19. Jahrhundert vor allem mit kunsttheoretischen Diskursen in Verbindung gebracht. 1799 hatten beispielsweise Johann Wolfgang von Goethe und Friedrich Schiller (zusammen mit Heinrich Meyer) das relativ kurz nach seiner Geburt gestorbene »Dilettantismusprojekt« ins Leben gerufen, mit welchem geplant war, den »Dilettantismus als Phänomen des zeitgenössischen deutschen Kunstlebens in all seinen Auswüchsen zu analysieren und darzustellen.«

2 Ärger ist eine häufige Konsequenz von Schamgefühlen bzw. eine Form ihrer Bewältigung (vgl. Lewis 1992, S. 149–153). Man schämt sich für den Dilettanten bzw. dafür, in seiner Nähe zu sein; man schämt sich für das Faktum der Unbildung, die er entblößt. Der Dilettant stellt die Unbildung dar, ohne sie scheinbar recht zu erkennen, man entlarvt ihn als oberflächlichen Plagiator, der mit »zusammengeplünderten Phrasen und Formeln« um sich wirft (vgl. Best 1985, S. 69).

(Vaget 1971, S. 9)[3] Es ging darum, dem Dilettantismus und der Pfuscherei, »den abwegigen und falschen Tendenzen der zeitgenössischen Kunst, endlich den Prozess« zu machen und der Kunst »in ihrem wahren, d.h. klassizistischen Verständnis [...] endgültigen Durchbruch und den Sieg« zu sichern (ebd.). Allerdings wurde das Projekt angesichts erschlagender Komplexität bald aufgegeben. Goethe selber, gerade weil er sich in so vielen Gebieten betätigte, galt schon zeit seines Lebens – aber auch danach – im positiven wie im negativen Sinn als Dilettant (vgl. z.B. Kassner 1910, S. 51); er selber bezeichnete z.B. seine Versuche in der Farbenlehre als Dilettantismus (Vaget 1971, S. 11). Selbst als Dichter wurde ihm Dilettantismus vorgeworfen, und noch in neuerer Zeit urteilte z.B. Thomas S. Eliot: »he dabbled both in philosophy and poetry and made no great success of either« (zit. nach Vaget 1971, S. 11). Goethe, der mit dem Dilettantismusprojekt gegen Dilettantismus ankämpfen wollte, ihn mitunter geradezu hasste, verkörpert also gleichzeitig selber das vielseitige, unprofessionelle Liebhabertum, das heißt den Dilettantismus.[4] Damit ist nicht gemeint, dass Vielseitigkeit immer Dilettantismus bedeutet, sie ist aber eine notwendige Voraussetzung (vgl. Saulnier 1940, S. 21).[5] Das Interesse Schillers und Goethes am Dilettantismus war, wie Vaget (1971) aufzeigt, nicht nur kulturpolemischer Natur, sondern –

3 So behauptete Emerson: »This lawgiver of art is not an artist [...] He is the type of culture, the amateur of all arts and sciences and events, artistic, but not artist, spiritual, but not spiritualist« (zit. nach Vaget 1971, S. 12).

4 Dass aber auch ein Goethe scheinbar als Dilettant gegolten hat, ist tröstlich für alle, die sich zwar nicht mit Goethe vergleichen können, aber doch auf so vielen Gebieten Dilettant_innen sind. Das ist aber nicht der entscheidende Punkt.

5 Angedeutet sei mit dem kurzen Blick auf Goethe vielmehr, dass Dilettantismuskritik und die Einsicht in den eigenen Dilettantismus durchaus zusammengehen können. Das ist weniger selbstverständlich als es zunächst anmutet.

zumindest über eine gewisse Zeit – auch vornehmlich pädagogisch motiviert.[6]

(»Wahre«) Meisterschaft ist selten, Dilettantismus aber verbreitet. Es ist schon deswegen prekär, das Phänomen nur negativ zu konnotieren. Dilettantismus zu verdammen, trägt denn nicht nur elitäre, sondern auch undemokratische Züge. Das wird mit dem sozialpsychologischen und kulturkritischen Essay von Rudolf Kassner, *Der Dilettantismus*, 1910 erschienen, ebenfalls recht deutlich. Dilettantismus wird hier als Décadance verstanden, diese wiederum als das Beiprodukt allgemeiner Demokratisierung. »Dass wir heute alles dessen, was nur von ferne an Hierarchie, Rangordnung erinnert, entbehren, eine solche nicht mehr verstehen wollen, ja verabscheuen, ist eine der Ursachen, warum es bei uns so viele innere, gleichsam unerkannte Dilettanten gibt.« (Kassner 1910, S. 13) Doch die demokratische Lebensform fordert, Dilettantismus zu billigen. Bei Kassner heißt es: »Es gibt Epochen, die reich sind an vielen Dingen und Werten, und diesen folgen dann solche, in denen aller Reichtum und alle Vielfältigkeit und aller Wert im Menschen zurückgeblieben ist und dort, möchte man sagen, stocken. – Diese sind die demokratischen, jene die aristokratischen.« (Ebd., S. 16) Es fehle der Demokratie an äußeren, bestimmten und überzeitlichen Werten. Der Dilettant vermöge so nicht »über der Zeit zu stehen. Der Dilettant ist immer in

6 Der Dilettant sollte eher als Schüler denn als Pfuscher erkannt und anerkannt werden bzw. – als praktischer Kunstliebhaber – in der Mitte zwischen Schüler und Meister, d.h. keineswegs nur Gegenstand der Kritik oder Ironie sein (Vaget 1971, S. 95). Die pädagogische Orientierung am Kunstschüler bestand in der Abwehr falscher und irreführender Ansprüche und in der »Hinführung zu einem bereits vorhandenen, bewährten Bestand künstlerischer Errungenschaften« (ebd., S. 93). Einem »eingefleischten Dilettantismus« sollte allerdings entgegengewirkt werden, um, »was [...] perfektibel ist, zu überwachen und zu fördern, damit ein angeborenes Talent nicht verwildere und ihm erlaubt werde, die Mängel und Gefahren seiner eigenen Ausbildung der Gesellschaft aufzubürden« (ebd., S. 215f.).

der Zeit« (ebd., S. 17), er habe übertriebene Vorstellungen vom »Zeitgemäßen«, an welchem er alles messe, bleibe deswegen ohne überzeitliche Maßstäbe. Damit ist sein Problem schließlich, dass er zu viele Maßstäbe hat; der Dilettant ist alles und nichts: »Anarchist, Aristokrat, Übermensch, Theosoph, Monist, Anhänger der Entwicklungslehre, Erotiker, Naturist, Asket, Reisender, Photograph, Theatergeher, Melancholiker aus Beruf, Renaissancemensch, Mystiker, Automobilist, Flugtechniker und vieles noch. In Wirklichkeit ist er vielleicht nichts oder nur ein Kritiker oder nur ein Mensch in Not oder nur ein Mensch, der eben die Not gar nicht kennt. – Oder er ist einer der vielen Menschen, die sich ›entwickeln‹.« (Ebd., S. 17f.)

Die innere Verbindung zwischen Dilettantismus und dem Egalitätsprinzip sei weiter unten – dort aber unter positiven Vorzeichen – fokussiert. Dieses Alles-sein-Wollen oder wenigstens Möglichst-viel-sein-Wollen, das den Dilettanten am Ende »zum Nichts« mache, wird von Kassner gleichsam als Ausdruck und Resultat eines gierigen demokratischen Individualismus gesehen. »Der Dilettantismus bildet sich mit Vorliebe am Individualismus [...]. Der Individualist neigt zum Dilettanten« (ebd., S. 20). Oft seien die beiden kaum zu unterscheiden und »junge Leute sind meist solche Dilettanten« (ebd., S. 21). Doch die Überwindung der Jugendzeit schütze nicht vor Dilettantismus, den es auch bei »Leuten gibt, die nicht alt werden und reifen können« (ebd., S. 21).

Entscheidend für die Charakterisierung des Dilettanten ist an dieser Stelle, dass er keinen Einblick in tiefe Wahrheiten hat, weil er keinen Begriff für das Ganze besitzt, mehr noch, dass der Dilettant der »die höchsten Zwecke leugnende Mensch« ist (ebd., S. 24). Dilettanten hielten sich für sensibel, seien es aber natürlich gerade nicht, vielmehr sei ihre Sensibilität »gleichsam isoliert, pathologisch« und könne darum nicht dem Ganzen dienen (ebd., S. 26f.). Dem Dilettanten fehle das Ganze und dessen Zusammenhang in sich, weshalb er auch stets die Ziele und Absichten außer sich verfehle (vgl. ebd., S. 27). Dilettanten seien zwar nicht etwa »einfach oberflächliche Menschen«, sondern vielmehr »untief, ohne Spürsinn, ohne Instinkt, ohne Witterung für die Gefahr, schlechte Schützen, möchte man sagen; sie haben eigentlich überhaupt keine Oberfläche, sondern sind zerstreut, verwischt, unreif, ziellos« (ebd., S. 58). Dilettanten schafften zwar, würden aber nicht wirken, überschätzten zudem immer, was sie tun (vgl. ebd., S. 59).

Doch diese Form des (alten) Dilettantismus erlebe unter modernen Bedingungen zunehmend ungünstige Veränderungen. »Wer ist überhaupt heute noch Dilettant im populären Sinne: Wer ist nicht so klug, eine Sache lieber nicht zu machen, bevor er sie schlecht macht?«, fragt Kassner (ebd., S. 64.). Surrogate moderner »Dilettantismen« eines »maschinellen, wissenschaftlichen, arbeitenden, lebensgierigen und doch nicht ganz im Leben heimischen Geschlechts« (ebd., S. 65) verhindern gleichsam den blumigen Dilettantismus des alten Liebhabertums. Zum Beispiel verbiege und verrenke die Maschine »den Menschen, und der Mensch wird durch sie nur ein Glied, ein Arm, fünf Finger, zwei Augen, ein Nacken, aber er wird kein Dilettant« (ebd., S. 63). Die »wahren Dilettanten« sind jene, die »das Echte nicht mehr zu erkennen wissen« (ebd., S. 65). Der moderne Dilettant sei aber vielmehr formlos und herzlos, unterliege einem »Mangel an Charakter«; er könne – im Unterschied zum alten, exzentrischen Dilettanten – nicht mehr aus sich heraus, deshalb müsse er jede Größe leugnen bzw. versuche, sie durch Intimität zu ersetzen (ebd., S. 67f.).[7]

---

7 Diese letzten Charakterisierungen der Figur des Dilettanten, wiewohl 1910 niedergeschrieben, beinhalten auffällige Parallelen zu den Analysen eines von der Intimität tyrannisierten Individuums (Sennett 1986), welches unter den Bedingungen demokratischer Lebensformen zunehmend psychologisiert wird, sich dabei zunehmend isoliert und schließlich erkennen muss, dass es in der Tiefe seines Selbst keine Wahrheit finden kann. Die Bedingungen für diesen Dilettantismus wurden mit den soziologischen Modernediagnosen insbesondere bei Beck (1986) diskutiert. Im Folgenden gilt es die Kennzeichnungen des dilettantischen Subjekts – auch in psychologischer Hinsicht – zu systematisieren.

Zur psychischen Struktur des dilettantischen Menschen

Eine psychologisch differenzierte Analyse des Dilettantismus stammt von Claude Saulnier (1940). Erläuterungswert sind einige der von Saulnier untersuchten Aspekte des Phänomens auch, weil sie eine historisch interessante Illustration der psychischen Verfasstheit des modernen Subjekts und seiner potentiellen Problematik für den Bildungsgedanken bieten, insbesondere hinsichtlich der internen Pluralität und der Diskontinuität der persönlichen Erfahrungen. Wie bei Kassner (1910) oder Faguet (1911) wird der Dilettantismus auch von Saulnier nur negativ bewertet.

Klarer als Kassner schält Saulnier zunächst heraus, dass der Dilettantismus vor allem in vorangeschrittenen bzw. ausdifferenzierten Gesellschaften, in denen die dringendsten (Über-) Lebensnotwendigkeiten – wenigstens für sehr weite Bevölkerungsanteile – sichergestellt sind, zum allgemeinen Phänomen wird (Saulnier, S. 14). Bedeutsam ist Saulniers Prämisse, weil mit ihr klar wird, dass Dilettantismus wie jede andere soziale Praxis keineswegs allein das Produkt des Individuums ist (ebd., S. 18).

Saulnier differenziert mehrere den Dilettantismus konstituierende Elemente, die nur in ihrem Zusammenspiel das Phänomen erhellen, im Einzelnen aber durchaus nichts mit Dilettantismus zu tun haben müssen. Unter anderem: Multiplizität oder Polyvalenz, Diskontinuität (Polymorphismus und Polyfinalismus), Lust auf das Spektakuläre (Ästhetizismus), Spielcharakter, Egotismus.

Diskontinuität und Spektakel

Verbunden mit der Reichhaltigkeit der Ichformen charakterisieren zwei Formen von Diskontinuität den Dilettantismus: Die psychische Struktur wird als polymorph und polyfinal beschrieben (ebd., S. 22). Der Dilettant will sich nicht festlegen, d.h. er mag seinen »inneren Reichtum« an Ichformen nicht durch das Setzen von Prioritäten reduzieren.[8] Sich nicht festlegen heißt, potentiell alles besitzen. Diesen Weltbezug bringt Saulnier mit der Deutschen Romantik in Verbindung. Ein extremer Polyfinalismus, weil er konsequentes Handeln verhindert, entpuppt sich aber schließlich als Afinalismus (ebd., S. 23): Alles anstreben heißt dann, nichts anstreben. Polymorphismus und Polyfinalismus sind aber, gerade weil sie von einem großen inneren Reichtum zeugen oder aber einen solchen versprechen, attraktiv. Der Höhepunkt der Vielfältigkeit ist im bewundernswerten Universalgenie verkörpert. Normalsterbliche aber macht die durch eine polymorphe und polyfinale psychische Struktur mitbedingte Diskontinuität des Tuns, Erlebens und Wünschens zu Dilettanten. Dies trifft natürlich umso mehr zu, je weniger die vielfältigen Ichformen »synthetisiert« oder wenigstens verbunden werden können. Diskontinuität in diesem psychischen Sinn ist nicht das exklusive Problem des Multitalents, sondern das Problem aller Vielinteressierten und Neugierigen. Auch aus diesem Grund ist der schöne Gedanke, demzufolge es »auf eine möglichst vielseitige Berührung mit den Bildungsgehalten« ankomme, »damit sich das Subjekt nach allen Seiten hin entfalten kann« (Bollnow 1959/1977, S. 121) – vor allem in Verbindung mit der Situation (Illusion oder Ideologie), die persönliche Zukunft sei für die unabhängige Gestaltung des eigenen Lebens offen –, problematischer als vielleicht gemeinhin angenommen. Neugier und Diskontinuität gehören zusammen, sie beziehen sich auf das Einzigartige, das – weil es einzigartig ist – (mehr oder weniger) spektakulär ist und Freude bereitet. Der Dilettant sucht in der Begegnung mit dem Spektakulären das Glücksgefühl; sein ästhetischer Hedonismus (Saulnier,

8 Mit Taylor (1996) könnte formuliert werden, er verweigert sich einer dominanten Hypergutperspektive, wobei dieser Zug letztlich dem Hypergut des expressiven Lebens entspricht.

1940, S. 35) macht ihn für seine Zeitgenossen moralisch suspekt. Diese merken, dass er den raffinierten Genuss sucht, ohne sich aber dafür anzustrengen (ebd., S. 37). Die »Leichtigkeit«, mit welcher er die Welt nimmt, kommt dem »Vagabundieren« des dilettantischen Geistes entgegen (ebd., S. 38); Anstrengung und ernste Arbeit zerstören den Unterhaltungswert des Lebens, welcher in der ästhetizistischen Begegnung mit dem Spektakulären gesucht wird. Das Leben soll Spektakel und Amüsement sein (ebd., S. 39).

Spielcharakter

Der Dilettant, der sich seine Zeit auf vielfältige Weise und in Umgehung großer Hindernisse vertreibt, ist ein Spieler. Er bindet sich an das Spektakuläre, ohne sich von Fragen beunruhigen zu lassen: ob es nützlich ist oder nicht, ob sein Unternehmen im Erfolg enden wird oder in einer Niederlage (ebd.). Er spielt mit sich selbst und mit den anderen. Er darf seinen Gefühlshaushalt, seine affektiven Bezüge nicht allzu ernst nehmen; das ist aber schwieriger als der spielerische Umgang mit dem Intellekt, mit Ideen und Plänen (ebd., S. 40). Aus diesem Grund könne man den Dilettantismus mit einem »genossenen« Skeptizismus in Verbindung bringen, mit einem »halben« oder »falschen« Skeptizismus (ebd.). Zur ordentlichen Skepsis fehlt dem Dilettanten ein gute Dosis Pessimismus. Während die Metaphysik oder der Mystizismus des Moralisten seinem realen Leben Sinn verleihen soll, vollzieht der Dilettant eine Trennung von seinem Leben, um es – nicht ohne Lust und nicht ohne Virtuosität – zu betrachten. Er spielt sein Leben, und er spielt es, im Unterschied zum Spiel des Kindes, mit Ironie, im Wissen, dass es bloß bestimmte Formen sind, die er ausfüllt und die auch anders sein könnten. Er spielt sein Spiel und versucht, es zu genießen, und gleichzeitig will er ihm möglichst viel entnehmen; sein Spiel aber ist reflexiv, intellektuell, der Dilettant lehnt sich immer wieder zurück, betrachtet sich selbst im Spiel und liebt es, sich als Spieler zu analysieren (vgl. ebd., S. 41).

Saulniers Dilettantismusuntersuchung umfasst neben der Beschreibung der genannten Konstitutionselemente eine Vielfalt von Unterscheidungen zu Typen und Formen des Dilettantismus. Zum einen ist evident, dass die beschriebenen Elemente unterschiedliche Ausprägungen haben können (ebd., S. 52), so kann – zwar recht ungenau – zwischen einem »normalen« oder unauffälligen (*dilettantisme primaire*) und einem »krankhaften« oder exzessiven Dilettantismus (*dilettantisme morbide*) unterschieden werden (ebd., S. 52). Zum anderen drücken sich dominante Konstitutionselemente in »typischen« Tätigkeiten oder Beschäftigungen aus; das Element der Multiplizität etwa im Sammler, d.h. im Liebhaber von Objekten, die gesammelt werden (ebd., S. 53ff.), das Element des Spektakulären etwa im Zuschauer (ebd., S. 59ff.), z.B. im Theaterliebhaber, das Element des Spontanen und des Virtuosen beispielsweise im Amateur-Essayist (ebd., S. 61ff.). Die höchste Form sieht Saulnier im ironisch-ästhetischen Habitus (ebd., S. 63f.) realisiert. Diese Ausgestaltungen können, wie erwähnt, unaufdringlich sein, aber auch pathologisch anmuten.

Weiter unterscheidet Saulnier drei »Charaktere« des Dilettantismus: den Handlungsdilettantismus bzw. aktiven Dilettantismus (*dilettantisme actif*), den Gefühlsdilettantismus (*dilettantisme sentimental*) und den intellektuellen Dilettantismus (*dilettantisme intellectuel*). Der Träumer oder Verliebte ist ein Prototyp des Gefühlsdilettanten (ebd., S. 77). Er scheint von (s)einer Leidenschaft ganz in Anspruch genommen zu sein (»un véritable passionné«). Doch der Schein trüge, vielmehr stehe seine Person etwa für den klassischen »Flirter«, den ästhetischen Liebhaber (ebd., S. 78). Im Grunde praktiziere er bloß einen »emotiven Impressionismus«: »il aime les émotions pour leur variété et parce qu'il s'y contemple« (ebd., S. 77), kurz: Er ist primär an sich selbst interessiert. Seine Träumereien, die sich auf die Vergangenheit oder die Zukunft beziehen, kommen aber nicht ohne sentimentale Ironie aus, d.h. Melancholie (ebd., S. 79). Er unterliegt der Sehnsucht nach Gefühlen, von denen er meint, einst ganz ergriffen gewesen zu sein, oder von denen er ergriffen werden möchte.

Im Unterschied zum Gefühlsdilettanten ist der aktive Dilettant »intellektueller« und umtriebiger. Er muss ständig in Bewegung bleiben, er braucht Projekte, aber seine Impulsivität und seine ausufernden Interessen lassen ihn kaum eines zu Ende bringen, da er immer wieder schon ein neues anfängt. »Handeln« ist ihm alles (ebd., S. 80f.), nicht zu handeln eine Qual. Die typischste Form des Dilettantismus bleibe aber der intellektuelle, der sich unauffällig und längerfristig realisieren kann, unter anderem weil sich Ideen bzw. Gedanken leichter vom Selbst trennen lassen als konkrete Handlungen oder Gefühle (ebd., S. 81). Der intellektuelle Dilettant treibt den Polymorphismus und den Polyfinalismus auf die Spitze. Er besitzt die Ironie des Spielers und ist durchaus kein Melancholiker.

Den Gipfel des Dilettantismus lokalisiert Saulnier im Zusammenspiel dieser drei Formen zum metaphysischen Dilettantismus (ebd., S. 82), welchen er ohne Scheu mit Religion und vor allem mit der deutschen Romantik in Verbindung bringt, d.h. mit der Liebe zum Absoluten (ebd., S. 81). Diese ist dem Autor zufolge die Quelle des Motivs, (möglichst) alles zu kennen, zu wissen und/oder zu besitzen. Dem Motiv entspricht die Idee eines befreiten, absoluten Ich, welches das Universum in sich birgt (ebd., S. 104f.). In der Idee eines Kontakts mit dem Absoluten bzw. des Aufgehens des Ich im Absoluten offenbare sich jener großartige Dilettantismus, der zu oberflächlichen (religiösen, mystischen, philosophischen) Synthesen des Unvereinbaren neige (ebd., S. 176), der zu überwinden sucht, was – als »Ur-Teilung« (Hölderlin 1795/1970, S. 840) von Sein und Bewusstsein – Denken überhaupt ermöglicht. Die große Vereinigung kann aber nur dilettantisch sein. Im Leben des modernen Menschen gibt es keine nicht-dilettantischen Vereinigungen: weder zwischen dem Absoluten und dem Relativen noch zwischen dem Allgemeinen und dem Besonderen oder dem Universellen und dem Partikularen. Wer sich des Dilettantismus solcher Projekte bewusst ist, weiß auch, dass das Leben (höchstens) ein Kompromiss ist (vgl. Saulnier 1940, S. 381).

Das Elitäre des Anti-Dilettantismus

Aus diesen Bemerkungen zur Psychologie des dilettantischen Subjekts, auch wenn sie sich vorwiegend auf die Lektüre eines Textes beziehen, der in der ersten Hälfte des 20. Jahrhunderts verfasst worden ist, lassen sich einige Schlüsse ziehen, auch wenn weder beansprucht werden kann, dass das Phänomen des Dilettantismus in seiner Psychologie hier gründlich ausgeleuchtet worden sei, noch dass eine in irgendeiner Weise ›exakte‹ Psychologie ausgebreitet worden wäre.

Aus heutiger Sicht können die psychischen Attribute des Dilettanten, die mit Saulnier hervorgehoben worden sind, kaum noch vorwiegend negativ bewertet werden, da sie zu einem großen Teil ins »Standardinventar« der Selbstbeschreibung des (spät-)modernen Menschen gehören. Dieser erlebt sich ja als vielfältig und mitunter auch als fragmentiert (in Bezug auf seine sozialen Rollen, Wünsche, Bedürfnisse, Ideale, Moralen) und zur Diskontinuität verdammt. Er erfährt sich ebenfalls immer wieder als Spieler, dem es scheinbar an Authentizität und Ernsthaftigkeit mangelt bzw. an einem transsituational konsistenten Selbst, dieser psychologischen Fiktion, mit welcher die psychische Verfassung gerne – quasi »vormodern« – gesehen wird, und er kann immer wieder auch praktisch gar nicht anders, als »ich-zentriert« entscheiden und argumentieren. Das hat weniger mit Egozentrismus oder Amoralismus zu tun als vielmehr mit der Situation der moralischen Überdetermination, in welcher der Dilettant permanent oder regelmäßig steckt. Kurz: Er ist in entscheidenden Fragen dilettantisch, weil er sich versuchen muss, d.h. handeln muss, ohne Souveränität zu besitzen.

Mit den psychischen Kennzeichnungen des Dilettanten wird aber auch einsichtig, dass jeder ernsthafte Anti-Dilettantismus heute in erhebliche Probleme gerät. Das Elitäre des Anti-Dilettantismus besteht primär darin, dass er im moralischen und ästhetischen Bereich, aber auch in Wahrheitsfragen Einblick in eine objektive Vernunft beanspruchen muss: Kontingente kulturelle bzw. moralische Standardkriterien können einen dezidierten Anti-Dilettantismus nicht legitimieren; denn was hier und zu diesem Zeitpunkt als dilettantisch gilt, muss es dort und/oder zu einem anderen Zeitpunkt noch lange nicht sein. Und wer unter bestimmten Blickwinkeln als notorischer Dilettant gilt[9], mag unter verändertem Gesichtspunkt als Genie gefeiert werden. Statt von bloßer Exzentrizität oder Perversion kann von Genie gesprochen werden, wenn »eine private Zwangsvorstellung eine Metapher hervorbringt, für welche wir Verwendung haben«, so Rorty (1991, S. 74). Das ist eine Frage der Kontingenz, der glücklichen oder unglücklichen Umstände. Ein dezidierter Anti-Dilettantismus beansprucht hingegen die Kenntnis des archimedischen Punkts, des übergreifenden Sprachspiels; damit aber erscheint er nicht nur elitär, sondern unter spätmodernen Bedingungen letztlich selber dilettantisch, nämlich als ein ironieloser Urteilspurismus, der einen privilegierten Zugang zum Absoluten behaupten muss, das nur noch als Fiktion interessieren kann. Anti-Dilettantismus überlebt aus diesem Grund nur (noch) esoterisch, nämlich im mehr oder weniger geschlossenen kulturellen oder akademischen Kreis, dessen Mitglieder eine jeweils bestimmte Autorität der Person oder des Wortes und korrespondierende Exklusionspraktiken devot akzeptieren. Anti-Dilettantismus muss sich der Gültigkeit seiner Prinzipien sicher sein. Das kann er auf Dauer nur, wenn er sich den irritierenden Diskursen verschließt, in denen seine Kriterien als ungültig oder als gleichgültig gehandelt werden.

---

9 Bekannte Beispiele sind u.a. Johann Wolfgang von Goethe, Michel de Montaigne, Ernest Renan, Anatol France (vgl. Chaix 1930; Saulnier 1940).

Das Faktum der Pluralität der Menschen und ihres kulturellen Schaffens ist also nicht nur die Quelle von Nicht-Souveränität und, damit verbunden, von Dilettantismus, sondern auch der Grund dafür, dass sich Anti-Dilettantismus mit dem demokratischen Ethos, welches dem Faktum menschlicher Inkompetenz und Unverbesserlichkeit auf eine besondere Art begegnet, nicht verträgt. Zwischen Demokratie und Dilettantismus gibt es in der Tat intime Affinitäten.

Zur Moral des dilettantischen Menschen

Gerade dort, wo die Idee eines autonomen und souveränen Subjekts etwas ›taugen‹ sollte, nämlich in Situationen dilemmatischer moralischer Entscheidungen, kommt zum Ausdruck, dass unklar bleibt, was die kompetenztheoretisch gedachten Begriffe Autonomie und/oder Souveränität in ihrer Anwendung bedeuten sollen. Die Behauptung sei vertreten, dass Dilemmata – sofern sie solche sind – uns moralisch bzw. moralkognitiv – d.h. als moralisches Subjekt – einfach überfordern.

Für die Situation des Dilemmas sind (subjektiv!) gleich schlechte bzw. gleich problematische Handlungsalternativen konstitutiv, d.h. moralische Rationalität und Argumentation hilft im Dilemma gerade nicht, eine der Alternativen insgesamt als wünschenswerter oder richtiger zu bewerten. In der dilemmatischen Situation kann es deswegen keine Souveränität geben, aber auch keine Autonomie; autonomes Handeln (bzw. Entscheiden) würde sich an verallgemeinerungsfähigen Willensmaximen orientieren müssen, ohne dass aber ebenso verallgemeinerungsfähige Willensmaximen, die für die Alternative sprechen, mit den ersteren konfligieren. Kant hatte die Möglichkeit von Pflichtenkollisionen mit gutem Grund rigoros bestritten (Kant 1797/1990, S. 59f.; Höffe 1983), denn mit der Existenz von Pflichtenkollisionen wird der kategorische Imperativ in seiner Bedeutung limitiert und das moralische Subjekt gewissermaßen entthront. Während diskursive Verfahrensethiken das Problem der Pflichtenkollision umgehen, indem sie unermüdlich und in der Faktizität des Lebens reichlich hilflos auf die Prozedur verweisen, die am Schluss den Konsens gebären soll, stehen die Menschen im Berufs- und Privatleben sowie im öffentlichen Leben hundertfach in dilemmatischen Situationen und wissen, dass weder langes Reden noch langes Nachdenken um gültige Prinzipien, wiewohl beides unverzichtbar sein mag, am Schluss jene validen Gründe für die Wahl und gegen die Alternative liefern kann, die nötig wären, damit man sich in jener moralischen Sicherheit wiegen kann, ohne welche die Begriffe Souveränität oder Autonomie sowieso fehl am Platz sind.

Nun mag man argumentieren wollen, dass dilemmatische Situationen, in denen die Souveränität des moralischen Subjekts verschwindet, nur exklusiven Charakter hätten, also nicht so häufig vorkommen würden. Dieser Einwand ist aus zwei Gründen nicht sehr überzeugend. Erstens ist das moralische Subjekt als Subjekt im engeren Sinne nur in Dilemma-Situationen gefordert, da es in nicht-dilemmatischen Situationen mehr oder weniger routiniert, quasi mit der moralischen Bodenhaftung von Konvention und Sitte, handeln kann; es weiß, was zu tun ist, weil es Mitglied einer bestimmten – u.U. noch so ›offenen‹ – Lebensform und des ihr zugehörigen Ethos ist. Autonomie und Souveränität ›erübrigen‹ sich hier sozusagen als Konstitutionselemente. Zweitens, und das ist bedeutsamer, kann argumentiert werden, dass die Pflichtenkollision bzw. die moralische Überdetermination gerade die typische Situation der Moderne ist. Wilhelm Vossenkuhl nennt dies die »moralische Normalsituation«: »Beinahe jede moralisch relevante Situation ist in dem Sinn normativ überdeterminiert, dass jede einzelne Person Verpflichtungen zu erfüllen hätte, die er oder sie nicht gleichzeitig erfüllen kann. Das individuelle Handeln ist in vielen Situationen durch zu viele einander konkurrierende Verpflichtungen überbeansprucht.« (Vossenkuhl 1997, S. 73)

Jeder Zeit- und Investitionsaufwand in einem Lebensbereich (z.B. Beruf) konkurriert mit allen anderen (z.B. Familienleben, politisches Engagement oder Pflege der Sozialkontakte), und aus diesen allen können moralische Imperative bzw. normative Ansprüche entwachsen, die zwar nicht ignoriert werden sollten, aber im Einzelnen immer wieder verletzt werden müssen. »Was immer aufgrund begrenzter Zeit, Aufmerksamkeit oder Kraft an Verpflichtungen unerfüllt bleibt, rächt sich auf Dauer in unterschiedlichen Weisen des Versagens, sei es als familiäres Unglück, als beruflicher Misserfolg oder als politische und soziale Desintegration.« (Ebd.) Entscheidend ist für die moderne Situation mit anderen Worten, dass das vom Sollen verlangte oder unterstellte Können prinzipiell nicht ausreicht. Die moderne Überbestimmung des moralischen Urteilens und des Handelns unterläuft das meta-ethische Prinzip, wonach Sollen Können einschließt (ebd., S. 76). Dagegen hilft nach Vossenkuhl auch nicht das aristotelische oder tugendethische Prinzip der Klugheit. Die Klugheit ist »gegenüber moralischen Dilemmas ebenso ratlos, wie sie es gegenüber den schicksalhaften Alternativen in antiken Tragödien war« (ebd., S. 78), weil es zwischen heterogenen und inkompatiblen Mengen von Verpflichtungen keine Mitte geben kann. Der Glaube an die kluge Entscheidung oder die tugendethische Orientierung am Gemeinwohl ist deshalb gebunden an die Ignorierung der normativen Überdeterminiertheit (vgl. ebd., S. 79).

Das Erkennen der »moralphilosophischen Illusion«, wonach Pflichten, wenn sie existieren, auch einlösbar seien, führt jedoch nicht notwendigerweise in moralische Skepsis und Pessimismus (ebd.). Vielmehr ist Vossenkuhl zufolge damit angezeigt, dass nur die erste Person Singular sich selber Vorwürfe machen dürfe, wenn sie eine Pflicht »beim besten Willen nicht erfüllen konnte« (ebd., S. 83), d.h. nur »ich selbst kann von mir – und nur von mir – mehr verlangen, als ich kann.« (Ebd.)

Mit diesen Bemerkungen zur moralischen Überbestimmtheit des modernen Lebens wird erkennbar, warum das moralische

Subjekt als dilettantisch bezeichnet werden kann: Die Tatsache, dass es immer etwas ›falsch‹ macht, dass es niemals letzte Gründe für seine Entscheidung angeben kann, dass es immer Opfer mit sich bringt, deren Leid oder Schaden es nicht kontrollieren kann, schlicht: dass es so vieles unerfüllt lässt, was zu erfüllen wäre, ist in der Vielfalt seines Ichs, z.B. seiner sozialen Rollen, Mobilität und Flexibilität begründet, die es zum diskontinuierlichen Leben treiben und aus welchem ihm Einsichten in moralische Verpflichtungen erwachsen, denen es niemals wird souverän nachkommen können; es ist, mit einem schönen helvetischen Ausdruck, zur »Halbbatzigkeit« verdammt, d.h. es fängt die Dinge an und kann sie doch nicht ›ordentlich‹ zu Ende führen. Wie das Alles-Wollen in kulturellen bzw. Lebensstilfragen notgedrungen zum Dilettantismus führt, kommt es – überspitzt formuliert – mit dem Alles-Sollen in der moralischen Situation zum Dilettantismus des moralischen Subjekts. Es handelt sich dabei weniger um eine moralische Inkompetenz des Individuums an sich als vielmehr um eine ihm durch die Situation aufgezwungene Inkompetenz, in welcher die Bedeutung des selbstbestimmten Entscheidens seinen souveränen Charakter vollends verliert. Die moralische Freiheit, mit welcher sich das Individuum in dieser Situation konfrontiert sieht und die es keineswegs herbeigewünscht hat, ist einfach eine Zumutung und Überforderung – es ist meines Erachtens schwer nachzuvollziehen, warum dieses Faktum theoretisch bislang so wenig interessiert. Solange es die Gleichberechtigung der in Frage stehenden moralischen Güter oder Werte anerkennt, ist es sich damit seines Dilettantismus bewusst. Die unangenehme Irritation und moralische Bodenlosigkeit, die das Individuum erfährt, ist aber auch der Grund, warum es den Zwang, den es sich mit einer Entscheidung auferlegt, nicht auf andere übertragen kann oder will.

Die Person im Dilemma ist jedoch keineswegs bloß unentschieden, sie steht nicht in der Situation der Präferenzwahl, sondern sie hat vielmehr ein gravierendes moralisches

Problem, das sie weder meistern noch wirklich lösen kann. In moralischen Fragen gibt es weder Meisterschaft noch Expertise. Die im Dilemma stehende Person hat sich zu entscheiden und weiß, dass sie in jedem Fall einen Teil ihres moralischen Selbstverständnisses verletzt und dass die endlich ausschlaggebenden Motive ihr entweder verschlossen bleiben oder arbiträr erscheinen. Diese Überlegungen haben nicht primär mit Skepsis oder Relativismus zu tun, sondern vor allem mit einer Überforderung der Person als moralisches Subjekt. Ihre Entscheidung wird weder die richtige noch die falsche sein, sie wird weder gut noch böse sein, sie wird nicht von ›außen‹, aber auch kaum von ›innen‹ valide zu beurteilen sein, und trotzdem ist sie in keinem Fall beliebig oder gleichgültig, sondern vielmehr gerade von herausragender persönlicher Bedeutung. Begriffe wie ethischer Relativismus, Skeptizismus oder postmoderne Beliebigkeit sind in Bezug auf den Dilettantismus des moralischen Subjekts unangebracht.

Schlussbemerkungen

Der Begriff des dilettantischen Subjekts kann sich nur auf ein Subjekt beziehen, dass im Kampf zwischen Werten oder Gütern steht, mit denen es sich definiert. Dieser Kampf ist so evident wie unlösbar. Der Kampf zwischen einem anerkannten obersten Gut und anderen Gütern, die von jenem in bestimmten Situationen eingeschränkt werden, kann zwar schwierig und schmerzvoll, niemals aber dilemmatisch sein, da sozusagen von vornherein klar ist, dass sich die Perspektive des obersten Gutes durchsetzen wird. Relativistisch verfährt eher die zwischen »Eclair und Blätterteigstückchen abwägende« Person, um ein Beispiel Taylors (1996) aufzugreifen. Ihre Wahl ist moralisch indifferent. Es handelt sich jedoch um kein Dilemma, weil die Person sich hier nicht zwischen widerstreitigen Selbstinterpretationen entscheiden muss. Ob man sich eher als Eclair-

oder als Blätterteigstückchenliebhaber versteht, ist höchstens ein Streit zwischen ästhetizistischen Selbstinterpretationen, welche ohne jede starke Wertung auskommen. Im moralischen Dilemma sind starke Wertungen aber entscheidend, weil sie so »ich-nah« bzw. konstitutiv für das Selbst sind, ist der Streit zwischen ihnen eine Zumutung, die das moralische Subjekt als Subjekt, d.h. als der moralischen Selbstbestimmung fähiges Subjekt im Kern erschüttern. Diese Erschütterung offenbart dem Subjekt die Eigentümlichkeit, dass Freiheit nur in Abwesenheit von Souveränität möglich ist, und damit auch das Paradox, dass Freiheitspraxis nicht freiwillig gesucht wird. In diesem Sinne ist die oben schon erwähnte Behauptung zu verstehen, dass nur Dilettanten frei sein können. Sie müssen sich entscheiden bzw. handeln, ohne wissen zu können, ob sie das Richtige tun. Solches ›Tun‹ heißt: (Sich-)Versuchen. Es ist dies die dilettantische Tätigkeit par excellence, die Tätigkeit des überforderten Menschen, der seine Freiheit praktiziert.

Die Dilemma-Situation zeigt, dass die Idee des (mit sich) identischen Subjekts zu hinterfragen ist und dass Kohärenz ein angemessener Begriff ist, um den Zusammenhalt des Subjekts heute zu thematisieren (vgl. Schmid 1996, S. 375–379). Kohärenz herzustellen ist die Kunst, »die verschiedenen Aspekte, die allesamt ›Ich‹ sagen und damit jeweils die Gesamtheit des Subjekts in Anspruch nehmen« (ebd., S. 376), in eine Beziehung zu setzen. Gegebenes, Gefundenes und Erfundenes würden darin Eingang finden (ebd.). In der Spannung des Dilemmas, im Kampf der Güter und Selbstinterpretationen zeigt sich dem Subjekt, dass es nicht richtig wissen kann, wer es ist, oder positiv formuliert: dass es unterschiedliche überzeugende Perspektiven einnehmen kann, die einander aber widersprechen, dass es sein »Hypersubjekt« scheinbar nicht kennt und deshalb in einem starken Sinn des Begriffs auch keine Identität hat. In diesen Situationen des Streits der Ichformen bemüht sich das Subjekt um Einheit und Identität, es sucht die Autorität der wahren Interpretation. Es muss sich entschließen und entschließt sich schließlich, ohne diese Wahrheit gefunden zu haben. Es ist die Autorität der Entschlossenheit, die sich durchsetzt und das Risiko in Kauf nimmt, wenn es die Zeit verlangt. Dieser Akt ist ganz ohne Souveränität, er ›geschieht‹ in einem gewissen Sinne, hätte aber auch anders geschehen können. So spiegelt sich im Kopf oder Herz des Individuums wider, was sich in demokratischen Lebensformen zwischen den Individuen abspielt: ein Kampf um die richtige Interpretation und die besseren Argumente, der schließlich nicht aufgrund der Autorität der besseren Interpretation oder der besseren Argumente beendet werden kann, sondern im Entschluss oder in der Prozedur, mit dem bzw. mit welcher keine Wahrheits- oder Richtigkeitsansprüche verbunden werden können. Das ist der noble, für die demokratische Lebensform bedeutsame Zug des Dilettantismus: dass er – im Unterschied zum Anti-Dilettantismus – nicht beansprucht, die Wahrheit zu kennen.

Literatur

Baudrillard, J. (1995): *Amerika*, München.

Beck, U. (1986): *Risikogesellschaft. Auf dem Weg in eine andere Moderne*, Frankfurt/M.

Best, O. F. (1985): *Der weinende Leser. Kitsch als Tröstung, Droge und teuflische Verführung*, Frankfurt/M.

Bollnow, O. F. (1977): *Existenzphilosophie und Pädagogik*, Stuttgart (Original 1959).

Chaix, J. (1930): *De Renan à Jacques Rivière. Dilettantisme et amoralisme*, Paris.

Faguet, E. (1911): *The Cult of the Incompetent*, London.

Garnier, P. (2001): *Über die Lauheit*, München.

Heller, A. (1980): *Theorie der Gefühle*, Hamburg (Original 1979).

Höffe, O. (1983): *Immanuel Kant*, München.

Hölderlin, F. (1970): »Urteil und Sein«, in: Ders.: *Sämtliche Werke und Briefe*, Band 1, München, S. 840–841 (Original 1795).

Kant, I. (1990): *Die Metaphysik der Sitten*, Stuttgart (Original 1797).

Kassner, R. (1910): *Der Dilettantismus*, Frankfurt/M.

Kugler, C./Kurt, R. (2007): »Inszenierungsformen von Glaubwürdigkeit im Medium Fernsehen«, in: E. Fischer-Lichte/C. Horn/I. Pflug/M. Warstat (Hrsg.): *Inszenierungen von Authentizität*, Tübingen/Basel, S. 149–162.

Lewis, M. (1992): *Shame. The Exposed Self*, New York.

Marquard, O. (1981): *Abschied vom Prinzipiellen. Philosophische Studien*, Stuttgart.

Reichenbach, R. (2001): *Demokratisches Selbst und dilettantisches Subjekt. Demokratische Bildung und Erziehung in der Spätmoderne*, Münster.

Rorty, R. (1991): *Kontingenz, Ironie und Solidarität*, Frankfurt/M. (Original 1989).

Saulnier, C. (1940): *Le dilettantisme. Essai de psychologie, de morale et d'esthétique*, Paris.

Schmid, W. (1996): »Der Versuch, die Identität des Subjekts nicht zu denken«, in: A. Barkhaus/M. Mayer/N. Roughly/D. Thürnau (Hrsg.): *Identität, Leiblichkeit, Normativität. Neue Horizonte anthropologischen Denkens*, Frankfurt/M., S. 370–379.

Sennett, R. (1986): *Verfall und Ende des öffentlichen Lebens. Die Tyrannei der Intimität*, Frankfurt/M. (Original 1974).

Taylor, C. (1996): *Quellen des Selbst. Die Entstehung der neuzeitlichen Identität*, Frankfurt/M. (Original 1989).

Vaget, H. R. (1971): *Dilettantismus und Meisterschaft. Zum Problem des Dilettantismus bei Goethe: Praxis, Theorie, Zeitkritik*, München.

Vossenkuhl, W. (1997): »Über Sollen und Können im Prozess der Modernisierung«, in: C. Amrein/G. Bless (Hrsg.): *Heilpädagogik und ihre Nachbargebiete im wissenschaftlichen Diskurs*, Bern, S. 70–88.

Das Verschwinden der Lebensfehler

Zur Kritik alltagspsychologischer Kultur

Die folgenden Überlegungen gehen von einer Spannung zwischen zwei Motiven zeitgenössischer psychologischer Kultur bzw. Befindlichkeit aus, nämlich der Spannung zwischen dem gesellschaftlich tief verankerten Gebot (und Selbstverständnis), wonach sich das Individuum als Handlungszentrum begreifen möge, und dem Wunsch nach der gleichzeitigen Befreiung des Individuums von jeder Verantwortung.

Gute Ausreden

Handelnde Wesen – im Unterschied zu bloß sich verhaltenden Wesen – machen Fehler. Niemand möchte für Fehler verantwortlich sein. Daher ist es für die Psychohygiene funktional, eine gute Ausrede zu haben, wenn man einen Fehler begangen hat. Denn eine gute Ausrede »lässt Zweifel daran aufkommen [...], wer eigentlich Verantwortung für eine Tat zu übernehmen hat« (Breithaupt 2012, S. 12). Wer eine – gute (?) – Ausrede hat, kann nicht nur vor den anderen besser dastehen, sondern er entgeht häufig auch dem Selbstvorwurf (ebd., S. 140), d.h. er muss kein ›schlechtes Gewissen‹ haben, da er ja eine taugliche rhetorische Strategie der Abwehr des moralischen Vorwurfs vorweisen kann (ebd., S. 141). Ein schlechtes Gewissen ist in dieser Sicht einfach ein Mangel an einer guten Ausrede.

Breithaupt schlägt in seiner *Kultur der Ausrede* (2012) vor, Moral weniger als Folge von Vorstellungen von Gut und Böse zu verstehen und/oder weniger als Verinnerlichung von Normen als vielmehr als Aneignung rhetorischer Anklage- und Abwehrstrategien. Das Gewissen sei daher nicht eine »Instanz, sondern ein Potenzial an Antwortstrategien« (ebd., S. 140). Diese

Strategien der Anklage und Verteidigung werden für mehr oder weniger bestimmte Situationen gelernt und eingeübt (ebd., S. 139). Ein Beschuldigter mag einer Anklage Recht geben oder er mag die Beschuldigung für sachlich falsch erklären. Wenn er aber eine Ausrede findet, legitimiert diese nicht die Tat, sondern »liefert eine Gegenversion der Geschehnisse, die sich in einem entscheidenden Punkt von der der Anklage unterscheidet, nämlich dem Punkte, wer hier Rede und Antwort für das Vergehen stehen muss, wer also ›Verantwortung‹ zu übernehmen hat, wie es erst seit wenigen Jahrhunderten heißt« (ebd., S. 27). Der Kern der Verantwortung besteht darin, wie der Name ja andeutet, auf Anklagen antworten zu müssen (ebd., S. 131). Es geht bei den Ausreden immer um Interpretation, Deutung. Und wo es um Deutung gehe, so Breithaupt, sei auch eine Vielzahl an Erklärungen möglich: »Adam bestreitet keineswegs den Anklagepunkt, vom Baum der Erkenntnis gegessen zu haben. Aber er bestreitet seine Schuld« (ebd., S. 27). Handlungen und Handlungsunterlassungen können häufig nicht geleugnet werden, allzu leicht wird man als Lügner, Schönredner oder Selbsttäuscher entlarvt. Daher ist es für die Entlastung des Individuums von Bedeutung, eine andere Geschichte erzählen zu können.

Wer von einem strafenden Über-Ich geplagt wird, hat aber vielleicht gute Freunde oder Freundinnen, die dabei helfen, eine Formulierung für eine entlastende Deutung zu finden. Wenn die Alltagspsychologie nicht hilft, können professionelle Entlastungsanbieter für theologische, psychotherapeutische oder auch philosophische Welt- und Selbstdeutung helfen, die quälenden Gefühle der Schuld, Scham und Angst zu mindern. Das zugrunde liegende Motiv ist, zu einem Narrativ zu kommen, mit welchem die Fehler umgedeutet oder gar ausradiert werden können. Aus Fehlern werden dann beispielsweise psychophysische Notwendigkeiten, Schreie der Seele, existentielle Befreiungsversuche oder die ewigen Aufbrüche zu sich selbst. Es gibt eine ganze Reihe von kulturellen Angeboten, um auf die je spezifische Qualität der ›kognitiven Dissonanz‹ zu reagieren.

Fehlentscheidungen im Lebenslauf

Im traurigsten Buch Portugals, dem *Buch der Unruhe des Hilfsbuchhalters Bernardo Soares*, schreibt Fernando Pessoa: »Wir alle, die wir träumen und denken, sind Buchhalter und Hilfsbuchhalter in einem Stoffgeschäft oder in einem Geschäft mit einem anderen Stoff in irgendeiner Altstadt. Wir führen Buch und erleiden Verluste; wir summieren und gehen dahin; wir schließen die Bilanz und der unsichtbare Saldo spricht immer gegen uns« (Pessoa 1985, Fragment 124). Die negative Bilanzierung des Lebens hängt aber offenbar weniger mit dem darin Erreichten bzw. Nicht-Erreichten zusammen als vielmehr damit, *es* versucht (oder eben nicht versucht) zu haben. Scheitern ist nicht das Problem, sondern das Versäumnis, die Unterlassung, die nicht mehr nachzuholen ist: »Es kann mich nicht sonderlich kümmern, dass ich es nicht geschafft habe, Kaiser von Rom zu werden, aber es kann mich schmerzen, nie je mit der Näherin gesprochen zu haben, die immer gegen neun um die rechte Häuserecke biegt. Der Traum, der uns das Unmögliche verheißt, entzieht sich uns schon allein deshalb; doch der Traum, der uns das Mögliche verspricht, drängt sich in das Leben selber ein und findet nur in diesem Leben seine Lösung« (ebd.). Pessoas Buch ist modern. Wie fast immer ist die Literatur bzw. Belletristik dem Verständnis von Phänomenen der Sozialwissenschaft und vor allem der Psychologie voraus; der Preis der konstitutiven Illusionen der modernen Selbstinterpretation wurde von Dichtern und Künstlern schon früh nicht nur erahnt, sondern explizit thematisiert und problematisiert.

Nunner-Winkler (1989, S. 83–84) beschreibt die gesellschaftlich-kulturelle Vormoderne – ein wenig holzschnittartig – so: »Die Kontinuität der Lebensführung ergab sich als Korrelat gesamtgesellschaftlicher Stabilität und relativer Immobilität der Mitglieder in geographischer wie sozialer Hinsicht. Diese Gesellschaften kannten keine systematische Segregierung von Altersgruppen. Dem entspricht auf der Seite des Subjekts die

Erfahrung eines integrierten Lebenslaufs ohne strukturell vorgezeichnete Brüche.« Wahrscheinlich ist diese Typisierung viel zu grob und vielleicht klischeehaft, aber in ihr wird angedeutet, dass Moderne bzw. Modernisierung auch so verstanden werden kann, dass sich der Entscheidungsspielraum über die Lebensspanne vergrößert. Das damit verbundene Korrelat sei die »Destandardisierung des Lebenslaufs«, welche mit zwei Faktoren zusammenhänge, namentlich der Flexibilisierung des Lebenslaufs und der Revidierbarkeit einmal getroffener Entscheidungen (ebd., S. 85). Wenn (1) die Altersnormen ihre Rigidität immer mehr verlieren, (2) die Abfolge der Lebensereignisse nicht mehr so strikt normiert ist und (3) die Rollendominanzen kulturell nicht mehr völlig festgeschrieben sind oder erscheinen (ebd., S. 85–86), so erhöhen sich die Freiheitsgrade und damit auch die Möglichkeit und Häufigkeit (zumindest subjektiv) verfehlter Entscheidungen (die ›verarbeitet‹ werden müssen, vgl. weiter unten). Auf dreierlei Weise können Entscheidungen nach Nunner-Winkler fehlgehen: Erstens gibt es Fehlentscheidungen (hier liege das Problem in der Art der verwendeten Gründe: Es handele sich um einen Irrtum der Situationseinschätzung oder um Selbsttäuschung). Zweitens gibt es Nicht-Entscheidungen (hier verweigere das Subjekt seinen Beitrag bei der Entscheidungsfindung). Und schließlich gibt es Pseudo-Entscheidungen (hier fehle die Bereitschaft des Subjekts, die Konsequenzen einer Entscheidung zu tragen).

Psychologisch interessant sind die zwei letztgenannten ›Fehler‹, da sie ja offensichtlich mit den Abwehrstrategien zu tun haben, ›es‹ gewesen zu sein, also Verantwortung übernehmen zu müssen. Biografisch mag bedauerlich sein, dass das Leben zu kurz ist, »um aus allen eigenen Erfahrungen profitabel lernen zu können« (ebd., S. 92). Schmerzhaft aber sind vor allem irreversible Fehlentscheidungen, während die Nicht-Entscheidung als Korrelat von Selbstobjektivierung vor allem die Identität im Kern aushöhle (ebd., S. 99). Allerdings ergibt sich auch bei irreversiblen Entscheidungen die Möglichkeit der Umdeutung, denn ob eine Entscheidung wirklich ein Fehler war, weiß das Individuum aus kontingenztheoretischen Gründen vielleicht überhaupt nie. Gewissheit kann es – außer vielleicht im Glauben – höchstens dann geben, um es in Anlehnung an Eugen Fink (1987) zu sagen, wenn es ›zu spät‹ ist, wenn die Folgen einer Handlung prinzipiell nicht mehr rückgängig zu machen sind. Ansonsten findet sich das Subjekt, das sich in der Entscheidungs- und Freiheitspraxis konstituiert, in der Situation der Inkompetenz oder Unwissenheit; es kennt die (›tiefere‹) Wahrheit und Bedeutung seiner (vollzogenen oder erwogenen) Handlungen und Entscheidungen nicht. Das sind aber jene Beschreibungen, die dem Dilettanten vorgeworfen werden, der versucht, sich zu bestimmen und selbstbestimmt zu handeln. Er handelt frei, nicht obwohl er über die benannten Sicherheiten und Einsichten nicht verfügt, sondern er verdankt diese Praxis vielmehr diesem Mangel (vgl. Reichenbach 2001).[1]

Aus diesen Andeutungen mag die These nicht abwegig erscheinen, wonach mit der modernetypischen Schwächung der Artikuliertheit (und Rigidität) sozialer Aufgaben und Verantwortung (mit dem Verzicht auf soziale und zeitliche Transzendenz) auch die Lebensfehler ›verschwinden‹, d.h. genauer und moderater formuliert: der Sinn für die Fehlerhaftigkeit von Entscheidungen geschwächt wird. Dafür ist aber die Entwicklung eines kulturell legitimen Ausredeapparates notwendig. Die populäre ›Psychologie‹ der Selbstentschuldung und Selbstversöhnung führt in diesem Zusammenhang dazu, dass kognitive bzw. emotionale Dissonanzen primär als Störungen des ›psychologischen Gleichgewichts‹ begriffen und weniger als Ausdruck divergierender Interessen und Aufgaben, sprich:

---

1 Es kann gar behauptet werden, dass Selbstbestimmung notwendig mit Dilettantismus verbunden ist. In den Augenblicken selbstbestimmten Entscheidens erfährt sich das Subjekt als frei und dilettantisch zugleich. Wer solchen Dilettantismus vermeiden will, mag aber in Kauf nehmen, keine Freiheit zu praktizieren oder aber einer grandiosen Souveränitätsillusion zu unterliegen.

Werte (oder Bewertungen), verstanden werden. Die Güte der Gründe des Ungleichgewichts interessiert in einer Kultur der sogenannten Authentizität womöglich immer weniger. Authentizität – und sei sie inszeniert, denn um wirklich glaubhaft und wirksam zu sein, muss sie mitunter inszeniert werden – ist die moderne Ausrede par excellence. Freilich ist sie Ausdruck einer säkularisierten Theologie, aber nicht minder sakral!

Die psychologische (Selbst-)Betrachtung des Lebenslaufs und der relevanten Lebensentscheidungen hilft, die Identifikation oder Bewertung einer Entscheidung als fehlerhaft zu vermeiden. Das heißt freilich nicht, dass man sich nicht unglücklich oder unzulänglich fühlt, fühlen darf oder soll. Vielmehr ist momentan ein günstiger historischer Augenblick, um sich unglücklich und unzulänglich zu fühlen. Unter anderem hilft die »Rebiologisierung der psychischen Störungen« (Ehrenberg 2008, S. 232), da sie den Einzelmenschen entlastet, indem sie ihm die Schuld für die eigene Gewordenheit nimmt. Man könnte von schuldlosem Unglücklichsein sprechen. Als einer der Ersten hat Alain Ehrenberg die Verschiebung von Schuld- zu Verantwortungszuschreibungen beschrieben. Während die Neurose noch das »Drama der Schuld« darstellte, kann die Depression nach Ehrenberg (ebd., S. 23) als eine »Tragödie der Unzulänglichkeit« verstanden werden. Die Depression ist die zentrale Krankheit einer Gesellschaft, deren Verhaltensnormen nicht mehr auf Schuld und Disziplin, sondern auf Verantwortung und Initiative gründen (Ehrenberg 2008, S. 20). Die triadische Symptomatik von Asthenie, Schlaflosigkeit und Angst (ebd., S. 183ff.) sei als »eine verhaltensmäßige und affektive Antwort auf die unaufhörlichen Veränderungen im Alltag der demokratischen Gesellschaften« zu verstehen (ebd., S. 184). Dabei ist von Bedeutung, dass die Depression weniger das Gegenteil von Lebensfreude als vielmehr eine »Pathologie des Handelns« (ebd., S. 192) darstellt.

Therapeutischer Optimismus

Das Gefühl der Unzulänglichkeit und des Ungenügens ist der Figur oder dem Typus des Dilettanten nahezu unbekannt (Reichenbach 2001). Der Dilettant mag vielleicht peinlich sein und anderen als ein kulturelles Ärgernis erscheinen, aber er praktiziert Freiheit, und er handelt – wenn auch vielleicht in systematischer Verkennung seiner Lage. Der Dilettant ist nicht krank, sondern eher auf belächelte Weise leidenschaftlich. Es mag auch aufgeklärte Dilettanten geben, die vielleicht einen ironischen Zugang zu ihrem Unvermögen finden, da sie zu begreifen gelernt haben, dass das Nichtkönnen und Nichtwissen nicht einfach Bereiche unter anderen darstellen, sondern Teil eines expandierenden Universums sind, zu welchem man in dauerhaften Kontakt treten kann. Die affektive Konsequenz dieses Kontaktes ist nur für die Narzissten unter ihnen Frustration oder Verzweiflung, für die anderen vielleicht eher eine säkularisierte Form von Demut, die man in einer Welt des Humbugs[2] und des Ramsches, von welchem wir umgeben sind, mitunter vermisst (vgl. Frankfurt 2005).

Während der gebildete Dilettant sich der insgesamt geringen Reichweite seiner Möglichkeiten und Transformationen letztlich bewusst ist, hat er nun in einer Welt zu leben, die von verbissenen Optimisten bevölkert wird. Optimismus ist wahrlich kein Indikator für Intelligenz oder Bildung, und in seiner melancholiefernen Ausprägung trägt er bisweilen aggressive Züge. Die fehlende Sensibilität für das Tragische, die so typisch ist für unsere zukunftslose Vorwärtsmoderne, hat Europa schon lange erreicht, das – als es noch alt war – wenigstens

2 Harry Frankfurt (2005) hat bekanntlich von ›bullshit‹ gesprochen. Der Bullshitter ist prekärer als der Lügner, weil der Letztere wenigstens noch mit der Wahrheit in Kontakt ist. Eine Humbugkultur zeichnet sich dadurch aus, dass man sich in ihr gegenüber der Prüfung von Wahrheitsansprüchen weitgehend vergleichgültigt hat (vgl. Kapitel 2.4).

noch wusste, dass es auch schiefgehen kann (wobei dieses ›Es‹ alles sein konnte). Der glückliche Mensch sei der leere Mensch, schrieb Eric Wilson (2009, S. 38) in seiner Abhandlung zur europäischen Melancholie und American Happiness, freilich nicht ohne Übertreibung. Es gilt: »Ich bin okay und verdiene es, glücklich zu sein« (ebd., S. 143). Das Glück, um welches es hier geht, ist ein selbstverursachtes und kontrolliertes. Der therapeutischen Kultur einer weitgehend psychologisierten Moderne entspricht das Ideal der emotionalen Selbstkontrolle.

Eva Illouz versuchte in ihren Studien, einen relativ neuen emotionalen Stil zu verstehen.[3] Im Zentrum des alltagspsychologischen Diskurses steht nun eine Form des sozialen Umgangs und der Emotionalität, »an deren Basis sich zwei zentrale kulturelle Motive befinden: das der Gleichheit und das der Kooperation« (Illouz 2008, S. 32). Die Leiden sind demokratisch geworden: eine vernachlässigte Kindheit, der Mangel an Selbstachtung, die Arbeitssucht, sexuelle Störungen, diverse Phobien sind sozusagen ›demokratisch‹, »weil sie sich nicht länger eindeutig einer Klasse zuordnen lassen« (ebd., S. 68). Auf der Grundlage einer allgemeinen Demokratisierung des psychischen Leidens »ist das Heilen auf merkwürdige Weise zu einem lukrativen Geschäft und einer blühenden Industrie geworden« (ebd.). Diese Industrie funktioniert nicht auf der Basis europäischer Melancholie, sondern benötigt amerikanischen Optimismus. Es ist bezeichnend, wie der psychoanalytisch gefasste Kulturpessimismus Sigmund Freuds seit den zwanziger Jahren des 20. Jahrhunderts in US-Amerika praktisch umgepolt werden konnte. Statt nicht mehr Herr im eigenen Haus sein zu können, lernen wir – etwa in diversen Selbsthilfegruppen – dank dem popularisierten und umgepolten Erbe Freuds »selbst

---

3 »Ein emotionaler Stil nimmt Form an, wenn eine neue Art des Denkens über die Beziehung des Selbst zu anderen konzipiert wird, wenn neue Möglichkeiten dieser Beziehung vorstellbar werden« (Illouz 2008, S. 16; vgl. auch Illouz 2009).

dann Herr in unserem Haus [...] [zu sein], wenn es brennt« (ebd., S. 75).[4] Während für Freud Normalität ein »hochgradig labiler Zustand, der Endprozess eines komplexen und eher seltenen Reifungsprozesses« (Illouz 2009, S. 81) war, können wir heute – dank Psychologen und Therapeuten, die überall verfügbar sind – normal werden. Psychologen unterscheiden sich von anderen Experten – Juristen, Ärzten oder Ingenieuren – nach Illouz dadurch, »als sie sich im Laufe des 20. Jahrhunderts zunehmend dazu berufen fühlten, Menschen in praktisch allen Belangen anzuleiten« (ebd., S. 95). Mit diesen ›Anleitungen‹ gehen diverse und weitverbreitete Formen der Pädagogisierung, Psychologisierung und Infantilisierung einher.

Entscheidend ist, dass es im »therapeutischen Ethos [...] weder Unordnung noch sinnloses Leid« gibt, schreibt Eva Illouz (2009, S. 406) in *Die Errettung der modernen Seele* und beendet ihre Analyse mit dem Satz: »Deshalb sollte uns sein Einfluss auf unsere Kultur beunruhigen« (ebd.). Die dogmatischen Überzeugungen des therapeutischen Ethos sind erstens, dass durch Introspektion Selbsterkenntnis möglich ist, Introspektion uns zweitens verhilft, unsere soziale und emotionale Umgebung zu verstehen, zu kontrollieren und mit ihr zurechtzukommen, und die verbale Mitteilung drittens den Schlüssel zu sozialen Beziehungen darstellt (ebd., S. 402). Therapeutisches Ethos erzeuge dadurch Selbste, die sowohl rationaler und strategischer als auch gefühlsorientierter werden und die seelisches Leid in den Mittelpunkt der modernen Selbstinszenierung stellen. Gleichzeitig führe es dazu, dass Intimbeziehungen zunehmend eine ›androgyne‹ Identität aufweisen, da sich die ›maskulinen‹ Attribute des Durchsetzungsvermögens mit dem ›femininen‹

4 Der therapeutische Diskurs hat unsere Selbst- und Sozialbeziehungen verändert, und es handelt sich um einen äußerst performativen Diskurs. Diskurse werden performativ, wenn sie in der Lage sind, Wirklichkeit aus eigener Kraft zu benennen und zu verändern, und jene, die sie führen, für das ›symbolische Kapital‹ der Gruppe stehen, die sie repräsentieren (Illouz 2009, S. 102).

Vermögen, Beziehungen und Gefühle zu fokussieren, auf komplementäre Weise intraindividuell verbinden (ebd., S. 395). Indem die Psychologie nun auch Männer auffordert, über die eigenen Gefühle nachzudenken, sie auszudrücken und zu verstehen, kann mit Illouz auch von einer »Verweiblichung der Gefühlskultur schlechthin« (ebd., S. 214) gesprochen werden. Die neue »emotionale Disziplin«, welche das therapeutische Ethos einfordere, mache Gefühle zu »kognitiv fassbaren Objekten, die wir manipulieren sollen, um eine übergreifende Form der Rationalität zu erreichen«, welche Illouz als »kommunikative Rationalität« bezeichnet und die zu einer »Rationalisierung von Intimbeziehungen« führe (ebd., S. 243). Im Unterschied zu Vorstellungen der Wirkung von ›Überwachung‹ und ›Biomacht‹ im Sinne Foucaults geht es Illouz darum, zu zeigen, dass eine derart psychologisch geprägte Kultur die Widersprüche des modernen Selbst in Schach hält und verwaltet (ebd., S. 401). Den Hintergrund dieser Widersprüche sieht Illouz in den verstärkten sozialen Erwartungen und Demokratisierungsprozessen am Arbeitsplatz und in der Familie, welche nun ›gemanagt‹ werden wollen, wofür ›psychologische‹ Techniken bereitgestellt werden.[5]

5 Man kann die Analysen und Einschätzungen Illouz' auch als Folge dessen lesen, was es bedeutet, in der individualisierten Gesellschaft bestehen zu können. Schon mit Beck (1986) – *Risikogesellschaft* – konnte formuliert werden, dass sich das Individuum als Handlungszentrum zu begreifen hat und bis zu einem gewissen Grad auch eine ichzentrierte Weltsicht entwickeln muss. In der Tat sind die das Individuum beeinflussenden und sogar bestimmenden Lagen nicht bloß äußere Ergebnisse und Verhältnisse, die über es hereinbrechen, sondern auch Konsequenzen selbstgetroffener Entscheidungen (Beck 1986, S. 218). Hier kommt es zu einer Verquickung – wie Beck in Anlehnung an Habermas formuliert – von System und Lebenswelt, zu denen die Individuallagen quer liegen. »Die Teilsystemgrenzen gehen durch die Individuallagen hindurch. Sie sind sozusagen biographische Seite des institutionell Getrennten« (ebd., S. 218), wobei Lebensführung unter diesen Bedingungen zur »biographischen Auflösung von Systemwidersprüchen« (ebd., S. 219) werde.

Mit dem therapeutischen Ethos wird ein neues Modell von Selbst und allein zukunftsgerichteter Verantwortung eingeführt: Es »macht einen für die eigene Zukunft verantwortlich, nicht aber für die eigene Vergangenheit« (ebd., S. 311). Das ist die entscheidende Interpretationsgrundlage, um die Fehler im Leben zum ›Verschwinden‹ zu bringen. Das Selbst ist nun in Höchstmaß verantwortlich für seine Transformation (vgl. Sloterdijk 2009), werde jedoch für seine moralischen Defizite nicht verantwortlich gemacht: »Dieses Modell einer gespaltenen Verantwortung stellt [...] eine neue kulturelle Form des Selbstseins dar« (Illouz 2009, S. 311). Es stellt sich freilich die Frage, warum das therapeutische Narrativ so große kulturelle Resonanz erhalten hat: Illouz nennt sieben Gründe (vgl. Illouz 2008, S. 85–86). Erstens benenne und erkläre es widersprüchliche Emotionen (zu viel lieben – zu wenig lieben, zu aggressiv sein – zu wenig Durchsetzungsvermögen haben). Zweitens würden die therapeutischen Narrative kulturelle Vorlagen religiöser Narrative verwenden, welche zugleich progressiv wie regressiv seien (progressiv: Erlösung, regressiv: mehr oder weniger schlimme Vergangenheit). Drittens zögen diese Narrative das Individuum für sein psychisches Wohlbefinden zur Verantwortung, abstrahierten dabei aber völlig von persönlicher Schuld. Viertens sei das Narrativ performativ: nicht nur eine Erzählung, »im Erzählen selbst wird die Erfahrung neu organisiert« (ebd., S. 86). Fünftens verfüge der therapeutische Diskurs über eine ansteckende Fähigkeit, die sich gleichsam über Generationen auswirke und immer wieder neu (Opfer-)Identität stifte. Sechstens verlange die therapeutische Biografie keine oder nur eine sehr geringe ökonomische Investition, sei daher eine ideale Ware. Schließlich, siebtens, und das sei möglicherweise der entscheidende Punkt, entspringe das therapeutische Individuum einer Kultur, die von Vorstellungen saturiert sei, welche die ›Rechte‹ und das Pochen auf ›Anerkennung‹ von Individuen und Gruppen betreffen.

Kulturell-adaptive Identitätsdiffusion

Heruntergekommene Formen der Ideale von Autonomie und Authentizität begegnen uns in diesem kulturellen Zusammenhang auf Schritt und Tritt. Die scheinbar freien Individuen befinden sich an jenem eigenartigen Ort, an welchem alle offenbar ganz genau selber wissen oder selber wissen sollen, was für sie das Beste ist und was zu tun ist. Sie scheinen gelernt zu haben, mit der Fraglichkeit ihrer Existenz keine Probleme mehr zu haben, sich selber kein Rätsel mehr zu sein, obwohl oder weil sie sich durchaus selber nicht kennen müssen. Diese Identitätskonstellation wurde auch schon ›kulturell-adaptive Identitätsdiffusion‹ bzw. ›adaptive Diffusion‹ (vgl. z.B. Oerter & Dreher 2002) genannt. In einer Gesellschaft, die vermeintlich nicht mehr weiß, auf welchem Weg sie ist und in welche Richtung sie sich bewegt und bewegen soll, ist es für das Individuum eher funktional, selber nicht zu wissen, wer es ist und wohin es sich bewegen soll (d.h. welche Aufgaben es hat, die seine persönlichen Präferenzen transzendieren und das klaustrophobische Moment der Immanenz des Lebens etwas mildern...).

Der Sinn des Sinns ist es eben, wie es Jürgen Habermas formuliert hat, dass er geteilter Sinn ist (Habermas 1982, S. 188). Daher ist Privatsinn letztlich Unsinn bzw. können Individuen für sich allein nicht über den Sinn verfügen, weder über den ihres Tuns noch ihres Erlebens. David Smail meinte in *The Nature of Unhappiness* nicht unpassend: »Part of what an ›individual‹ consists of is precisely nonindividual, social conventions, practices, meanings and institutions which we all share in common« (Smail 2001, S. 64). Dass jeder und jede für sich selbst verantwortlich sei oder sein soll, Sinn im Leben zu finden, ist wohl einer der großen Irrtümer der Spätmoderne: ein Bildungsversprechen, das den Menschen überfordern muss, und dennoch eine fröhlich übernommene Selbsttäuschung. Diese scheinbar liberale Haltung hat einen hohen Preis – unter anderem im pädagogischen Bereich. Gerade die virulente Sinnkrise des schulischen Lernens wird auch durch eine scheinbar liberale, meines Erachtens aber weitverbreitete Haltung von Eltern und Lehrpersonen unterstützt, die ihren Kindern und Schüler_innen scheinbar freimütig zugestehen, dass sie die Schule ja selber auch nicht gerade gemocht hätten und sehr wohl wüssten, wie unmenschlich langweilig Schule sein kann und als wie nutzlos sich das Gelernte schließlich erweise, das man aus diesem Grund – kaum sei es abgefragt bzw. getestet worden – ja auch sofort vergesse. Die damit einhergehende ›pädagogische‹ Mentalität scheint sich im Wesentlichen auf drei Dimensionen oder Inhalte zu reduzieren, die sich etwa wie die folgenden Ratschläge an den jungen Menschen zu richten scheinen: (1) Mach bitte den Schulabschluss (obwohl du den Sinn der schulischen Lerninhalte nicht erkennst)! (2) Nimm keine Drogen (außer, wenn es sein muss, weiche Drogen, aber davon bitte nicht zu viel)! (3) Habe die Verhütung im Griff (denn du willst dir doch dein Leben nicht schon jetzt durch ein Kind verderben?)! Aber sonst...? Es ist dein Leben! Du kannst damit anfangen, was du willst! (vgl. Reichenbach 2013)

In dieser Haltung kommt eine gewisse Lockerheit gegenüber dem zu erwerbenden Wissen und Können und deren institutioneller Vermittlung zum Ausdruck, die der Institution Schule und ihren Akteuren – Lehrerinnen und Lehrern, Schülerinnen und Schülern – insgesamt kaum dienlich sein kann und die die gesellschaftliche Anerkennung der Institution Schule – und damit dessen, was dort getan wird – wohl nicht nur tendenziell untergräbt. Die Emanzipation gegenüber pädagogischen Institutionen und Autoritäten ist freilich eine ambivalente Errungenschaft, aber auch ein modernes und kaum rückgängig zu machendes Phänomen (vgl. Reichenbach 2011). Mit Hannah Arendt könnte man formulieren, dass hier die ältere Generation sich die Hände nicht schmutzig machen will und die Verantwortung für die Konsequenzen der Handlungen der jüngeren Generation in der Welt, die von der älteren geschaffen worden ist, nicht mehr übernehmen will. Diese mangelnde Leidenschaft für die Welt (Arendt spricht von der ›Liebe für die Welt‹) drückt sich etwa so aus: »Was immer auch passieren wird, wir sind es dann nicht gewesen, denn wir haben euch die Entscheidungskompetenz übergeben.« Wer die Zukunft nicht mehr gestalten will, hat jede Autorität verloren. Der Wandel der Fortschrittssemantik in die Innovationsrhetorik unterstützt diese Abwertung menschlicher Erfahrung, die Abwertung der Geschichte, die Abwertung der Bedeutung der Herkunft und die Fokussierung auf die Gegenwart und die gegenwärtigen Bedürfnisse (oder ist Ausdruck davon). Wie wir in Anlehnung an Jean-Paul Sartres *Les mains sales* (1994) – die schmutzigen Hände – wissen können: Die Alternative heißt nicht, schmutzige oder reine Hände, sondern quasi: schmutzige oder keine Hände.

Mit Charles Taylor (1996) sei die These wie folgt zugespitzt: Wer nicht weiß, auf welche Zukunft er sich zubewegen will, kann auch nicht wissen, wer er oder sie ist. Das Wissen über Werte und Unwerte, Ziele und zu vermeidende Orte ist konstitutiv für personale Identität. Für menschliches Handeln ist konstitutiv, dass dasselbe nur vor einem Werthorizont realisiert wird, welcher durch starke qualitative Unterscheidungen geprägt ist. Das Wort ›Orientierung‹ ist eine Raummetapher, die für den moralisch-ethischen ›Raum‹ verwendet wird, in welchem das Konzept der Identität überhaupt erst Sinn machen kann (daher die Frage: »Wo stehe ich?«). Als handelnde Personen können wir uns in räumlicher Hinsicht auf zwei verschiedene Weisen orientieren bzw. auch auf zwei Arten orientierungslos sein. »Zum einen kann es sein, dass mir die Lage der Umgebung völlig unbekannt ist. In diesem Fall weiß ich nicht, welche wichtigen Örtlichkeiten diese Umgebung bilden und in welchem Verhältnis sie zueinander liegen« (ebd., S. 84). In einem solchen Fall ist uns mit einer Landkarte geholfen. Außer – und das ist die zweite Orientierungslosigkeit – »wenn ich nicht weiß, welches mein Ort auf dieser Karte ist« (ebd.). Dann weiß ich zwar, in welchem Verhältnis bestimmte Örtlichkeiten zueinander stehen, aber das hilft mir nicht viel, weil ich nicht weiß, in welchem Verhältnis ich zu diesen stehe. Man braucht, um sich orientieren zu können, also nicht nur eine Karte, sondern muss auch wissen, wo man sich darauf in etwa befindet. Im Unterschied zur räumlichen Orientierung ist die Frage, wo wir uns im Raum der Werte und Wertungen befinden, nicht neutral. Wir können uns ihr gegenüber nicht gleichgültig verhalten in dem Sinne, dass wir jede Antwort, sofern sie uns nur »zu einer wirksamen Orientierung verhilft, als befriedigend gelten lassen, egal, in welcher Entfernung vom Guten sie uns platziert« (ebd.). Vielmehr ist das, was wir wollen, eine Nähe zu dem, was wir als gut, richtig und wichtig empfinden. Insofern wir qualitative Unterscheidungen treffen, heißt dies, dass es für uns von Bedeutung ist, welchen Standort wir im Verhältnis zu unseren Unterscheidungen einnehmen. Da wir außerstande sind, als orientierungsloses Selbst für die für uns ausschlaggebenden Dinge tätig zu sein, sind wir auch außerstande, »uns nicht mehr um unseren Aufenthaltsort in diesem Raum zu kümmern« (ebd.). Dieses Sich-Kümmern ist kultur- und zeitspezifisch geprägt. Während sich moderne Menschen heute wohl eher fragen, ob ihr Leben ›lebenswert‹, ›gehaltvoll‹, ›sinnvoll‹ oder vielmehr ›sinnlos‹, ›banal‹ und ›leer‹ sei, ging es älteren Sehnsüchten beispielsweise um die »Unsterblichkeit der Seele« (ebd., S. 86–87).

Eine flexible Lern- und Arbeitskultur verlangt aber genau das: dass wir uns gegenüber dem Ort, an dem wir uns befinden, neutral verhalten. Dass wir uns anpassen können. Die spätkapitalistischen Tugenden der Flexibilität (heute Kompetenzen genannt), d.h. der permanenten Lernbereitschaft, sowie damit verbunden der Disponibilität und Adaptivität wurden bekanntlich von Richard Sennett (1998) auf populäre Weise kritisch beleuchtet. Eines seiner Bücher heißt ja *Der flexible Mensch* – im amerikanischen Original *The corrosion of character* (›Die Zersetzung des Charakters‹). Das ist deshalb interessant, weil Sennett hier eine Spannung zwischen Flexibilität und Charakter, gar einen Widerspruch zwischen diesen Kräften diagnostiziert. Charakter, so sagt ein geflügeltes Wort, ist die Fähigkeit, sich selbst im Wege zu stehen. Diese Fähigkeit entgeht dem flexiblen Menschen. Charakter hat offenbar mit Verkalkung zu tun, mit Rigidität der Selbst- und Weltdeutung, mit, wie es Arnold Schäfer (1998) einmal genannt hat, »Sklerosen der Selbstverständigungshermeneutik«...

Der flexible, adaptive alte Mensch, dessen Erfahrung nicht mehr zählt, und das selbstgesteuerte Grundschulkind, das nicht auf dieser Erfahrung aufbauen soll, sind die beiden Stressmodelle, die uns heute aufdringlich in einschlägigen und öffentlichen Diskursen begegnen. Es scheint besonders humanistisch zu sein, vom ›kompetenten Säugling‹ zu sprechen, doch ein Baby ist ein ganz und gar vorsprachliches und vorreflexives Wesen, und es sieht, um Alfred North Whitehead (2012, S. 62) zu zitieren, »eindeutig nicht nach einem viel versprechenden Kandidaten für intellektuellen Fortschritt aus, wenn wir uns der Schwierigkeit der Aufgabe besinnen, die ihm bevorsteht.«

Die Überhöhung der Möglichkeiten des Individuums, weitgehend unterstützt durch populäre Psychologien unserer Kultur, hat natürlich einen hohen Preis, sie ist eine Form von Ideologie. Zu diesem Preis gehört die systematische Ausblendung von Fragen der Macht: (1) der Macht als Zwang, (2) der ökonomischen Macht und (3) der ideologischen Macht. Wer die Macht ausblendet, unterstützt vor allem zwei Tendenzen der Weltdeutung und des Erklärens von Verhaltensweisen: Moralisierung und Psychologisierung. Während die personale Macht noch erfahrbar ist, ist die aus der Ferne wirkende Macht nur schwer wahrnehmbar. Während man sich den personalen Autoritäten politisch korrekt allseitig verweigert, unterwirft man sich bereitwillig den unpersönlichen Autoritäten des Geldes, des Prestiges, der Administration, des Staates, des Rechts, der diversen Systeme (Transportsysteme, Rentensysteme, Gesundheitssysteme etc....): Da soziale Macht und soziale Institution ineinander verwoben sind, prägen sie maßgeblich die Möglichkeiten menschlicher Interaktion und Kommunikation.

Angenommen, der hier unternommene Versuch, eine alltagspsychologische Situation zu verstehen, die nicht nur einzelne Menschen betrifft, sondern zumindest zum Teil eine Epoche, wäre mehr oder weniger überzeugend, so bestünde das Anliegen dieser Kritik nicht etwa darin, dass daraus normative Schlüsse gezogen werden. Denn Kritik muss es nicht besser wissen. Eine Analyse muss nicht mit dem Anspruch verbunden sein, Alternativen zu kennen. Der Sein-Sollen-Fehlschluss muss ja nicht immer begangen werden. Auch lässt sich keine absolute Notwendigkeit herleiten, das Verschwinden der Lebensfehler in irgendeiner Weise moralisierend zu bewerten.

Literatur

Beck, U. (1986): *Risikogesellschaft. Auf dem Weg in eine andere Moderne*, Frankfurt a. M.

Breithaupt, F. (2012): *Kultur der Ausrede*, Frankfurt/M.

Ehrenberg, A. (2008): *Das erschöpfte Selbst. Depression und Gesellschaft in der Gegenwart*, Frankfurt/M. (französisches Original 1998).

Fink, E. (1987): *Existenz und Coexistenz. Grundprobleme der menschlichen Gemeinschaft*, Würzburg (Original, als Vorlesungstext, 1952/53 & 1968/69).

Frankfurt, H. (2005): *On Bullshit*, Frankfurt/M.

Habermas, J. (1982/1971): »Theorie der Gesellschaft oder Sozialtechnologie? Eine Auseinandersetzung mit Niklas Luhmann«, in: J. Habermas & N. Luhmann (Hrsg.), *Theorie oder Sozialtechnologie*, Frankfurt/M., S. 142–290.

Illouz, E. (2008): *Gefühle in Zeiten des Kapitalismus*, Frankfurt/M.

Illouz, E. (2009): *Die Errettung der modernen Seele: Therapien, Gefühle und die Kultur der Selbsthilfe*, Frankfurt/M.

Joas, H. (2012): *Die Sakralität der Person. Eine affirmative Genealogie der Menschenrechte*, Frankfurt/M.

Nunner-Winkler, G: (1989): »Identität: Das Ich im Lebenslauf«, in: Psychologie Heute (Hrsg.), *Das Ich im Lebenslauf. Thema: Lebens-Phasen*, Weinheim/Basel, S. 83–105.

Oerter, R. & Dreher, E: (2002): »Identität: das zentrale Thema des Jugendalters«, in: R. Oerter & L. Montada (Hrsg.), Entwicklungspsychologie. Weinheim.

Pessoa, F. (1985): *Das Buch der Unruhe des Hilfsbuchhalters Bernardo Soares*, Zürich.

Reichenbach, R: (2001): *Demokratisches Selbst und dilettantisches Subjekt. Demokratische Bildung und Erziehung in der Spätmoderne*, Münster.

Reichenbach, R: (2012): »Normalisierung und Normativität des therapeutischen Ethos«, in: *Vierteljahresschrift für wissenschaftliche Pädagogik* 87 (4), 632–643.

Reichenbach, R. (2013): *Für die Schule lernen wir. Ein Plädoyer für eine gewöhnliche Institution*, Seelze.

Sartre, J.-P. (1994): *Les mains sales*, Paris.

Schäfer, A. (1998): *Identität im Widerspruch. Annäherungen an eine Anthropologie der Moderne*, Weinheim.

Sennett, R. (1998): *Der flexible Mensch. Die Kultur des neuen Kapitalismus*, Berlin (Original: »The corrosion of character«, 1998).

Sloterdijk, P. (2009): *Du musst dein Leben ändern. Über Anthropotechnik*, Frankfurt/M.

Smail. D. (2001): *The nature of unhappiness*, London.

Taylor, Ch. (1996): *Quellen des Selbst. Die Entstehung der neuzeitlichen Identität*, Frankfurt a. M. (Original: »Sources of the self«, 1989).

Whitehead, N.A. (2012): *Die Ziele von Erziehung und Bildung und andere Essays*, hrsg. von C. Kann & D. Sölch. Frankfurt/M. (Original 1967).

Wilson, E.G. (2009): *Unglücklich glücklich. Von europäischer Melancholie und American Happiness*, Stuttgart(amerikanisches Original 2008).

Erscheinen und Verschwinden des Lehrkörpers

Die Gefahr übertriebener Eleganz bei Lehrpersonen sei nicht groß, meinte der Präsident des Dachverbandes Lehrerinnen und Lehrer Schweiz in der *Neuen Zürcher Zeitung* (20.11.2014). Dort wurde auch von einer Studie berichtet, welche zu dem Schluss gekommen sei, dass Lehrpersonen, die nicht nur fachlich gut, sondern auch in Kleiderfragen stilsicher seien, zu einem erfolgreichen Lernklima beitragen könnten. Das ist schön. Konkret: Hemd, Bluse und Jackett passen immer, Faserpelzjacken und Spaghettiträger sind zu vermeiden, ebenso kurze Röcke, ärmellose Shirts gehen gar nicht, Kapuzenjacken sind ein anbiedernder Fehlgriff, auf Krawatten kann aber in jedem Fall verzichtet werden und gegen gesunde Schuhe hat niemand etwas, gepflegte Frisur bzw. ordentlicher Haarschnitt sind wichtig, aber bitte keine fettigen Haare. Dass Lehrpersonen mittelmäßig bis schlecht angezogen sind, ist – global betrachtet – hoffentlich ein Klischee. Auf einer Studienreise konfrontierten Studierende einen Lehrer in Palermo, der dort in einem ärmlichen Stadtviertel unterrichtete, mit der Frage, was er zur offensichtlichen Diskrepanz zwischen seinem Erscheinungsbild – sehr modisch, schnelle Schuhe, kurz: *bella figura* und in jeder Hinsicht picobello – und den nur bescheiden angezogenen Schülerinnen und Schülern zu sagen habe. Das war vor vielen Jahren, die Frage war kritisch gemeint, doch der Professore ließ sich nicht ins Bockshorn jagen und entgegnete nicht ohne Pathos: »Auch diese Kinder haben es verdient, einen gepflegten und gut angezogenen Lehrer vor sich zu haben!«

Dieser Mann hätte von der äußeren Erscheinung her auch auf einen höheren Posten in einer Bank oder der Verwaltung gepasst, aber nein, er unterrichtete diese Kinder. Sein Stil passte den Besuchern offenbar nicht, er erschien ihnen zu geckig, zu gockelhaft. Denn in der Volksschule entspricht ein leicht schludriges Äußeres offenbar der sozialen Erwartung, es erhöht die pädagogische Glaubwürdigkeit, und umgekehrt ist Eleganz in volkspädagogischer Hinsicht suspekt. Auf der einen Seite sollen die Lehrpersonen optisch nicht auffallen, auf der anderen Seite sind die »guten« Lehrer niemals die »typischen« Lehrer. Wie könnten typische Lehrer auch gut sein? Schon an der Kleidung deutet sich an, dass der Lehrberuf keine Profession ist. Von einem »untypischen« Chirurgen beispielsweise möchte man lieber nicht operiert werden; wer möchte einem modischen Freak unters Messer, der darüber hinaus vielleicht noch wie ein Anhänger des radikalen Konstruktivismus aussieht? Ärzte und Ärztinnen sollen ein uniformiertes Erscheinungsbild und Auftreten haben, schon kleine Abweichungen – z.B. auffallender Schmuck – können angsteinflößend sein, jedenfalls vor der Operation. Im Finanzwesen ebenso: Banken haben eine besonders stereotype Erscheinung zu pflegen. Auch wer z.B. die UBS kritisiert, wird sein Geld lieber dorthin bringen als auf Charlys Bank, die mit dem Slogan wirbt: »Bringt die Kohle her, Leute!« Nun gibt es diese Bank wahrscheinlich nicht, und wer ihr vertrauen würde, hätte wohl auch nur wenig Geld zu deponieren.

Zwar kann Mode als ein paradoxes Zeichensystem verstanden werden, welches gleichzeitig Bedürfnisse nach Individualität und Zugehörigkeit befriedigen soll (Roland Barthes), ein ewiges Spiel des Nachahmens und Abweichens (Georg Simmel), doch sind die Berufs- und Statusgruppen weitgehend uniformiert, auch wenn sich der Zusammenhang von Lebenslage und Lebensstil auch in unseren Breitengraden insgesamt gelockert hat. Die Lehrperson – zumindest auf Ebene der sogenannten »Volksschule« – soll nicht auffallen, vor allem darf sie nicht eitel oder exzentrisch erscheinen. Dies hat mit der gesellschaftlichen Anerkennung der Pädagoginnen und Pädagogen zu tun. Dass der Lehrberuf in früheren Zeiten – im Unterschied zu heute – uneingeschränkt geachtet worden wäre, ist Wunschdenken, das vielleicht der Dramaturgie des Professionalisierungsdiskurses dienen soll. Lehrpersonen galten schon früh als soziale Aufsteiger, die es nur halb geschafft haben.

In ihrem – insgesamt nicht unbedingt lesenswerten – biographischen Roman *Kein Zurück für Sophie W. Geschichte einer Auswanderung* beschreibt die Autorin Katharina Zimmermann den ambivalenten Status und die zwiespältige Anerkennung der Lehrperson am Ende des 19. Jahrhunderts (zwar spricht sie für das Berner Oberland in der Schweiz, aber es darf hier auch einmal verallgemeinert werden): »Für Lernbegierige aus armen Verhältnissen kam 1890 ein Studium an der Universität nicht in Frage, Stipendien gab es keine [...]. Als Ersatz für die Universität diente damals das billigere Lehrerseminar. Aber die Bevölkerung verzieh die ärmliche Herkunft ihrer Lehrer nie. Solange sie übernahmen, was sonst keiner konnte, Chöre leiteten und die Orgel spielten, die Feuerwehr präsidierten und die Gemeindekasse führten, solange ihr Familienleben in Ordnung blieben, ging es gut. Doch es brauchte wenig, und der ganze Groll über die Aufsteiger, diese Besserwisser, fiel über sie her« (Zimmermann 2001, S. 55f.). Frauen traf es anders als Männer, fast vergessen ist heute das »weibliche Zölibat«, d.h. das Heiratsverbot der (verbeamteten) Lehrerinnen in der zweiten Hälfte des 19. Jahrhunderts und bis 1950 auch in Deutschland (Reh 2017). Die »weltliche Unabhängigkeit vom Mann« hatte für die Lehrerinnen ihren Preis, den sie aber zu zahlen bereit waren. »Selten ist Leiden am oder unter dem Heiratsverbot dokumentiert. Die Zeugnisse der Betroffenen betonen meist die Berufung zum Lehrberuf und die erwartete Unabhängigkeit. Im Verhältnis zum Leben der vorangegangenen Frauengeneration schien es vielen eine große Errungenschaft, selbstständig zu werden, aus dem Elternhaus zu kommen – das war ein ›Glück‹« (Reh 2017, S. 33).

Der Lehrkörper wird meist nicht im physischen Sinn verstanden. Warum nur? Die Transformation des normalen Körpers in den Lehrkörper und die Verwandlung der menschlichen Stimme in die (immer etwas künstlich wirkende) Lehrstimme fällt nicht allen leicht. Es helfen Arrangements, klare Skripts, wie sich die Körper zu verhalten haben, eingeübte Inszenierungen, welche die artifiziellen Rollen im Schultheater so formen, dass sich jede und jeder sicher fühlt. In meiner Lehramtsausbildung habe ich selbst das nicht mehr gelehrt, denn damals glaubte man sehr an die Bedeutung der authentischen Beziehungen. Natürlich kannte niemand Richard Sennetts *Tyrannei der Intimität* (1986).

Als elf Jahre alter Schüler hegte ich großen Respekt für und wesentlich größere Abneigung gegen Französischlehrer Rettenmund. Betrat er das Klassenzimmer, hatten wir alle hinter den Pulten zu stehen und ihn im Chor laut zu begrüßen: »Bonjour, Monsieur Rettenmund!«, schallte es wie aus einem Megaphon. Rettenmund konterte, seiner Sache sicher: »Bonjour, la classe, asseyez-vous!« Und während wir uns setzten, riefen wir zurück: »Nous nous asseyons«. Es ist recht künstlich, wirkt bizarr, zu brüllen, dass man sich setzt, während man sich setzt, aber die zeitgleiche, lautstarke Kommentierung des eigenen Verhaltens gibt einem gleichzeitig eine Art Sicherheit. Diese tägliche Inszenierung hatte etwas Nordkoreanisches, führte aber nicht in den Totalitarismus. Sie war wirkungsvoll: Die Stunde konnte nach fünf Sekunden ritualisierter Handlung beginnen und alle Kinder hatten schon zu Beginn der Stunde ein paar französische Vokabeln aus ihrem Leib geschrien, d.h. eine konzertierte Triebabfuhr erlebt. Der Chor war zwar laut und die Aussprache natürlich nicht korrekt, unser »Bonjour« tönte wie ein grobes »Poschur«, doch der alte Rettenmund hat dies nie korrigiert, weil er aus langjähriger Erfahrung wahrscheinlich wusste, dass solche Nuancen im Berner Oberland wie überall sonst nicht nötig sind und von den meistens zeitlebens auch nie wahrgenommen werden würden.

Rettenmund war aber aus einem anderen Grund ein Schock für mich. Offenbar befand er mein Verhalten außerhalb dieses Einigungsrituals als merkwürdig und empfahl meinen Eltern in einem Brief, dass sie mich doch am besten psychiatrisch abklären sollten. Zum Glück trauten diese ihren urwüchsigen Diagnosekompetenzen mehr als meinem Lehrer. Mein Problemverhalten war wohl dem Wechsel aus der vierten in die fünfte Klasse geschuldet. In der vierten Klasse war ich nicht der einzige Schüler, der sich in vorpubertärer Manier in die Klassenlehrerin Susanne I. verliebt hat (das passiert ja nicht nur Emmanuel Macron). Aber eben, ich war nicht der einzige. Noch schlimmer als die »Konkurrenz« der Gleichaltrigen war allerdings, dass wir hoffnungslos Verliebten auf der Schulreise erfahren und ertragen mussten, dass Frau I. schon besetzt war, d.h. einen Freund hatte, der uns an diesem Tagesausflug begleitete. Es handelte sich dabei um einen echten, völlig ausgewachsenen Mann, der zu meinem Verdruss obendrein Bartträger war. Die Chancenlosigkeit meiner (unserer) Verliebtheit offenbarte sich uns jungen Bartlosen gnadenlos. Dennoch war diese »Liebe« wirksam, denn im Grunde lernte ich in der vierten Klasse vor allem noch, wegen und für Frau I.! Mit selbstorganisiertem Lernen, intrinsischer Motivation oder dergleichen hatte dies natürlich nichts zu tun, hingegen viel mit Fremdbestimmung und vorpubertärer Erotik. Lernt man nicht dann besonders strebsam, wenn man um die Gunst eines oder einer anderen wirbt? Mit professioneller Kompetenz von Frau I. hatte dies übrigens wenig zu tun.

Natürlich braucht es mehr oder andere Eigenschaften für »pädagogische Attraktivität«. So verzeiht man einer Lehrerin oder einem Lehrer sicher vieles, aber nicht, wenn deren oder dessen Faszination für die Sache des Lehr- und Lerngegenstandes nicht wahrgenommen werden kann. Dennoch gehören zum sogenannten Lehrkörper auch die Körper der Lehrerinnen und Lehrer. Der Körper ist nicht nur die physische Grundlage des Lehrens, sondern letztlich auch das wichtigste Lehrmittel. Der Körper der Lehrpersonen ist heute tabuisiert. Kaum jemand würde noch auszudrücken wagen oder wollen, was dem sowjetischen Pädagogen Anton Semjonovič Makarenko offenbar ganz natürlich zu sein schien: »Ich möchte sagen, dass auch schon allein das Äußere des Pädagogen von großer Bedeutung ist. Am besten wäre es natürlich, wenn alle Pädagogen schön wären. Auf jeden Fall sollte sich aber wenigstens ein junger schöner Pädagoge und unbedingt eine schöne junge Frau im Kollektiv befinden« (Makarenko 1937/1961, S. 127).

Gleichgültig, wie man zu solchen Aussagen steht, soziale oder gar physische Attraktivität ist meines Wissens kein oder kaum Bestandteil pädagogischer oder didaktischer Theorien oder auch der Lehrerinnen- und Lehrerbildung, wiewohl die »Macht der Schönheit« bzw. der äußeren Erscheinung – und sei sie ambivalent – in allen Lebensbereichen erfahren werden kann. Es muss ja nicht gleich der schöne Körper sein, der zu interessieren hat, aber wenigstens einfach der Körper. Immer wieder werden und wurden Lehrpersonen zunächst von ihrer äußerlichen Erscheinung her beschrieben. Ein Beispiel von Robert Walser: »Blok (so heißt unser Französischlehrer) ist ein langer, dürrer Mensch von unsympathischem Wesen. Er hat dicke Lippen und die Augen möchte man auch dick und aufgeblasen nennen; sie ähneln den Lippen. Er spricht boshaft und geläufig. Das hasse ich. Ich bin sonst ein ganz guter Schüler, aber bei Blok habe ich meistens nur Misserfolge zu verzeichnen. Das kommt jedenfalls daher, dass dieser Mensch mir das Lernen verleidet. Man muss ein unempfindlicher Kerl sein, um bei Blok gut und brav dazustehen. Nie kommt er aus sich heraus. Wie verletzend ist das für uns Schüler, empfinden zu müssen, dass wir ganz außerstande sind, diese lederne Briefmappe von Mensch irgendwie ärgern zu können. [...] Bei Blok verwünscht man die Schule; er ist auch kein rechter Lehrer. Ein Lehrer, der die Gemüter nicht zu bewegen versteht. Aber was rede ich da? Tatsache ist, dass Blok mein Französischlehrer ist. Das ist traurig, aber es ist eine Tatsache« (Walser 1984, S. 45).

Der Übergang von der Beschreibung der äußeren Erscheinung zur Haltung und Praxis der Lehrperson ist hier geradezu fließend. Noch in den sechziger Jahren konnte in der Lehrerinnen- und Lehrerbildung über die körperlichen Anforderungen und Empfehlungen nachgedacht werden. Ideal wären für Lehrpersonen, so meinte beispielsweise Schneider, folgende Attribute: »Gesunder, kräftiger Körper, Widerstandsfähigkeit gegen die Beschwerden des Berufes, also vor allem gesunde Nerven und kräftige Atmungswege, normale Gestalt und achtungswerte äußere Erscheinung, Leichtigkeit und Anstand der Bewegung aller Gliedmaßen und gesellschaftliche Gewandtheit« (Schneider 1966, zit. nach Oser 1998, S. 205f.). Hier interessieren nicht allein die äußere Erscheinung, sondern auch die Tüchtigkeit und Leichtigkeit des Körpers der Lehrperson. Auch diese Aspekte, so scheint es, werden heute – zwar nachvollziehbar – politisch korrekt übergangen. Einerseits muss das nicht bedauert werden, andererseits können gerade übergangene Phänomene für die Praxis des Lehrens und Lernens von unterschwelliger Bedeutung und Wirksamkeit sein.

Von »positiven Übertragungen« wie im oben genannten (biographischen) Beispiel mit Lehrerin I. kann im Bereich des Pädagogischen natürlich (und zum Glück) nicht ausgegangen werden. Das war schon immer so und ein gewisser Realismus in der Sache hilft meistens. Selbst der pädagogisch hochstilisierte polnische Arzt und Reformpädagoge Janusz Korczak schrieb 1928, sowohl nüchtern als auch mit Pathos: »Unter den Erziehern finden wir außer brutalen Schlauköpfen und Misanthropen Versager, die überall Schiffbruch erlitten haben und unfähig sind, eine verantwortliche Stelle zu übernehmen« (Korczak 1979, S. 19). Und räumte ein: »...die Schule hat ihre Fehler, und viele Menschen denken ständig darüber nach, wie man sie besser machen könnte; aber was wäre, wenn man alle Schulen schließen wollte, nur weil sie nicht vollkommen sind? Auch die Lehrer sind nicht ideal, aber eher wir keine besseren finden, müssen wir sie nehmen, wie sie sind« (ebd., S. 81). Daher muss die Macht der sozialen Attraktivität pädagogisch wahrscheinlich anders als rein körperlich gedeutet werden.

Doch die Bedeutung des »Lehrkörpers« wird insbesondere auch in der pädagogischen Führung unterschätzt. Der alte Rettenmund konnte u.a. auf eine eingespielte Begrüßungsinszenierung setzen. Solch militärisch anmutende Ritualität wird heute an den meisten deutschsprachigen Institutionen der

Lehrerinnen- und Lehrerbildung nicht akzeptiert (im Unterschied zu etlichen demokratischen Ländern in Europa und anderen Kontinenten). Rettenmund betrat das Klassenzimmer, und alle wussten, was sie zu diesem Augenblick zu tun hatten. Davon ist heute nicht auszugehen. Vielmehr sieht es vielleicht so aus: Die Lehrperson tritt ins Klassenzimmer, sie rechnet schon gar nicht damit, dass alle an ihrem Platz sind, sie kann nur hoffen, dass manche Schülerinnen und Schüler sich unverzüglich an ihr Pult begeben und damit die Bereitschaft signalisieren, dass die Stunde beginnen könne. Diese braven Kinder – man mag sie despektierlich auch Streber oder Kollaborateure nennen – sind für die Lehrperson von größter Wichtigkeit, denn ohne ihre Mithilfe geht gar nichts. Die Schulklasse ist eine soziale Figuration: Wer so prompt auf die körperliche Präsenz und Erscheinung des Lehrers reagiert, erwartet von seinesgleichen, den Mitschüler_innen also, das gleiche Verhalten. Darauf kann der Lehrer bauen. Er diszipliniert mit dem Blick, er fokussiert den Unruheherd im hinteren Teil des Kassenzimmers. Die Kinder dort – seien sie der Einfachheit halber Troublemakers genannt – nehmen die Präsenz der Lehrperson zwar von der Seite war, wollen den Lehrer aber noch eine gute Weile lang ignorieren, man ist ja ein freiheitliches Wesen und kein Apparat, der so mir nichts, dir nichts funktionieren mag. Es geht schließlich um Selbstrespekt. Nun zischt ein kindlicher Kollaborateur von vorne nach hinten: »Pssst! Der Lehrer ist da!«, und eine Streberin doppelt nach: »Die Stunde hat begonnen!« Ohne solche Leute geht es nicht, aber sie dürfen nicht erfahren, wie wichtig sie für den Lehrer oder die Lehrerin tatsächlich sind. Vielmehr muss die Lehrperson den Eindruck erwecken, als ob sie mit jeder Situation, auch mit einer ganzen Klasse von wirklichen Troublemakern locker zurande kommen könnte, was natürlich nicht im Geringsten zutrifft. Die Streber und Kollaborateure dürfen auf der anderen Seite aber auch nicht enttäuscht werden, denn sie wollen sich für ihre Adaptationsleistung geschätzt fühlen, eine normale Anerkennung für ihr konformes

Verhalten erhalten. Diese Konstellation führt im Kleinen wie im Großen zu einem Dilemma, das der Austauschtheoretiker Peter Blau so beschrieben hat: »Stabile Führerschaft beruht auf der Macht über andere und auf deren legitimierender Anerkennung dieser Macht. Das Dilemma der Führung besteht darin, dass der Erwerb der Macht und der Erwerb der sozialen Anerkennung im Grunde unverträgliche Anforderungen an die Person stellen. Um Macht über andere zu gewinnen, muss man nicht nur Leistungen erbringen, von denen diese abhängig werden, sondern man muss selber von den möglichen Gegenleistungen der anderen unabhängig bleiben. Aber um die Position von Macht und Führerschaft zu legitimieren, muss die Führungsperson sich um die Anerkennung der Geführten kümmern, d.h. heißt, sie kann nicht völlig unabhängig von ihnen bleiben« (Blau 1964, S. 203; Übers. R.R.).

Nur soll die Lehrerin oder der Lehrer heute aber nicht mehr im »Mittelpunkt« stehen, sondern allein das Lernen der Kinder und Jugendlichen. Denn die Kritik an der sogenannten »Lehrerzentriertheit« wird ja immer aufs Neue mit solcher Leidenschaft vorgetragen, dass man annehmen muss, sie hätte ganz schlimme Folgen. Und so verflüchtigt sich der Lehrkörper in den zeitgenössischen Diskursmoden ins Vage. Methodisch interessieren allenfalls das Hirn, das kindliche Individuum und sein Lernen, während etwa die gesellschaftliche und kulturelle Bedeutung des Lehrgegenstandes immer weniger Erwähnung findet. Aus dieser pädagogisch und didaktisch verkürzten Sicht wird die Lehrperson auf die Begleitaufgabe der Lernhilfe reduziert: Sie soll vor allem noch die selbstorganisierten Lernprozesse der Schülerinnen und Schüler stimulieren. Diese bemerkenswert schlichte, aber wirksame Lernutopie wird zurzeit bekanntlich unter Vokabeln wie »Kompetenzentwicklung«, »selbstorganisiertes Lernen« und »konstruktivistische« Arrangements individuellen Lernens prominent verhandelt. Die Möglichkeit der Verwendung und Neubildung von zusammengesetzten Nomen wird hierbei rege benutzt – das Wort »Kompetenz« hat im Bildungsdiskurs der letzten Jahrzehnte sicher die größte Anbändelungswut bewiesen. Dieses linguistische Appetenzverhalten ist schon fast obszön: Die »Kompetenz« ist sich nie zu schade, sich mit jedem anderen Wort zu verbinden, sofern dieses auch nur von ferne zum zusammengesetzten Nomen bzw. zur Substantivierung mit irgendeiner Zielrichtung taugt.

Diese drei Vokabeln sind nicht nur aufdringliche Orientierungspunkte des populären, aber auch erziehungswissenschaftlichen Bildungsdiskurses, sondern verkörpern freilich auch bedeutsame theoretische und empirische Konzepte. Sie beziehen ihre Relevanz aus dem mittlerweile für den modernen Kontext allgemein anerkannten Zwang zum lebenslangen Lernen, womit auch impliziert wird, um es mit dem deutschen Pädagogen Werner Loch zu sagen, dass der *homo educandus* vom *homo discens* – dem lernenden Menschen – abgelöst worden ist oder abzulösen sei (vgl. Buck 2012). Slogans wie »Vom Lehren zum Lernen« deuten das Motiv und die Hoffnung an, der Lehrkörper möge sich vaporisieren. Erziehung und Lehre fungieren allenfalls als Lernhilfen. Werner Loch stellte die Lernhilfen in einem zweiundzwanzigstufigen (!) System über den ganzen Lebenslauf vor, namentlich und beispielsweise von der »Wachstumshilfe« über die »Organisationshilfe«, die »Orientierungshilfe«, die »Identifikationshilfe« – die noch typisch für das Kindesalter sind – bis hin zur »Entspannungs- und Erinnerungshilfe«, der »Besinnungshilfe«, der »autobiographischen Reflexionshilfe« und schließlich, angesichts der Nähe des Todes – auf der terminalen Entwicklungs- und Kompetenzstufe 22 – zur »Konsolationshilfe« (vgl. Loch 1999). Das Schöne an dieser finalen Lernutopie ist sicher, dass der Mensch bei Loch wenigstens noch trostfähig ist, gewissermaßen konsolationskompetent. Loch teilt die anti-tragische Zuversicht der modernen Pädagogik noch ganz. Im Gegensatz dazu ist der Mensch beispielsweise in Hans Blumenbergs Anthropologie zwar trostbedürftig, aber leider untröstlich (Blumenberg 2014) – daher ist mit Blumenberg keine Lernutopie zu machen.

Von solchen mehr oder weniger tragischen oder zumindest dramatischen Konstellationen ist der populäre und wissenschaftliche Lern- und Bildungsdiskurs natürlich weit entfernt. Hier hat sich auch die letzte existentialistische und nihilistische Irritation davongestohlen, und das Leben befindet sich ganz positiv im klaustrophobischen Kasten der reinen Immanenz, wo es dafür möglichst souverän, d.h. selbstorganisiert absolviert und effizient durchgezogen werden soll. Manche Kolleginnen und Kollegen mögen diese »Utopie« begrüßen, andere erschreckt an diesem Verständnis der dystopische und beklemmende Charakter. Wo der Sinn für Paradoxie, Dialektik und Ironie vollständig verloren gegangen ist, entwickelt sich nicht einmal mehr der Sinn für die Sinnfrage. Diese – die Frage nach dem Sinn – meldet sich dann aber natürlich immer wieder mit dem sogenannten Leben zurück, d.h. mit der individuellen und kollektiven Geschichte, die das wohlgeordnete und geplante, sicher möglichst selbstorganisierte Curriculum vitae nachhaltig zu stören und manchmal sogar zu zerstören vermag. Gut, so mag man einwenden: Wenn das selbstorganisierte Leben schon nicht möglich ist, so soll es wenigstens das selbstorganisierte Lernen sein.

Doch der gute alte Lehrkörper verschwindet in Wahrheit natürlich nicht aus der Schule (oder aus dem Leben), sondern »nur« aus dem pädagogischen Diskurs, was schlimm genug ist. Der physisch reale, schwitzende, manchmal ruhige, manchmal verzweifelte, an manchen Orten noch kreideverschmierte und halt meist mittelmäßig gekleidete Lehrkörper erscheint dann doch einfach immer wieder im Klassenzimmer, manchmal zur Freude der Kinder und Jugendlichen, häufig aber gerade gegen jede Freude. Das bloße Erscheinen des Lehrkörpers – gerade wenn er stört – deutet an, dass es jetzt um die Aneignung von kulturellen Wissensbeständen geht, die vielleicht interessieren, vielleicht aber auch nicht.

Literatur

Blau, P. M. (1964): *Exchange and Power in Social Life*, New York.

Blumenberg, H. (2014): *Beschreibung des Menschen*, Frankfurt/M.

Buck, M.F. (2012): *Einführung in die biographische Erziehungstheorie Werner Lochs*, Noderstedt.

Korczak, J. (1979[3]): *Das Recht des Kindes auf Achtung*, Göttingen, (Original 1928/29).

Loch, W. (1999): »Der Lebenslauf als anthropologischer Grundbegriff einer biographischen Erziehungstheorie«, in: H.-H. Krüger & W. Marotzki (Hrsg.), *Handbuch erziehungswissenschaftliche Biographieforschung*, Opladen, S. 69–88.

Makarenko, A.S. (1961): »Probleme der sowjetischen Schulerziehung«, in: Ders. *Ausgewählte pädagogische Schriften*, Paderborn, (Original 1937).

Reh, S. (2017): »Die Lehrerin. Weibliche Beamte und das Zölibat«, in: *Zeitschrift für Ideengeschichte*, XI/1, S. 31–40.

Oser, F. (1998): *Ethos – die Vermenschlichung des Erfolgs. Zur Psychologie der Berufsmoral von Lehrpersonen*, Opladen.

Schneider, F. (1966): »Eigenschaften des Lehrers«, in: E. Achermann (Hrsg.), *Methodik des Volkschulunterrichts*, Hochdorf, S. 181–185.

Sennett, R. (1986): *Verfall und Ende des öffentlichen Lebens. Die Tyrannei der Intimität*, Frankfurt.

Walser, R. (1984): »Tagebuch eines Schülers«, in: Ders., *Romane und Erzählungen*, Band 5, Erzählungen 1907–1916. Frankfurt/M., S. 44–53 (Original 1908).

Zimmermann, K. (2001): *Kein Zurück für Sophie W.*, Bern.

Über Menschenbildung und Selbstsorge

Gespräch mit Rolf Bossart

Rolf Bossart: Die Ansicht, dass Schulbildung immer auch auf die Persönlichkeit zielt, überlebt erstaunlicherweise nicht nur bei den Nostalgikern einer »allgemeinen Menschenbildung« Humboldt'scher Prägung, sondern auch in Reformkonzepten, in denen heute ausgiebig von sozialer oder emotionaler Intelligenz beziehungsweise Kompetenz die Rede ist. Sie beschäftigen sich seit Jahrzehnten mit Fragen des moralischen Urteilens und der kommunikativen Interaktion in Bildungskontexten. Warum kommen auch moderne Bildungskonzepte nicht ohne diesen normativen Anspruch an die Persönlichkeit aus?

Roland Reichenbach: Man spricht zwar von Persönlichkeit und Persönlichkeitsbildung, aber meint die Fähigkeit, Person zu sein. Das Personsein ist auch die Fähigkeit, sich zu seinen Persönlichkeitszügen, seinen Dispositionen und Reaktionstendenzen zunehmend in ein mehr oder weniger reflektiertes Verhältnis zu setzen. Wer beispielsweise eine sehr extravertierte Art hat, kann nicht durch »Persönlichkeitsbildung« introvertiert werden, aber er oder sie kann die positiven und negativen Seiten und sozialen Reaktionen seiner oder ihrer Extraversion bedenken. Dies hat vielleicht eine gewünschte Wirkung. Häufig wird mit »Persönlichkeitsbildung« auf soziale Kompetenzen abgezielt. Und, in der Tat, jeder kennt durch den alltäglichen Umgang die Schwächen des anderen, findet das Verhalten mancher Personen unmöglich oder einfach unangenehm, und trotzdem hat man irgendwie miteinander auszukommen, wenn man muss. Denn die Menschen sind insgesamt recht versöhnend, weil sie ja wissen, dass »es« auf der Ebene des Zwischenmenschlichen einfach irgendwie gehen muss oder sollte. Wer viele dumme Fehler macht, aber offenbar als Person freundlich, hilfreich und interessiert ist, mit der oder dem kann man irgendwie leben. Schlimm ist und wird ebenso beurteilt, wer in fundamentalen Fragen »menschlich versagt«, wie man ja sagt. Da man »menschliches Versagen« vermeiden will, glauben die Leute auf je ihre Weise immer an die Notwendigkeit einer »allgemeinen Menschenbildung«, obwohl sie diese ganz unterschiedlich benennen.

Rolf Bossart: Die Schwierigkeit liegt wohl darin, Ideen zur »allgemeinen Menschenbildung«, die ja nicht mit »Allgemeinbildung« verwechselt werden sollte, in ein pädagogisches Programm zu gießen, und zwar so, dass dieses nicht durch eine zu gut gemeinte Überschätzung schulischer Einflussmöglichkeiten statt Bildung eine Form von Missbildung – Menschengestaltung – betreibt.

Roland Reichenbach: Was in Fragen der allgemeinen Menschenbildung, die heute zwar nicht richtig, aber auch nicht ganz falsch als Sozialkompetenzen und Selbstkompetenzen im Schulalltag präsent sind, sich tatsächlich curricular festlegen lässt, kann meines Erachtens das Wesen der allgemeinen Menschenbildung gar nicht treffen.

Rolf Bossart: Man hat letztlich nur die Fächer, die Stoffe, die Ziele als Bedingung der Möglichkeit zur Menschenbildung?

Roland Reichenbach: Allgemeine Menschenbildung heißt u.a. Bildung der Person. »Per-sonare« heißt bekanntlich »durchtönen«, eine akustische Metapher, die wir dem Begriff der *persona*, eigentlich »Maske«, verdanken. Heute würde man dazu »soziale Rolle« sagen. Die Maske hat (nicht nur im antiken Theaterspiel) eine Doppelfunktion, sie zeigt etwas und sie verdeckt etwas. Personsein ist die Fähigkeit, das Spiel der sozialen Rollen mehr oder weniger bewusst oder souverän auszuüben.

Babys können das noch nicht und demenzkranke Menschen zunehmend weniger, das heißt, Babys sind in diesem Sinn noch keine Personen und schwere körperliche und/oder psychische Beeinträchtigungen können den Menschen »de-personalisieren«. Diese Menschen können noch nicht oder nicht mehr zu sich selber Stellung nehmen. Das »Menschliche« ist nun das, was in diesem Spiel »hindurchtönt«. Wir wollen ja in vielen Fällen nicht nur mit Rollenträgern in Berührung kommen, sondern mit dem »eigentlichen« Menschen – was und wer immer das auch ist –, der sich gewissermaßen hinter der Maske versteckt oder eben nur bestimmte Sichten auf sich zulässt.

Ich denke, es wäre passender, wenn man in der Lehrerinnen- und Lehrerbildung weniger von der Bedeutung und Bildung der Persönlichkeit spräche als von der Entwicklung der Personalität der Lehrperson und damit des Lehrens. Die schulische Allgemeinbildung (im Unterschied zur allgemeinen Menschenbildung) muss hingegen nicht immer in der ganzen Breite für alle Kinder, Jugendliche und Erwachsene im gleichen Maße zwingend sein. Das kann sie auch nicht. Aber sie sollte meines Erachtens sehr zentral für Personen sein, die die Konzepte der Bildungsprogramme und der Lehrerbildung gestalten. Es ist einigermaßen ernüchternd, feststellen zu müssen, dass gerade dort oft kein Interesse besteht für alle diese elementaren Fragen des Humanen, weder für die Philosophie noch für die Musik und für die Poesie schon gar nicht. Wenn dich alles, was die Schwächen und Grenzen sowie die Großartigkeit der Menschen erkundet und ausdrückt, als Dozent in der Lehrerbildung nicht interessiert, dann bist du eigentlich pädagogisch bankrott.

Rolf Bossart: Sie betonen immer wieder die Bedeutung von Faszination und Schwärmerei für die Sache – zunächst gleichgültig welche – und den Mut, sich damit vor den anderen, den Kolleginnen und Kollegen, den Eltern der Kinder und Jugendlichen, den Studierenden lächerlich zu machen. Begeisterung ist mitunter ein soziales Risiko, man erntet unter Umständen zumindest Unverständnis.

Roland Reichenbach: Ich glaube, entscheidend ist die Art und Weise, in und mit der man etwas wichtig findet und dies zeigt. Anders gesagt, mit welcher Intensität man sich z.B. im Unterricht mit einer Sache verbindet.

Rolf Bossart: Aber auch dort, wo nicht Menschenbildung, sondern Gewinn und Leistungssteigerung im Zentrum stehen, spricht man gerne von Leidenschaft.

Roland Reichenbach: Der Begriff der Leidenschaft ist semantisch austauschbar geworden. Daher versuche ich auch, ihn im Moment zu meiden. Aber eigentlich ist diese grundsätzliche Unbestimmbarkeit von scheinbaren »Begriffen« und scheinbar klaren »Modellen« doch interessant. Nehmen wir dazu ein Beispiel aus der Wirtschaft: das Change-Management-Modell. Die verschiedenen Phasen vom Problem bis hin zu dessen Lösung, von z.B. organisationalen Strukturen über die Konfusion hinweg zur neuen Ordnung, also diese quasi neutrale Prozessbeschreibung, der man nicht ansieht, ob hier gerade 200 Arbeitsplätze vernichtet werden oder ob auf umweltschonende Produktion umgestellt wird, passt doch eigentlich sehr genau auf das, was Jean Piaget als Äquilibrations- und Desäquilibrationsprozess (des Individuums) beschreibt. Die Phänomene, strukturell betrachtet, bleiben inhaltlich unbestimmt und scheinen daher austauschbar zu sein. Die große Herausforderung ist es, Differenzen zu erkennen, zu beschreiben und zu deuten. Welche Faktoren sind dafür verantwortlich, dass eine Perspektive oder ein Modell für eine bestimmte Sache angemessen und nützlich erscheint, aber für eine andere, scheinbar vergleichbare Situation eben nicht?

Rolf Bossart: Oft geht es im Diskurs über Kompetenzen und Exemplarizität im Unterricht nur um Ziele und Methoden. Die implizite Botschaft lautet: Woran ich etwas übe und erkläre, ist letztlich zweitrangig. Vielleicht so gleichgültig, wie es die Wahl der Stoffe aus der Perspektive der Methode wohl tatsächlich ist? Ich glaube nicht, dass das richtig ist. Im Gegenteil, die Beispiele sind immer zentral, sie stehen gewissermaßen für sich selbst, die Schulbeispiele machen Schule. Der Religionsphilosoph Klaus Heinrich hat die Beispiele, die in der Wissenschaft zur Erklärung einer Theorie herangezogen werden, immer konsequent als Symptome für diese Theorie selbst gelesen. Er hat gefragt, warum fallen einem gerade diese Beispiele ein oder warum erhalten gerade sie das Attribut »klassisch« und sind so beliebt? Und warum sind gerade diese Begriffe in Mode und werden andere gemieden? Die Wahl der Beispiele und Begriffe ist wichtig, über sie werden Dinge zu wichtigen Dingen, und beliebige Stoffe zu ausgewählten Stoffen.

Roland Reichenbach: In postmoderner Manier könnte man monieren, dass Beispiele nur für andere Beispiele stehen, aber für kein Allgemeines. Die Frage nach der Beziehung des Besonderen und Allgemeinen ist natürlich auch didaktisch von Relevanz. Zumindest steht die Frage im Raum, welcher Bildungsgehalt mit welchem Bildungsinhalt verbunden oder erwartet wird. Es ist vielleicht das heruntergekommene Erbe des Strukturalismus und Funktionalismus, dass dem Inhalt heute – insbesondere im Kompetenzdenken – vergleichsweise wenig Beachtung geschenkt wird. Nur: Ich befürchte, das steht gar nicht im Gegensatz zu Humboldts Ideen zur Bildung, wie offenbar viele zu behaupten geneigt sind, sondern scheint vielmehr eine zeitgenössische Entsprechung einer formalen Bildungstheorie zu sein. Materiale Bildungstheorien setzen auf den Inhalt und die feinen Unterschiede. Aus Sicht des formalen Bildungsdenkens wird man vielleicht dazu verführt, die materialen Unterschiede als geringer einzuschätzen, als sie es sind.

Und so schießt man auf der Suche nach geeigneten Konzepten meines Erachtens häufig knapp am Ziel vorbei. Man steckt sozusagen in einem Labyrinth, glaubt sich nah am Ziel, was ja auch zutrifft, aber ist durch unüberwindbare Wände doch von ihm getrennt. Man müsste zurück zum Start und die Suche neu beginnen, doch wer will das schon? Wenn man nicht merkt, dass man jetzt besser umkehrt und eine Neubewertung oder einen neuen Weg versucht, kommt man aber nie zum Ziel. Das ist ein möglicherweise konfuzianisch inspiriertes Bild für das, was Adorno mit dem Begriff der Halbbildung gemeint hat: Einer Sache nahe sein, genügt nicht immer. Das sind schlechte Schützen oft, könnte man sagen, und sie treffen im Dunkeln immer irgendwie ins Schwarze.

Rolf Bossart: Ein Punkt, wo diese Differenz sich offenbart, ist vielleicht, wenn man in einer konkreten Situation zu einem Urteil gezwungen wird, d.h. wenn es drauf ankommt, ob ich zustimme oder ablehne, ob ich helfe oder mich abwende, in Notfällen oder auch in der Politik. Nur, wie kommt man in diesen Fällen dazu, dass es dem Subjekt zu einem inneren Bedürfnis wird, in der Entscheidung »das Gute« zu tun beziehungsweise seine «Seele» im schillerschen Sinn zu einem »Kunstwerk« zu machen?

Roland Reichenbach: Die Aufgabe der allgemeinen Menschenbildung, im Sinn einer aktiven Gestaltung des Selbst, könnte man als Hinführung zur Selbstsorge bezeichnen. Beispielsweise findet man bei Michel Foucault gegen Ende seines Lebens eine prominente Auseinandersetzung mit der antiken Idee der Selbstsorge. Die Selbstsorge impliziert möglicherweise Vorgänge, von denen wir nicht wissen, wie »aktiv« sie überhaupt zu gestalten sind. Die Selbstsorge dreht sich sehr stark um die Frage, was ich zu dulden bereit bin und was nicht. Es geht um Selbstrechtfertigung. Wenn man für seine Handlungen keine plausiblen Gründe angeben kann, hat man ein Problem, wenn man aber für jede Handlung – und sei sie noch so gewalttätig – raffinierte Rechtfertigungen vorlegen kann, dann haben andere ein Problem. Zur Bildung könnte man daher die paradoxale Aufgabe zählen, dass sich das Selbst so weit zu problematisieren hat, dass die Rechtfertigungen des eigenen Verhaltens nicht leicht fallen, dass es immer wieder gezwungen wird, d.h. sich selbst zwingt, zu differenzieren. Bildung hat damit zu tun, dass der Mensch seiner einfachen und tiefliegenden Selbstrechtfertigungen leid wird. Lawrence Kohlberg konnte zeigen, dass einen das Auseinanderfallen von Anspruch und Verhalten umso mehr stört, je reifer das Selbst in seiner Entwicklung ist. Die reife Person ist daran interessiert, die Integration ihres Selbst (z.B. im Zusammenspiel von Urteilen und Handeln) zu stärken, während die Diskrepanzen und Unstimmigkeiten der Lebensführung den noch unreifen Menschen kaum zu irritieren vermögen.

Rolf Bossart: Luther hatte insofern recht, Rechtfertigung ist ein zentrales Problem. Das Schuldbewusstsein wachhalten heißt verhindern, dass man sich seiner Sache allzu sicher ist. Im Dokumentarfilm *The Act of Killing* von Joshua Oppenheimer wird dies auf gespenstische Art und Weise vorgeführt. Oppenheimer gewinnt das Vertrauen dreier indonesischer Paramilitärs, die in den sechziger Jahren mit Duldung der Regierung Hunderte von »Kommunisten« eigenhändig umgebracht haben. Er spricht mit ihnen über ihre Taten und bittet sie, die Mordszenen filmisch nachzustellen. Dem einen scheint die Fähigkeit zur Selbstreflexion völlig zu fehlen, für ihn besteht daher gar keine Notwendigkeit zur Rechtfertigung. Ein zweiter rationalisiert elegant seine Taten, ordnet sie in einen historischen Kontext ein, den er den Lauf der Dinge nennt, und hat auf dieser Basis gar Verständnis für das Leid und den Hass der Opfer. Nur der Dritte zeigt offensichtliche Lücken in seiner Rechtfertigungskette, spricht über seine Albträume, gibt Auskunft über seine persönlichen Motive für die Morde und zeigt im Verlauf des Films immer größere Angst vor den Folgen einer für ihn offensichtlich möglichen Übernahme der Opferperspektive. Vergleichen wir nun den zweiten und den dritten Täter, dann kann der zweite Täter offensichtlich ohne weitere Probleme die Perspektive der Opfer zulassen, doch der dritte kann das nicht.

Roland Reichenbach: Wer keine Probleme mit sich hat, stellt früher oder später meist für andere ein Problem dar. Doch Problemdiagnosen zuzulassen, die das Selbstbild bedrohen könnten, also zumindest unmittelbar nicht selbstdienlich scheinen, ist unwahrscheinlich, außer es wird zu einer sozialen Praxis, z.B. in Freundschaften und Intimbeziehungen. Die mit der antiken Selbstsorge verknüpfte Praxis der Parrhesia, für die sich Foucault interessierte, also des »Wahrheit-über-sich-selbst-Sagens«, ist zentral. Dafür braucht es aber eben immer oder meistens jemanden von »außen«, der dir hilft, die Wahrheit über dich zu sagen, eine Person, der du vertraust, eine Person, die dich auch so schon akzeptiert. Ein kontinuierlicher philosophischer Austausch, bei dem das intensive, persönliche Ringen um Wahrheit zugleich auch das wahrhaftige Ringen um die eigene Person sein kann – sei es in der Schule, sei es unter Freunden – könnte daher innerhalb der Praxis der Selbstsorge dieselbe Bedeutung für den Geist haben wie der Gang zum Arzt für den Körper; eine Metaphorik, die schon in der griechischen Antike verwendet wurde.

Über den »Herz-Geist«: Politische Bildung als Herzensbildung

Die amerikanische Künstlerin Zoe Leonard, bekannt für ihre Skulpturen und ihr fotografisches Werk, publizierte 1992 ein »Gedicht« mit dem Titel »I want a president«. Diese Zeilen fanden zur damaligen Zeit viel Beachtung und wurden 2016 – nach der Wahl von Donald Trump zum Präsidenten der USA – in Form eines überdimensionierten Plakates an der High Line in New York City wiederum öffentlich gemacht. Inspiriert war die Arbeit durch Leonards Freundin, Eileen Myles, die in den US-Präsidentschaftswahlen von 1992 als »wilde Kandidatin« und »gay woman« gegen George H.W. Bush, Bill Clinton und Ross Perot aufgetreten und insbesondere für die Gruppe von Bürgerinnen und Bürgern eingetreten ist, die von Aids und Armut betroffen waren. Das Gedicht besticht durch die so einfache wie bedeutsame Darstellung des Repräsentationsproblems offizieller Politik. Der Volltext lautet:

> »I want a dyke for president. I want a person with aids for president and I want a fag for vice president and I want someone with no health insurance and I want someone who grew up in a place where the earth is saturated with toxic waste that they didn't have a choice about getting leukemia. I want a president that had an abortion at sixteen and I want a candidate who isn't the lesser of two evils and I want a president who lost their last lover to aids, who still sees that in their eyes every time they lay down to rest, who held their lover in their arms and knew they were dying. I want a president with no airconditioning, a president who has stood on line at the clinic, at the dmv, at the welfare office and has been unemployed and layed off and sexually harassed and gaybashed and deported. I want someone who has spent the night in the tombs and had a cross burned on their lawn and survived rape. I want someone who has been in love and hurt, who respects

sex, who has made mistakes and learned from them. I want a black woman for president. I want someone with bad teeth, someone who has eaten hospital food, someone who crossdresses and has done drugs and been in therapy. I want someone who has committed civil disobedience. And I want to know why this isn't possible. I want to know why we started learning somewhere down the line that a president is always a clown: always a john and never a hooker. Always a boss and never a worker, always a liar, always a thief and never caught.« (Zoe Leonard 1992)

Starke negative Gefühle

Die Empörung ist nicht nur ein starkes, vergleichsweise zwar kurzlebiges Gefühl, sondern gewissermaßen auch das politische Gefühl par excellence (vgl. Reichenbach & Breit 2005). Die Bedeutung der Emotionen[1] für die politische Bildung ist ein Thema, das bisher meines Erachtens noch wenig systematische Beachtung gefunden hat. Werden Wünsche, Hoffnungen oder Erwartungen enttäuscht, so reagieren Menschen meist mit negativen, manchmal stark negativen Emotionen. Emotionen treten, wie Richard Wollheim formulierte, »gleichsam auf den Schultern unserer Wünsche in unser Leben«, das sei »ein entscheidendes Faktum im Wissen über die Emotionen ebenso wie im Wissen über uns selbst« (Wollheim 2001, S. 31). Die landläufige Entgegensetzung von Emotion und Kognition bzw. Gefühl und Denken, gefühlsmäßigen Urteilen (›aus dem Bauch heraus‹) und wohlüberlegten Urteilen hat sicher wenig dazu beigetragen, die Bedeutung der Gefühle in Erziehung und Bildung im Allgemeinen und in der politischen Bildung im Besonderen differenziert zu betrachten. Dass die zentrale Rolle der Gefühle für das mehr oder weniger gesittete und demokratische

---

1 Im Folgenden wird zwischen den Wörtern ›Emotion‹ und ›Gefühl‹ nicht unterschieden.

Zusammenleben unterschätzt blieb, mag auch an manchen Vertretern der abendländischen philosophischen Tradition liegen, die sich in ihrem theoretischen Interesse für Gefühle vor allem auf sogenannte *Leidenschaften* wie Zorn, Begierde oder Erbarmen gestürzt haben. Doch leidenschaftliche Gefühle sind nicht der typische Fall von Gefühlen. *Irrationale affektive* Reaktionsweisen schränken die Möglichkeit zu »nüchternen« bzw. »rationalen« (politischen) Urteilen naturgemäß ein. In *dieser* Hinsicht mag ein Ziel der politischen Bildung auch darin liegen, Strategien zu entwickeln, mit denen solche Gefühle möglichst *gezähmt* und vielleicht auch *unterdrückt* werden können (vgl. Barrett 1994).

Die mehr oder weniger substanziellen Bindungen an Werte und die damit verbundenen Verpflichtungen kommen primär als Gefühl zum Ausdruck und konstituieren zu einem wesentlichen Teil personale und politische Identität. Charles Taylor (1996) nannte diese Bindungen ›starke Wertungen‹ (›strong evaluations‹). Einer »liberalen« Erziehung der Gefühle geht es nicht darum, dem Kind oder Jugendlichen Wertprioritäten, Interpretationen und Bewertungen aufzudrängen; vielmehr geht es um die nur scheinbar illegitime Frage, *wer* – d.h. was für eine Person – das Kind bzw. der/die Jugendliche werden soll. Harry Frankfurt (1971) hat mit seinem Konzept der ›second order desires‹ – also der Fähigkeit, *die Wünschbarkeit der eigenen Wünsche zu hinterfragen* – ein Verständnis vorgelegt, mit welchem das Personsein auch in einem normativ-pädagogischen Sinne gedeutet werden kann. Es geht um »das Vermögen, Wünsche auszubilden, die sich auf [...] eigene Wünsche beziehen«; diese »Wünsche höherer Ordnung werden im direkten Sinne nicht dem Handeln zugeordnet, sondern den Motiven. Die Menschen kümmern sich in der Regel um ihre Motive; sie wollen, dass ihre Handlungen von bestimmten Motiven getragen werden und nicht von anderen« (Frankfurt 2005, S. 24).

Dass die Emotionen eine wichtige Rolle im sozio-moralischen und politischen Verstehen, in der Ausdrucksweise und beim

Handeln besitzen, wird schon in der *Nikomachischen Ethik* des Aristoteles mehr oder weniger explizit formuliert. Selbst für Kant, der manchmal des moral-kognitiven Rigorismus bezichtigt wird, ist die fundamentale Bedeutung der Gefühle für die Moral offensichtlich.[2]

Wenn nun aber von politischer Bildung und politisch relevanten Lernprozessen gesprochen wird, so scheint die lebhafte oder düstere Färbung der Emotionen häufig leicht einschätzbar zu sein. Auf dem Erregungsspektrum (›arousal‹) finden die Gefühle glücklicherweise in der Regel etwas entfernt von den extremen Polen der unendlichen Langeweile einerseits und der lähmenden Panik andererseits ihren Ausdruck. Dies mag auch häufig mit ›instant desires‹ und reaktivem Gefühlsausdruck (Heller 1979) zu tun haben. Für die Herzensbildung sind aber insbesondere die überdauernden *Hintergrundgefühle* von Interesse, vor allem auch, wenn sie so stark negativ geprägt sind, dass ihr Ausdruck sozial sanktioniert oder tabuisiert wird.

Starke negative Gefühle werden von der pädagogischen Literatur und der Emotionsforschung im Zusammenhang von Bildung und insbesondere Erziehung meines Wissens vergleichsweise wenig thematisiert. Diese Realität interessiert offenbar weniger. Der Ausdruck stark negativer Gefühle im Bereich der Sozialbeziehungen ist tabubehaftet und – sekundär – für das Gefühl der Scham verantwortlich. Gefühle bewirken weitere Gefühle, man kann sich – wie jeder weiß – für ein Gefühl schämen, das man empfindet, vielleicht noch intensiver als für einen Gedanken, den man eigentlich negativ bewertet. Das Gefühl der Scham ist eines der Hauptinstrumente sowohl der Selbstkontrolle als auch der sozialen Kontrolle (Flam 2002, S. 150).

Negative Gefühle wie jene der Wut, der Empörung, der Enttäuschung, der Scham, der Traurigkeit oder der Apathie können

---

2 Im Abschnitt zur Tugendlehre in seiner *Metaphysik der Sitten* schreibt Kant, dass ein Mensch ohne Gefühle »sittlich tot« wäre (Kant 1797/1990, S. 277).

aufgrund der Erfahrung mangelnder sozialer Anerkennung und mangelnder persönlicher Autonomie entstehen. Dies stärkt so lange die Position der sozial Stärkeren und Mächtigeren, als die sozial Schwächeren und Missachteten (bzw. die sich so Empfindenden) sich ihren Misserfolg selber zuschreiben: »Wenn aber«, so Helena Flam, »[…] die Macht- und Statuslosen sich selbst nicht mehr die Schuld für diesen Zustand geben, dann reagieren sie mit anderen Gefühlen, die sie dazu bringen, soziale Erwartungen bzw. Vorschriften zu verletzen« (Flam 2002, S. 150).

Wie sollen also – global betrachtet – beispielsweise die Tausenden und Millionen von (vor allem) *young angry men*, die nicht glauben können (sei es zu Recht, sei es zu Unrecht), dass sie eine individuell attraktive Zukunft werden gestalten können, ihre Frustration so ausdrücken, dass es für die Welt nicht hässlich wird? Gewalt ist ein Modus, wie soziale Gruppen andere soziale Gruppen dominieren, mitentscheidend ist aber, wie Flam (2002, S. 154) mit Thomas Scheff argumentiert, dass auch die Gefühle der sozialen Gruppen kontrolliert werden müssen.

Man kann von ›Herzensbildung‹ sprechen und es mag euphemistisch, gutbürgerlich und altbacken erscheinen. Man kann auch vom sozialgeschichtlich rekonstruierten Prozess der ›*Affektkontrolle*‹ und der ›*Affektzähmung*‹ sprechen, gar von der ›*Verhausschweinung des Menschen*‹ (Konrad Lorenz) und von ›*Sublimierungsleistungen*‹ ganzer Bevölkerungsgruppen. Die Transformationsgeschichte der Gefühle ist und bleibt sicher ambivalent. Das sind zwar nicht dieselben Narrative und Beschreibungen des Menschen, die mit diesen oder anderen Vokabeln verbunden werden, aber sie mögen sich auf verwandte Phänomene beziehen. Um es vielleicht allzu pointiert nochmals mit der Emotionssoziologin Flam (2002, S. 204) zu sagen: »Aufgrund von zivilisatorischen Prozessen, die Elias' Forschung ans Licht brachte, wissen wir, dass wir die Phase der authentischen Gefühle schon längst hinter uns haben.«

Doch das *Gefühlsmanagement* – man vergleiche den Terminus ›*The Managed Heart*‹ von Arlie Hochschild (1983) – kann – wie jedes Management – versagen und zusammenbrechen.

Sowohl der Ausdruck als auch die Kontrolle von starken Gefühlen, leidenschaftlichen Affekten, insbesondere aber stark negativ konnotierten Gefühlen, sind letztlich problematisch oder zumindest als ambivalent zu bewerten. Die zivilisatorischen Leistungen und ihre Rückfälle sind aber auch eine theoretische Herausforderung und eine Bewährungsprobe für die Tauglichkeit der Konzepte zur Bildung der Gefühle im Raum der Politik und des demokratischen Zusammenlebens. Zwischen dem gut gemeinten, aber dennoch dümmlich erscheinenden Slogan »Lernen soll Spaß machen« und der Aufgabe, mit stark negativen Hintergrundgefühlen umgehen zu können, die das Leben so düster einfärben, dass man kaum Ermunterung erträgt, liegen Welten. Zwischen einfältigen Konzepten der Authentizität, simplen Vorstellungen des Sich-selbst-Seins und der Frage, ob das, was man anstrebt, auch das ist, was man braucht und was gut für einen selbst ist, liegen Welten. Die Beschäftigung mit diesen Unterschieden lässt erkennen, dass Herzensbildung auch kompetenztheoretisch nicht angemessen gefasst werden kann, sie scheint eher einer *Sorge* und *Anstrengung* zu gleichen, einer *Suche* nach dem jeweils angemessenen Ausdruck und der richtigen Haltung, also einer *Praxis*. »Folge deinem Herzen!« ist sicher ein guter Ratschlag für manche Entscheidungssituationen. Doch dazu muss man wissen, wo sich das Herz befindet und wohin es tendiert.

Zeitdiagnostische Emotionalisierungen und die zeitgenössische antiessentialistische Diskurspose

Politisch bedeutsame Stimmungen und Hintergrundgefühle werden auch von (mehr oder weniger populären) »Zeitdiagnosen« geprägt, geformt und vielleicht mitunter manipuliert. Zum

Thema der Unhaltbarkeit von Zeitdiagnosen hat Jürgen Kaube 2013 in der *Frankfurter Allgemeinen Zeitung* einen lesenswerten Essay verfasst. Als Fazit hält er mit dem Soziologen Fran Osrecki fest, dass wir in einer »Diagnose-Gesellschaft« leben würden. Natürlich ist auch diese Diagnose am Ende unhaltbar. Ein mittlerweile im deutschsprachigen Raum vergriffenes Zeitdiagnosebuch ist Christopher Laschs *Zeitalter des Narzissmus* (Lasch 1979/1982). Die Referenz mag erlaubt sein, mutet doch das Lechzen nach bedeutungsvollen Diagnosen ziemlich narzisstisch an, nach großen Entwürfen, die mit einem einzigen Attribut das Ganze einer Epoche gleich auf einmal erfassen wollen. Für Sozialwissenschaftler ist diese Praxis – zumindest Kaube bzw. Osrecki zufolge – ein Mittel, den Zweifel an der eigenen Bedeutung zu mildern und vor allem in die Medien zu kommen, denn das ist sozusagen Relevanzbeweis und Existenzberechtigung zugleich.

»Zeitalter«-Autoren müssen sich schon einiges zumuten, einen ausgeprägten Sinn fürs Grobe haben. Man darf – wenn es ums Ganze geht – nicht kleinlich sein, aber auch nicht langweilig oder abwägend, wenn man etwa das Ende der Arbeit, das Ende der Geschichte oder das Ende des Kapitalismus diagnostiziert bzw. aus einem Phänomen oder Konzept heraus alles erklären will, was in dieser Epoche bedeutsam ist, wie etwa aus der »Rosa-Beschleunigung« heraus (vgl. Rosa 2005), der Rosa-Resonanz (vgl. 2016) heraus, mit der sich dann auch gleich eine Rosa-Resonanzpädagogik (vgl. Rosa & Endres 2016) formulieren bzw. behaupten lässt. Zeigt sich die Empirie widerständig oder konträr zur Diagnose, so spielt das keine Rolle. »Wenn sich etwas nicht beschleunigt – zum Bespiel das Erwachsenwerden oder das öffentliche Bauwesen, die Prozessdauer vor Gericht oder das Promovieren –, dann ist das eben entweder eine Reaktion darauf, dass sich alles beschleunigt, oder ein von der Beschleunigung ›noch nicht‹ erfasster Bereich…« So der satirische Kommentar des Publizisten Jürgen Kaube (2013, 3) zum Beschleunigungstheorem.

Zeitdiagnosen sind interessant, obwohl man ihnen kaum glauben kann und sie besser für ein Aufbauschen vielleicht bedeutsamer Phänomene oder Veränderungen halten sollte. Niemand nimmt es dem »self-interpreting animal« (Taylor 1985) ernsthaft übel, dass es wissen will, wer es ist, in welcher Zeit es lebt und welches die Bedingungen seiner Gewordenheit gewesen sein könnten. Vielmehr gehört es zur allgemeinen Menschenbildung, sich zu seiner und zur gemeinschaftlichen oder kollektiven Identität in ein Verhältnis zu setzen. Das könnte auch »diagnostisch« genannt werden. Aus der Notwendigkeit der biographischen Tätigkeit entsteht heute allerdings schnell eine identitätspolitische Praxis, die teilweise recht unangenehm werden kann. Dagegen wirkt Laschs Narzissmuskritik vergleichsweise gemütlich, wenn er etwa den Slogan eines Haarfärbmittels betrachtet, der in den USA der 70er-Jahre eine entsprechende Werbung geprägt hat: »Weil ich nur ein Leben habe, will ich es als Blondine leben...«. In der Tat, was soll man denn machen, wenn man nur ein Leben hat? Wenn man es nicht einem sozialen, historischen, politischen oder religiösen Kontext ein- und unterordnen mag, wenn man dazu noch keinen Anflug von Transzendenz oder von Spiritualität verspürt und, wie Ulrich Beck in seiner *Risikogesellschaft* (1986) diagnostizierte, schon aus Systemzwängen eine »ich-zentrierte Weltsicht« entwickeln muss? Und wenn sich diese biographische Dimension zusätzlich noch als so wenig herausragend, keineswegs verrückt oder wenigstens bedauernswert zeigt, sondern irgendwie normal, kaum erzählens- und erwähnenswert? Was soll man tun, wenn das Leben wie ein Weltall gähnt und sich einem wie ein in die Ewigkeit verlängerter Sonntagnachmittag entzieht? Die »Bejahung des gewöhnlichen Lebens« mag Charles Taylor (1996) als Hypergut bezeichnet haben, doch der Tristesse des Normalen ist ja nicht immer leicht zu entrinnen. Wir wollen mehr! Eine Bildungsaufgabe vielleicht? Robert Ford lässt seinen »Sportreporter«, Protagonist im gleichnamigen Roman, sagen: »Ich wurde 1945 in ein gewöhnliches, modernes Dasein hineingeboren, als einziges Kind anständiger Eltern ohne ungebührliche Absichten und ohne bestimmtes Gefühl für ihren *Platz* im Kontinuum der Geschichte, zwei Menschen also, die sich in der Welt einfach über Wasser hielten und wie die meisten anderen ihre Zeit abwarteten, frei von jeder einschüchternden Überzeugung eigener Wichtigkeit. Ich finde das auch heute noch eine erstklassige Herkunft« (Ford 2013/1986, S. 35). Die Lauheit als erstklassig bezeichnen, das kann nicht jeder.

Der portugiesische Dichter Fernando Pessoa hat in den zwanziger Jahren des letzten Jahrhunderts festgehalten, dass es sich nicht lohne, eine Autobiographie zu verfassen, denn es gebe im Grunde nur zweierlei Arten von Erfahrungen, über die berichtet werden könne: Erfahrungen, die alle Menschen machen – und da lohnt es sich nicht, sie zu erzählen, weil sie ja alle machen –, und Erfahrungen, die man nur alleine macht – diese zu erzählen habe aber wenig Sinn, weil sie nicht verstanden werden könnten.

Diese ironische Bescheidenheit steht im Gegensatz zur symptomatischen Hypersensibilität von Studenten an noblen Universitäten der USA (und heute gewiss nicht nur der USA), die ihr narzisstisches Problem mit politischem Bewusstsein verwechseln. Mark Lilla, Professor für Ideengeschichte an der Columbia University, schreibt unter dem Titel »Die Linke hat sich selbst zerstört«[3] (Lilla 2017): »Für diese Studenten – die künftige Elite – ist die Grenze zwischen Selbsterforschung und politischem Handeln diffus geworden. Ihr politisches Engagement ist aufrichtig, aber fest eingehegt in den Grenzen ihrer Selbstdefinition. Was diese Grenzen zu verletzen droht, wird als Bedrohung wahrgenommen, und weil Politik für diese jungen Leute etwas Persönliches ist, ist sie tendenziell absolutistisch. Angelegenheiten, die nicht ihre Identität tangieren oder ihresgleichen betreffen, werden kaum wahrgenommen. Und

3 Der Text basiert auf Lillas Buch *The Once and Future Liberal* (New York 2017).

klassische linksliberale Ideen wie Bürgersinn, Solidarität und Gemeinwohl bedeuten ihnen wenig«. Es dreht sich zumindest bei einer Subgruppe dieser privilegierten Studentinnen und Studenten doch vieles um das Ich, das einfach mehr sein möchte, als es befürchtet, tatsächlich zu sein. Diese Leute sagen eher, so Lilla weiter, »dass sie sich ›als X‹ politisch engagieren, dass ihre Sorge anderen ›X‹ und dem Problem der ›X-heit‹ gilt. Sie sind immer weniger gewillt, sich einer Debatte zu stellen: ›Ich als X…‹ Das ist keine leere Floskel; es errichtet einen Schutzwall gegen Fragen, die aus einer anderen als der X-Perspektive kommen« (ebd.). Und schließlich: »Früher hätte eine Diskussion im Klassenzimmer vielleicht mit den Worten begonnen: ›Ich denke A, und dies aus den folgenden Gründen‹. Heute heißt es: ›Ich als X fühle mich beleidigt, weil du B behauptest‹. Anstelle einer Auseinandersetzung findet eine Tabuisierung konträrer Denkweisen und Meinungen statt« (ebd.).

In diesem sensiblen, emotionalisierten Diskursmilieu interessieren vor allem Fragen wie: Wer darf was wie sagen? Wer darf wen wie adressieren? Welche Etikettierung darf sich wer wann erlauben? Wer ist wann Rassist, Sexist, Nationalist, Faschist, Chauvinist? Es sind die Fragen einer antiessentialistischen Diskurspolizei, die sich sowohl hyperkritisch wie auch hyperpolitisch gebärdet. »Hyper« heißt hier einfach: über das Ziel hinausschießend. Die Kritik an essentialistischen Deutungen ist wichtig, sicher häufig berechtigt und die Einsichten der poststrukturalistischen, postmodernen sowie feministischen Diskurse der letzten Jahrzehnte haben ihre Bedeutung zu Recht erhalten und auch einen gewissen Maßstab der diskursiven Verhaltenszähmung setzen können, der zu begrüßen ist. Doch Essentialismuskritik macht Antiessentialismus deshalb noch lange nicht heilig. Es ist teilweise grotesk, wie sich die »Ich als X«-Perspektive in performative Selbstwidersprüche hineinmanövriert und in diesem Gestus ironischerweise gar nicht davon auszugehen scheint, dass auch dieses X ein Konstrukt symbolischer Macht bzw. die Wirkung sozialer, historischer und politischer Prozesse und Performanz darstellen müsste. Blinde Flecke sind nun einmal die Voraussetzung für selbstgerechtes Diskursverhalten: Der blinde Fleck des Antiessentialismus ist der in Anspruch genommene Essentialismus, der immer dann beansprucht werden darf, wenn es einem in den Kram passt

Ist nun also beispielsweise die Zeitschrift *Emma* als rassistisch zu bezeichnen? Sie erinnern sich vielleicht, in ihrer Stellungnahme gegen die entsprechende Kritik von Judith Butler (Berkeley) und Sabine Hark (Berlin) schreibt Alice Schwarzer unter dem Titel »Der Rufmord«: »Das Problem mit Butler und ihrer Anhängerschaft« sei, dass diese »ihre radikalen Gedankenspiele für Realität« hielten. In der Tat, wenn sich Wörter und Redeweisen im Diskurs etablieren, so bedarf es der besonderen Anstrengung, *nicht* so zu tun, als ob mit dieser Rede eine klar umrissene außerdiskursive Realität bezeichnet würde, wie Ian Parker schon in *Discourse Dynamics* (1992) festgehalten hat.

Der konsequente Antiessentialist, gäbe es ihn und bliebe er bei seinem Leisten, sollte in seinen Urteilen also ganz enthaltsam sein, sofern diese nicht allein die symbolische Welt der Diskurs- und Textimmanenz betreffen. Doch diese Welt ist eng. Über das *Wesen* der Dinge, der Menschen, Sachverhalte und auch Diskurse sollte er konsequenterweise schweigen, denn sogenannte festschreibende Eigenschaften darf es nach der antiessentialistischen Moral nicht geben, sei sie primär radikal konstruktivistisch, sozial konstruktionistisch, performanztheoretisch, diskursanalytisch oder anders geprägt. Über eine Welt jenseits der Worte hat oder hätte der Antiessentialist also zu schweigen (tut er aber natürlich trotzdem nicht).

Politische Bildung als Bildung des »Herz-Geistes«

Zurück zum Konzept der Herzensbildung. Der Ausdruck »Herzensbildung« ist mit weniger »politischen« Vorbehalten belastet als jener der »Erziehung der Gefühle«. Dem Herzen werden offenbar nicht wenige Möglichkeiten und Fähigkeiten zugemutet. Manche Menschen scheinen ein ›großes‹ Herz zu haben, andere nur ein ›kleines‹; es gibt Menschen mit einem ›weichen‹ Herzen, und es gibt ›hartherzige‹ Menschen, wobei damit, wie man weiß, nicht ausgedrückt ist, dass die Hartherzigen die ›hard‹ und ›heart skills‹ optimal vereinen würden, sondern vielmehr, dass ihnen etwas Zentrales fehlt, was wir zwar nicht zur Allgemeinbildung, aber doch zur »allgemeinen Menschenbildung« (Pleines 1987, S. 30) zählen. Es ist eindrücklich, wie die einfache Herzmetaphorik in knappster Weise so viel darüber aussagt, wie Menschen wahrgenommen werden. Wir verstehen sofort, was gemeint ist, wenn jemand als ›herzlos‹ bezeichnet wird. Wir verstehen zwar auch, wenn jemand ›hirnlos‹ handelt oder ›hirnrissig‹ daherredet, d.h. das Gehirn ist ein wichtiger Konkurrent im Raum der Organ- und Körpermetaphorik, natürlich ebenso die Hand.

Metaphorik ist uneigentliche Rede, sie ist das Eingeständnis, dass das objektive Abbild der Wirklichkeit in den menschlichen Angelegenheiten nicht möglich ist, wir aber nicht umhinkönnen, für unser Denken, Wollen und Fühlen einen Ausdruck zu finden, mit dem wir uns – uns selbst und den anderen gegenüber – verständlich machen können. Die Herzmetaphorik – außer vielleicht in ihren etwas schlichten, aber dennoch bedeutsamen Formen (etwa des ›gebrochenen Herzens‹ oder des ›ein Herz und eine Seele‹-Seins…) – ist nun keineswegs reine *Gefühls*metaphorik. In der griechischen Antike wurde dem Herzen eine Zeit lang der Sitz der Seele zugeschrieben. Danach wechselte die Seele ihren Wohnort und ließ sich für ein paar Jahrhunderte im Gehirn nieder. Doch spätestens mit Franz Brentano (1838–1917), dessen philosophische Studien zur Psychologie und psychologische Untersuchungen zur Philosophie Einfluss hatten auf Edmund Husserl, Alexius von Meinong und natürlich auch Sigmund Freud, hat die Seele im Grunde auch das Gehirn und dann den Körper überhaupt verlassen. Die Psychologie, so Brentano schon im 19. Jahrhundert, hat zur Seele eigentlich nichts zu sagen, aber immerhin zu den psychischen *Phänomenen*. Das ist nicht wenig, obwohl *psyche* altgriechisch ja nur ›Hauch‹ oder ›Atem‹ bedeutet, aber der *Luftzug* bleibt als Metapher für Leben bzw. Seele weiterhin bedeutsam und gibt der Psychologie bis heute ihren Namen. Doch wer die *Phänomene* der Seele untersucht, untersucht nicht die Seele; wer die Herzmetaphorik befragt, betrachtet nicht das Herz; vielmehr geht es hierbei in erster Linie um das *kulturelle Verständnis* des Seelischen.

Die Herzmetaphorik bezieht sich auf die Art und Weise, wie sich der Mensch zu sich und der Welt *verhält*, wie er mit sich und der Welt *umgeht* und welche *Gewohnheiten* er dabei ausbildet. Alexis de Tocqueville, der im Auftrag der postrevolutionären französischen Regierung die Entwicklungen der ›Neuen Welt‹ untersuchen und beschreiben sollte, benutzte im zweiten Band seines 1835–1840 erschienenen Werks *Über die Demokratie in Amerika* (de Tocqueville 1987) die schöne Formel der ›Gewohnheiten des Herzens‹ (*habits of the heart, habitudes de cœur*). Damit meinte er Haltungen, Bräuche und Riten, die vor den Konsequenzen bewahren sollen, welche die Unwägbarkeiten bzw. enttäuschten Kontrollillusionen in demokratischen Gemeinwesen nach sich ziehen können. Im Unterschied zu autoritären Verfassungen ergeben sich im sanften Despotismus der Demokratie Gefahren, denen auch auf Ebene der Gefühlsbildung begegnet werden soll und muss. Herzensbildung ist bei Tocqueville daher keine Privatsache, und sie betrifft auch nicht allein oder in erster Linie das Individuum. Helena Flam schreibt in ihrer *Soziologie der Emotionen* (2002), dass politische Macht auch darin gesehen werden kann, die Gefühlsreaktionen der Bürger zu kontrollieren bzw. zu beeinflussen. Diese Macht kann auch schwächeln und ganz verloren gehen, wie jede Macht. Die ethisch problematischen Geschehnisse um die sogenannte Flüchtlingskrise, die ja vor allem eine Asylkrise darstellt, sind nur eine aktuelle Illustration der Bedeutung dieser Sichtweise.

Die Herzmetaphorik gründet allerdings nicht allein in der griechischen Antike. Was die Metaphorik der Herzens*bildung* betrifft, so ist die konfuzianische Tradition sicher eine wesentlich differenziertere Quelle. Das Denken wird im Chinesischen traditionell im Herzen lokalisiert, allerdings wird *xin* im Deutschen möglicherweise etwas unglücklich meist bloß mit ›Herz‹ übersetzt, während die einschlägige englischsprachige Literatur von ›heart/mind‹ spricht, also von ›Herz/Geist‹.

Bei Mengzi (bzw. Menzius, 370–290 v. Chr.) findet sich über die Herzensbildung (*xinxue*) folgende Passage:

»Pflicht ist der natürliche Weg des Menschen. Wie traurig ist es, wenn einer seinen Weg verlässt und nicht darauf wandelt, wenn einer sein Herz verloren gehen lässt und nicht weiß, wie er es wiederfinden kann!

Wenn einem Menschen ein Huhn oder ein Hund verloren geht, so weiß er, wie er sie wieder finden kann; aber sein Herz geht ihm verloren, und er weiß nicht, wie suchen. Die Bildung dient uns zu nichts anderem als dazu, unser verlorengegangenes Herz zu suchen.« (Menzius, VI A, 11; 2012, S. 204)

Dass Bildung in nichts anderem bestehen soll, als das verloren gegangene Herz bzw. den verlorenen Herz/Geist zu suchen, ist eine starke Wendung – »The way of learning is nothing more than to seek after this lost mind-and-heart«. Auch die übersetzte Passage ist aus mehreren Gründen bemerkenswert. Erstens wird *Bildung* mit *xinxue* (quasi »Herz/Geist lernen«) mehr oder weniger gleichgesetzt. Zweitens besteht bei Menzius das Problem nicht vor allem darin, dass man nicht *findet*, sondern vielmehr nicht weiß, ›*wie suchen*‹. Drittens verspricht Bildung nicht, das verlorengegangene Herz zu *finden*, sondern es ›*wieder suchen zu können*‹. Das ist eine Formulierung, welche zeitgenössischen Bildungsplanern und -politikern wahrscheinlich ziemlich kryptisch anmuten dürfte. Denn mit einem solchen Konzept kann man in einer Welt, in welcher nach Gusto Bildungsprodukte regelrecht hergestellt werden sollen – also ganz *poietisch* (und wenig *praktisch*) –, nun wirklich kaum etwas Konkretes anfangen!

Ein Gedichtband des jüdischen Dichters Elazar Benyoëtz heißt *Finden macht das Suchen leichter* (Benyoëtz 2002). Würde der Suchende sich sicher sein können, dass er finden wird oder wiederfindet, wie vergleichsweise mühelos wäre sein Suchen! Dass aber Bildung darin bestehen soll, *das Suchen zu lernen*, ist eine Sicht, die nicht nur einfach ›interessant‹ erscheint, sondern die der oberflächlichen ›Philosophie‹ des heute globalen Kompetenzdiskurses im Grunde genommen diametral gegenübersteht. Man könnte auch sagen, im letztgenannten Verständnis geht es vor allem darum, diese vielfältigen Hunde und Hühner zu finden. Dagegen ist sicher nichts einzuwenden! Nur wäre es doch besser, wenn sich der Bildungsgedanke nicht in dieser Tierwelt erschöpft.

Wenn das metaphorische Konzept des Herz/Geistes interessiert, so geschieht dies vor dem Hintergrund der Einsicht, dass es keine homogene Schule des Herz/Geistes gibt, weder je gegeben hat, noch auch unbedingt geben sollte. ›Heart/mind‹ ist, wie erwähnt, die englische Übersetzung von *xin*, und *xinxue* steht für die *Bildung* dieser Fähigkeit und Haltung, also des Herz/Geistes. Natürlich wird von den Apologeten bedeutsamer Ideen meist heftig bestritten, dass es sich im je vorliegenden Fall ›bloß‹ um eine Metapher handeln soll. Doch aus metaphorologischer Sicht (Lakoff & Johnson 2000; Blumenberg 1999) ist evident, dass die zentralen kulturellen wie auch wissenschaftlichen Konzepte am Ende nicht mehr als Metaphern sein können. Metaphern haben nicht allein eine ornamentale Funktion, vielmehr dienen sie dem *Verstehen* und der *Erkenntnis* von Wissensgegenständen, die ohne metaphorische Fassung noch diffuser und unbegreiflicher bleiben müssten.

Zu den Anknüpfungspunkten zwischen den Ideenwelten in Ost und West gehören wichtige Metaphern des Bildungsdenkens und der Entwicklung des Selbst (*self-transformation/self-cultivation*), etwa Vorstellungen und Metaphern des *Gleichgewichts*, der *Mitte*, des *Zentriertseins*, des ›*Bei-sich-Seins*‹, des *true self*, der Übereinstimmung, der *Kongruenz* (*accordance*, *correspondance, congruence*) von Ich und Welt, Selbst und Himmel.[4] Dazu gehört auch die übergreifende Aufklärungsmetapher der *Klarheit* des Geistes bzw. des *Getrübtseins* der Anschauung und des *Betrübtseins* der Seele, wenn es um den Unterschied des Wissens von »gut« und »schlecht« bzw. »richtig« und »falsch« geht.

Allerdings sind metaphysische Fragen in den ›versozialwissenschaftlichten‹ Fächern nicht mehr en vogue bzw. vielmehr geradezu verpönt. Sie werden abgelehnt, obwohl oder weil man sie gar nicht kennt. Die traditionelle Metaphysik beschäftigte sich vornehmlich mit ontologischen Fragen, also Fragen nach der Existenz, dem Wesen und den Eigenschaften der Dinge und Ideen. Das metaphysik*kritische* Denken des Abendlandes (bei Kant Vernunftkritik genannt) zeigte, wie spekulativ und letztlich wenig überzeugend diese ›Methode‹ heute erscheint. Viele Wissenschaftler, vor allem in den Sozialwissenschaften, sind sich allerdings gar nicht bewusst, wie unhinterfragt und selbstverständlich sie metaphysische Positionen beziehen, etwa indem sie recht willkürlich und spontan zentrale Konzepte ›operationalisieren‹ – so auch Bildung, Erziehung oder Kompetenz – und für empirische Zwecke in lockerer, erstaunlich unbedachter Manier verwenden. Die damit einhergehenden Behauptungen über das Sein der Dinge und der Ideen müssen nicht einmal begründet werden (was im Kopf nicht präsent ist, kann und muss auch nicht legitimiert werden). Erläuterungen zu ontologischen, epistemologischen und sogar zu methodologischen Vorannahmen und Positionen tauchen nicht einmal mehr in jenen, meist kurz gehaltenen Textpassagen auf, die immer noch selbstverständlich ›Theorie‹ oder ›theoretischer Teil‹ genannt werden.

Der transzendentalphilosophischen Tradition ist eine Metaphysik*kritik* zu verdanken, welche metaphysische Fragen ge-

4 ›Himmel‹ ist meist als ›Oberbegriff‹ für den ›rechten Weg‹ verstanden (vgl. Hu Hong 2009, § 14, 18).

rade nicht als »schlicht unbeantwortbar« *verwirft*, sondern zumindest einräumt, dass sich metaphysische Fragen immer wieder aufdrängen, wenn auch nicht abschließend beantworten lassen, dass es aber einen großen Unterschied macht, ob sie erkannt und ernst genommen werden oder nicht. Der Mensch wird hier – anthropologisch – noch als *animal metaphysicum* betrachtet und die Erkenntniskritik der Metaphysik vorgeschaltet. Der Fokus wird also weniger auf Fragen des Seins (Ontologie) als auf Fragen des Wissens und der Erkenntnis (Epistemologie) gerichtet.

Bildungs- und Erziehungstheorie kann erstens nach den Motiven des Wissenwollens fragen, sie kann zweitens kulturvergleichend vorgehen und/oder drittens Epochen, Autor_innen oder Konzepte vergleichen und jeweils *Gemeinsamkeiten* und *Differenzen* feststellen, beschreiben und zu verstehen versuchen. Auch das gehört zu den Strategien erkenntniskritischer Metaphysik! Ivanhoe (2010) ist zuzustimmen, wenn er dem Konzept des Herz/Geistes, welches er vor allem hinsichtlich der Philosophie von Lu Jinyuan diskutiert, das Potenzial zuschreibt, eine kulturübergreifende, epochenübersteigende und uns immer noch ansprechende Idee zu sein, die in der reflektierten Version einer Philosophie der Ganzheitlichkeit eine gewisse Attraktivität besitzt. Die Qualität der Diskussion um ›heart/mind‹ scheint vorbildlich zu sein, vor allem, wenn man die damit verbundenen Reflexionen mit den eklektizistischen Pseudoholismen der schnell hingeworfenen Konzepte unserer Tage vergleicht.

Den Überlegungen zur Herzensbildung in (neo-)konfuzianischer Perspektive können Einsichten, Ansichten und Problemlagen entnommen werden, die auch für »westliche« Vorstellungen und politisch relevante Bildungsverständnisse interessant bzw. überhaupt verwandt erscheinen. Vier Punkte seien herausgegriffen.

Erstens: Herauszufinden, was richtig und gut ist, fällt in gewisser Weise damit zusammen, herauszufinden, wer man ist. Diese humanistische Idee und die sie unterstützende philosophische Anthropologie werden heute beispielsweise von Charles Taylor (1996) vertreten und mit guten Gründen untermauert.

Zweitens: Uneins sind sich die Theoretiker des ›heart/mind‹ über den Stellenwert der Beschäftigung mit der Welt, insbesondere des Studiums und des Erwerbs von ›objektivem‹ Wissen sowie der »Liebe« zum Lernen. Die rationalistische Variante Zhu Hsis (1130–1200) und die idealistische Sicht Wang Yangmings (1473–1529) stehen sich als große neo-konfuzianische Schulen diesbezüglich recht unversöhnlich gegenüber. Auch diese Differenzen haben geradezu auffällige Parallelen zu unseren Bildungsdiskursen.

Drittens: Uneins sind sich die traditionellen Herz/Geist-Theoretiker auch im Hinblick auf den Zusammenhang von Wissen und Handeln. Diese Fragestellung ist auch im Abendland seit Sokrates ein Topos der Ethik und Bildung.

Viertens: In der Bildung des Herz/Geistes ist eine Balanceaufgabe und -funktion zu erfüllen. Der Grund bzw. das Anliegen ist schnell verstanden: Aus dem Gleichgewicht geraten, macht der Mensch Fehler, und er braucht andere, die ihm dabei helfen, wieder auf einen guten Weg zu finden. Auch daran zeigt sich, dass Bildung am Ende keine Privatsache ist.

Schluss

Bildungsforschung und Erziehungswissenschaft jagen heute vor allem noch den vielen oben genannten Hühnern und Hunden hinterher. Auch Bildungsforscherinnen und Erziehungswissenschaftler können vom Weg abkommen und sich nicht um den Herz-Geist ihres Tuns kümmern. Man hat den Eindruck, dass es den meisten von ihnen gutgeht. Sie vermissen offenbar nichts. Erst ein Verlust, der nicht mehr bemerkt wird und daher auch nicht beklagt werden kann, ist ein wahrer Verlust.

Literatur

Aristoteles (1972): *Die Nikomachische Ethik*, München.

Arnold, M. B. (1960): *Emotion and Personality*, Bd. 1, New York.

Averill, J. R. (1973): »Personal Control over Aversive Stimuli and its Relationship to Stress«, in: *Psychological Bulletin*, 80, S. 286–303.

Beck, U. (1986): *Risikogesellschaft. Auf dem Weg in eine andere Moderne*, Frankfurt/M.

Benyoëtz, E. (2002): *Finden macht das Suchen leichter*, Berlin.

Blumenberg, H. (1999): *Paradigmen zu einer Metaphorologie* (2. Aufl.), Frankfurt/M.

Bollnow, O. F. (1995): *Das Wesen der Stimmungen*, Frankfurt/M. (8. Aufl., Original 1941 und 1943).

Flam, H. (2002): *Soziologie der Emotionen*, Konstanz.

Frankfurt, H. (1971): »Freedom of the Will and the Concept of a Person«, in: *Journal of Philosophy*, 67, 1, S. 5–20.

Frankfurt, H. (2005): *Gründe der Liebe*, Frankfurt/M.

Gardener, D. K. (2007): *The Four Books. The Basic Teachings of the Later Confucian Tradition*, Indianapolis/Cambridge.

Heller, A. (1979): *A Theory of Feelings*, Assen, NL.

Hochschild, A. (1983): *The Managed Heart. Commercialization of Human Feeling*, Berkeley.

Hu Hong (2009): *Worte Kennen. Zhiyan*, übers. und hrsg. von H. van Ess, Frankfurt/M.

Ivanhoe, Ph. J. (2010): »Lu Xiangshan's Ethical Philosophy«, in: Makeham, J. (Hrsg.): *Dao Companion to Neo-Confucian Philosophy*, Dordrecht, S. 249–266.

Kant, I. (1990): *Die Metaphysik der Sitten*, Stuttgart (Original 1797).

Kaube, J. (2013): »Auf dem Jahrmarkt der Zeitdiagnosen«, *FAZ* 5.1.2013; http://www.faz.net/aktuell/feuilleton/bilder-und-zeiten/essay-auf-dem-jahrmarkt-der-zeitdiagnosen-12014592.html

Lakoff, G. & Johnson, M. (2000): *Leben in Metaphern. Konstruktion und Gebrauch von Sprachbildern* (2., korr. Aufl.), Heidelberg.

Lasch, Ch. (1982): *Das Zeitalter des Narzißmus*, München (Original 1979).

Lazarus, R. S. & Launier, R. (1978): »Stress-related Transactions between Person and Environment«, in: L. A. Pervin & M. Lewis (Hrsg.): *Perspectives in Interactional Psychology*, New York, S. 287–327.

Lazarus, R. S. (1966): *Psychological Stress and the Coping Process*, New York.

Lilla, M.: »Die Linke hat sich selbst zerstört«, *Neue Zürcher Zeitung*, 17.08.2017, S. 33.

Maxwell, B. & Reichenbach, R. (2005): »The Shame Corner: The Education of the Emotions as Moral Education«, in: *Journal for Moral Education*, 34(3), S. 292–308.

Maxwell, B. & Reichenbach, R. (2006): »Educating the Moral Emotions: a Praxiological Analysis«, in: *Studies in Philosophy and Education. An International Journal*, 26 (2007).

Menzius (2012): *Von der Freiheit des Menschen*, übers. von R. Wilhelm, Wiesbaden.

Nucci, L. P. (2001): *Education in the Moral Domain*, New York.

Oakley, J. (1992): *Morality and the Emotions*, New York.

Parker, I. (1992): *Discourse Dynamics: Critical Analysis for Social and Individual Psychology*, London.

Piaget, J. (1981): *Intelligence and Affectivity: their Relationship During Child Development*, übers. und hrsg. von T. Brown & C. Kaegi, Palo Alto, CA.

Reichenbach, R. & Breit, H. (2005) (Hrsg.): *Skandal und politische Bildung. Aspekte zu einer Theorie des politischen Gefühls*, Berlin.

Reichenbach, R. & Maxwell, B. (2007): »Moralerziehung als Erziehung der Gefühle«, in: *Vierteljahresschrift für wissenschaftliche Pädagogik*, 83(1), S. 11–25.

Reisenzein, R. / Meyer, W.-U. / Schützwohl, A. (2003): *Einführung in die Emotionspsychologie*, Band III, *Kognitive Emotionstheorien*, Bern.

Rosa, H. (2005): *Beschleunigung. Die Veränderung der Zeitstrukturen in der Moderne*, Frankfurt/M.

Rosa, H. (2016): *Resonanz – Eine Soziologie der Weltbeziehung*, Frankfurt/M.

Rosa, H. & Endres, W. (2016): *Resonanzpädagogik. Wenn es im Klassenraum knistert*, Weinheim.

Schwarzer, Alice (2017): »Der Rufmord«, www.zeit.de/2017/33/gender-studies-judith-butler-emma-rassismus

Taylor, Ch. (1985): »Self-interpreting Animals«, in: Ders.: *Philosophical Papers*, Bd. I: *Human agency and language*, Cambridge, S. 45ff.

Taylor, Ch. (1996): *Quellen des Selbst. Die Entstehung der neuzeitlichen Identität*, Frankfurt/M. (Original 1989).

Tocqueville, A. de (1987): *Über die Demokratie in Amerika*, Zürich.

Weiner, B. (1995): *Judgments of Responsibility: a Foundation for a Theory of Social Conduct*, New York.

Wollheim, R. (2001): *Emotionen. Eine Philosophie der Gefühle*, München (Original 1999).

Nachbemerkungen

Rolf Bossart hatte die Idee zu dieser Veröffentlichung und Verleger Michael Heitz, Diaphanes, hat das Buchprojekt von Anfang an unterstützt und seine Realisierung ermöglicht. Dafür danke ich beiden, Michael Heitz und Rolf Bossart, ganz herzlich! Es freut mich sehr, dass das Buch bei Diaphanes herauskommt. Erziehungs- und bildungswissenschaftliche Texte erscheinen ja oft in Verlagen, die aus mir nicht bekannten Gründen auffällig grellfarbige gestaltete Buchdeckel vorziehen. Leider besitzen auch viele Kinderspielzeuge, wahrscheinlich unnötigerweise, diese Schreifarbigkeit, die an die bio- und zoologische Funktion des Attraktors oder aber der Drohgebärde erinnern, auf angeborene Auslösemechanismen zielen und den tierischen oder eben menschlichen Rezipienten als bildungsfernen Reiz-Reaktions-Organismus adressieren. Dahingegen verweist das altgriechische *diaphan* auch auf das Durchscheinende und Vergängliche, ist demgegenüber also von einer gewissen Feinheit und Melancholie geprägt, die dem Wesen der Bildung sicher näherkommen.

Mit Rolf Bossart über Bildungsfragen Gespräche zu führen, ist ergiebig und bereitet intellektuelle Freude. Die Form des Gesprächs befreit den Geist und erhöht die Lust an der Dialektik, die ja heute kaum noch ein Medium findet, in welchem sie aufatmen kann. Rolf Bossart hat auch die Auswahl der hier versammelten Essays vorgenommen sowie die Reihenfolge vorgeschlagen. Damit wird ein Hauch von Systematik suggeriert, von der das Buch vielleicht profitiert und die es wahrscheinlich nicht verdient.

Die Form des Essays erlaubt es, auf die in akademischen und wissenschaftlichen Disziplinen hinsichtlich Form und Inhalt erwartete Systematik oder wenigstens Ordentlichkeit weitgehend zu verzichten. Dennoch soll und will auch der Essay nicht im Chaotischen ausarten oder im Beliebigen vaporisieren.

Jorge Luis Borges erinnert an eine »systematische« Einteilung der Tiere (oder er erfindet sie, das ist schwer zu sagen…), die in einer chinesischen Enzyklopädie mit dem Titel *Himmlischer Warenschatz wohltätiger Erkenntnisse* erschienen ist, in welcher die Tiere wie folgt unterteilt würden: »a) dem Kaiser gehörige, b) einbalsamierte, c) gezähmte, d) Milchschweine, e) Sirenen, f) Fabeltiere, g) streunende Hunde, h) in dieser Einteilung aufgenommene, i) die sich wie toll gebärden, j) unzählbare, k) mit feinstem Kamelhaarpinsel gezeichnete, i) und so weiter, m) die den Wasserkrug zerbrochen haben, n) die von weitem wie Fliegen aussehen« (Borges 2018, S. 216f.)[1]. Strukturell analoge und in ihrer Überzeugungskraft vergleichbare »Systematiken« finden sich heute auch in den ganzen Kompetenzkatalogen und Curricula aller Bildungsstufen, aber sie sind – im Unterschied zu Borges' Einteilung – erstens insgesamt doch weniger amüsant (offenbar ja ernst gemeint) und suggerieren zweitens, dass sie für die Bildungsinstitutionen und vor allem die vorgegebenen Bildungsschritte des Menschen in der je unterschiedlich vorgelegten, d.h. beliebigen Fassung notwendig und förderlich seien.

Die damit verbundene Kontrollwut, die sich im Bereich der Bildung seit knapp zwei Jahrzehnten bemerkbar macht und eine sehr geringe Zuversicht in ungelenkte Bildungsprozesse offenbart, tangiert natürlich auch die Geschäfte der Erziehungswissenschaft beziehungsweise Bildungsforschung, die bis zu einem gewissen Grad zu einer »embedded science« geworden ist und die sich teilweise schon selber als verlängerter Arm und Dienstbringer der Bildungsadministration zu verstehen scheint. In einem solchen Umfeld haben die nicht zweckgebundene Diskussion, die Lust an der Debatte und vor allem das dialektische Verständnis für Bildungsfragen drastisch abgenommen. Wozu diskutieren, wenn nun scheinbar klar ist, was es zu tun und erforschen gilt? Allerdings ist es in diesem Fachbereich zum

---

1 Jorge Luis Borges, *Die unendliche Bibliothek. Erzählungen, Essays, Gedichte*, Frankfurt/M., 2018.

Glück immer noch möglich, und dies selbst in anerkannten Journalen, unpopuläre Standpunkte und kritische Einwürfe – wenigstens in essayistischer Form – zu veröffentlichen. Was in anderen empirischen Disziplinen schon jetzt kaum noch praktiziert werden kann, wird hoffentlich für den Bereich der Erziehungswissenschaft und auch der Bildungsforschung erhalten bleiben. Dazu will dieses Buch einen kleinen Beitrag leisten.

Roland Reichenbach
Zürich, im Mai 2020

Textnachweise

»Über Bildungsferne«. Erschienen in: *Merkur. Deutsche Zeitschrift für europäisches Denken,* 69. Jg. (795), August 2015, S. 5–15.

»›Nichts aus sich machen‹. Postpolitik und passiver Nihilismus«. Erschienen in: *Journal für politische Bildung* 2/2008, S. 30–35.

»Bildung, Reformation, Kitsch«. Erschienen in: *Rassegna di Pedagogia/ Pädagogische Umschau,* LXXIV, 2016 (3–4), S. 283–302.

»Strategie und Authentizität in der pädagogischen Interaktion«. Erschienen in: *Vierteljahresschrift für wissenschaftliche Pädagogik,* 2010, 86(1), S. 75–86.

»Moralerziehung als Erziehung der Gefühle«. Roland Reichenbach & Bruce Maxwell. Erschienen in: *Vierteljahresschrift für wissenschaftliche Pädagogik,* 83(1), 2007, S. 11–25.

»In der ›Concorde-Falle‹. Erfolgreiches Scheitern von Bildungsreformen«. Erschienen in: *Schweizerische Zeitschrift für Bildungswissenschaften,* 2008, 30(1), S. 53–63.

»Über Neomanie und die posttheoretische Phase in der Erziehungswissenschaft«. Erschienen in: S. Blömeke et al. (Hrsg.) (2016), *Traditionen und Zukünfte. Beiträge zum 34. Kongress der Erziehungswissenschaft.* DGfE. Opladen u.a., S. 17–28.

»Tabuisierung und Desinteresse: Die zwei Seiten der anti-essentialistischen Medaille«. Erschienen in: *Zeitschrift für Pädagogik,* 2018, 64 (1), S. 99–106.

»Der Staat und die Bildung. Von Platons antiliberalen Vorstellungen bis zur ›pädagogischen Panik‹ in der aktuellen Bildungspolitik«. Erschienen in: *NZZ Geschichte,* Nr. 11 (Juli 2017), S. 61–67.

»Demokratische Apathie?«. Unter dem Titel »Kult der Inkompetenz« erschienen in: *Merkur. Deutsche Zeitschrift für europäisches Denken,* 71. Jg. (815), April 2017, S. 16–27.

»Das sogenannte träge Wissen und die Kultur der Bildung«. Erschienen in: *Zeitschrift für Didaktik der Gesellschaftswissenschaften,* 2010, 1(1), S. 115–127.

»Der Mensch – ein dilettantisches Subjekt. Ein inkompetenztheoretischer Blick auf das vermeintlich eigene Leben«. Erschienen in: A. Sieben et al. (Hrsg.) (2012), *Menschen machen. Die hellen und die dunklen Seiten humanwissenschaftlicher Optimierungsprogramme*, Bielefeld, S. 305–328.

»Das Verschwinden der Lebensfehler. Zur Kritik alltagspsychologischer Kultur«, in: M. Gartmeier, H. Gruber, T. Hascher & H. Heid (Hrsg.): *Fehler. Ihre Funktionen im Kontext individueller und gesellschaftlicher Entwicklung*, Münster 2015, S. 115–127.

»Erscheinen und Verschwinden des Lehrkörpers«. Erschienen in: *Merkur. Deutsche Zeitschrift für europäisches Denken*, 63. Jg. (840), Mai 2019, S. 55–62.

»Über den ›Herz-Geist‹: Politische Bildung als Herzensbildung«. Vortrag an der Tagung »Pädagogische Professionalisierung im Spannungsfeld von Integration der Emotionen und ›neuen‹ Disziplinierungstechniken«. Kommission Psychoanalytische Pädagogik der Deutschen Gesellschaft für Erziehungswissenschaft DGfE. Kiel, 5.10.2019.